Statistisches Prozessmanagement

Modellierung betrieblicher Prozessnetzwerke mit
multivariaten Methoden

von

Lorenz Braun

Tectum Verlag
Marburg 2002

Die Deutsche Bibliothek - CIP-Einheitsaufnahme

Braun, Lorenz:
Statistisches Prozessmanagement.
Modellierung betrieblicher Prozessnetzwerke mit multivariaten Methoden.
/ von Lorenz Braun
- Marburg : Tectum Verlag, 2002
Zugl: Hohenheim, Univ. Diss. 2002
ISBN 3-8288-8436-9

Tectum Verlag
Marburg 2002

Danksagung

Zunächst möchte ich dem Zufall danken, der mich mit all den nachfolgend genannten Personen zusammengebracht hat, die mich bei der Erstellung dieser Dissertation unterstützt haben.

Zu Beginn möchte ich Herrn Dr. Walter Jahn danken. Als mein „Statistischer Ziehvater" hat er mich in vielen inhaltlichen Fragen unterstützt. Des weiteren gilt mein Dank Herrn Prof. Dr. Ehrhart Hanf, der die Idee zu dieser Arbeit unterstützte und mich als Doktorand betreute. Nach seinem Tod im Jahre 2000 hat sich Herr Prof. Dr. Walter Habenicht bereit erklärt diese Dissertation weiter zu betreuen, wofür ich Ihm besonders dankbar bin. Außerdem möchte ich mich bei meinen Kollegen bedanken, deren kritische Anmerkungen für die Dissertation von Bedeutung waren.

Nicht zuletzt möchte ich meinen Freunden, Bekannten und Verwandten danken, die mich in den Jahren der Erstellung der Dissertation vor allem moralisch unterstützten und somit zum Gelingen beigetragen haben.

Abbildungsverzeichnis

Tabellenverzeichnis

Abkürzungsverzeichnis

AIC	Akaike Information Criteria
ASME	American Society of Mechanical Engineers
bzw.	beziehungsweise
C_p	einfache Prozeßfähigkeit (Capability of process)
C_p^o	(einseitige) obere Prozeßfähigkeit
C_p^u	(einseitige) untere Prozeßfähigkeit
C_{pk}	korrigierte Prozeßfähigkeit
C_{pM}	Element des multivariaten Prozeßfähigkeitsvektors (Flächenvergleich)
C_{pm}	(quadratische) Prozeßfähigkeit
C_{pmk}	korrigierte (quadratische) Prozeßfähigkeit
C_{pq}	andere korrigierte Prozeßfähigkeit
CUSUM	Cumulative Sum
D	Korrekturfaktor der (quadratischen) Prozeßfähigkeit
df	Degrees of freedom (Freiheitsgrade)
DIN	Deutsches Institut für Normung
DOE	Design of Experiment (Versuchsplanung)
EC_p	einfache elliptische Prozeßfähigkeit
EC_{pk}	korrigierte elliptische Prozeßfähigkeit
EWMA	Exponentially Weighted Moving Average
GDT	Geometrische Dimensionierung und Tolerierung
ISO	International Standard Organisation
k	univariater Korrekturfaktor
K	multivairater Korrekturfaktor der Produktfähigkeit
K_E	multivairater Korrekturfaktor der elliptischen Prozeßfähigkeit
KAP	Kundenanforderungsprofil
LI	Wert des multivariaten Prozeßfähigkeitsvektors (Überschreitung von Toleranzgrenzen)
MC_p	einfache multivariate Prozeßfähigkeit bei unabhängiger geometrischer Tolerierung

max	Maximum
min	Minimum
MOSUM	Moving Sum
MPF	multivariate Prozeßfähigkeit
Mred	Wert für die multivariate Varianzreduktion
OEG	Obere Eingriffsgrenze
OWG	Obere Warngrenze
PC_p	Produktfähigkeit (multivariate Prozeßfähigkeit)
PC_{pk}	korrigierte Produktfähigkeit
PV	Element des multivariaten Prozeßfähigkeitsvektors (Abweichung des Soll- und Mittelwertvektors)
Red	Wert für die univariate Varianzreduktion
RSS	Residual Sums of Square
SPC	Statistical Process Control (Statistische Prozeßregelung)
TOL	Toleranz (Maß für den Grad der Multikollinearität)
TQM	Total Quality Management
u.a.	unter anderem
UEG	Untere Eingriffsgrenze
UWG	Untere Warngrenze
V	Volumen
var	Varianz
vgl.	vergleiche
VIF	Varianz Inflation Factor
V_{Proz}	Volumen der Prozeßregion
V_r	Variabilitätsindex
$V_{Tol.}$	Volumen der Toleranzregion
w	Opportunitätsintervall
z.B.	zum Beispiel

Symbolverzeichnis

α	Irrtumswahrscheinlichkeit (Fehler erster Art)
$\underline{A}$	Matrix der dyadischen Produkte
β	Regressionskoeffizient der Grundgesamtheit
β_0	Absolutglied
$\underline{\beta}$	Vektor der Regressionskoeffizienten der Grundgesamtheit
$\underline{\beta}^T$	transponierter Vektor der Regressionskoeffizienten
$\underline{\beta}_{y\,x}$	Vektor der Regressionskoeffizienten im Modell mit deterministischen Input- und Prozeßparametern
$\underline{\beta}_{y/x}$	Vektor der Regressionskoeffizienten im Modell mit stochastischen Input- und Prozeßparametern
b	geschätzter Regressionskoeffizient
C	C-Statistik von Mallows
χ^2	Chi-Quadrat Verteilung
δ	Grad der Multikollinearität
diag	Diagonale einer Matrix
E	Fehlerterm, Erwartungswert
exp	exponential
F	F-Verteilung
F^*	berechnete F-Statistik
Γ	Gammafunktion
H_0	Nullhypothese
H_1	Alternativhypothese
κ	Konditionszahl
λ	Eigenwert / Verhältnis zwischen anforderungs- und potentialorientierter Toleranz
m	Anzahl der Produktparameter
M	Sollwert (Zielwert)
μ	Erwartungswert
n	Anzahl der Input- und Prozeßparameter
N	Stichprobenumfang

$N(\mu,\sigma)$	univariate Normalverteilung
$N_n(\underline{\mu},\Sigma)$	n-dimensionale (multivariate) Normalverteilung
π	Pi
Π	Produkt
r_{ij}	Korrelationskoeffizient zwischen den Parameter i und j
P^2	multipler Korrelationskoeffizient (Maß der Beherrschbarkeit, Bestimmtheitsmaß)
R^2	geschätzter multipler Korrelationskoeffizient
$R^2_{adj.}$	korrigiertes Maß der Beherrschbarkeit
$\underline{R}$	Korrelationsmatrix
$|\underline{R}|$	Determinante der Korrelationsmatrix
σ	Standardabweichung der Grundgesamtheit
s	geschätzte Standardabweichung
σ^2	Varianz der Grundgesamtheit
$\sigma^2_{j/m-j}$	$\sigma^2_{j/1,\ldots,(j-1),(j+1),\ldots,m}$ (bedingte Varianz)
s^2	geschätzte Varianz
σ_{ij}	Kovarianz der Grundgesamtheit zwischen den Parameter i und j
Σ	Kovarianzmatrix der Grundgesamtheit aller Parameter
Σ^{-1}	Inverse der Kovarianzmatrix
Σ_{yy}	Kovarianzmatrix der Grundgesamtheit der Produktparameter
Σ_{xx}	Kovarianzmatrix der Grundgesamtheit der Input- und Prozeßparameter
Σ^{th}	theoretisch hypothetische Kovarianzmatrix
$\underline{S}$	geschätzte Kovarianzmatrix
$\sum$	Summe
T	Toleranz (anforderungsorientiertes Toleranzintervall)
T^*	modifiziertes Toleranzintervall
$T^{(P)}$	potentialorientierte Toleranz
T_o	obere Toleranzgrenze
T_u	untere Toleranzgrenze
t	t-Verteilung

T^2	T-Quadrat Statistik von Hotelling
τ^2	multivariat multipler Korrelationskoeffizient (Multivariates Maß der Beherrschbarkeit)
$U_{N.n}$	Unbedingter Vorhersagefehler des vollständigen Modells
X	Input- oder Prozeßparameter
$\overline{X}$	geschätzter Mittelwert eines Input- oder Prozeßparameters
Y	Produktparameter
$\hat{Y}$	geschätzter Wert für einen Produktparameter
$\underline{Z}$	Matrix aller erhobenen Parameterwerte

1 Einleitung

1.1 Problemstellung

Die Globalisierung der Märkte und der europäische Vereinigungsprozeß führen zu einem verschärften Wettbewerb und damit zu steigenden Anforderungen an Unternehmen in stark differenzierten Märkten. Dies erfordert schnelle und ideenreiche Reaktionen von Unternehmen. Neue Produkte und Dienstleistungen müssen den vom Markt diktierten Preisen entsprechen und gleichzeitig die gestiegenen Kundenanforderungen erfüllen.[1]

Besteht in Wissenschaft und Praxis bei der Problembeschreibung weitgehende Einigkeit, gestaltet sich eine Lösung der Probleme schwieriger, da über eine allgemeingültige Problemlösung keine Einigkeit besteht. Ein Unternehmen muß in diesem Umfeld zur Sicherung des Unternehmensbestandes und zur Erzielung von Gewinn[2] seine Produktivität erhöhen. Innovatives Denken und Handeln werden gefordert.[3] Produkte und Dienstleistungen müssen preisgünstiger angeboten werden, damit sie am Markt bestehen. Neben notwendigen Kosteneinsparungen und einer Verbesserung der Auslastung sollte dazu auch das Niveau der Methoden im Unternehmen erhöht werden. Zur Überwindung der genannten Probleme soll in dieser Arbeit ein Unternehmen durch ein Netzwerk von betrieblichen Prozessen modelliert werden. Für die Kommunikation zwischen den Prozessen wird eine spezielle Sprache entwickelt. Damit ist der Übergang von einer funktional-hierarchischen zu einer prozeßorientierten Organisationsform verbunden.

In den letzen Jahren entstanden mehrere Management-Systeme, mit dem Anspruch, die Leistungsfähigkeit von Unternehmen zu erhöhen. In der aktuellen wissenschaftlichen Diskussion befinden sich das Business Process Reengineering, das Geschäftsprozeßmanagement, das Supply-Chain-Management und die Six Sigma Philosophie.[4] Ob und inwiefern diese Management-Systeme den Anforderungen gerecht werden, wird unterschiedlich beurteilt. Ständig neu auf dem Markt erscheinende Management-

---

[1] Vgl. Nieschlag, R., E. Dichtl und H. Hörschgen [Marketing], S. 33 ff.

[2] Vgl. Macharzina, K. [Unternehmensführung], S. 183 ff.

[3] Vgl. Breuer, R.-E. [Euro], S. 48 f.

[4] Vgl. Davenport, T. H und J. E. Short [Process Redisign], S. 11 ff., Eiff, W. von [Geschäftsprozeßmanagement], S. 364 ff., Harry, M. und R. Schroeder [Six Sigma], S. 15 ff., Weber, J., M. Dehler und B. Wertz [Supply Chain], S. 264 ff.

Systeme deuten aber darauf hin, daß es eine Vielzahl ungelöster Probleme gibt. Einen Lösungsbeitrag bietet das Statistische Prozeßmanagement durch einen Paradigmenwechsel von einer univariat beschreibenden zu einer multivariat erklärenden Betrachtung von Unternehmen auf der Grundlage des universellen Ursache-Wirkungs-Prinzips.

1.2 Ziele der Arbeit

Das zentrale Ziel dieser Arbeit ist die Entwicklung eines Prozeßmanagement-Systems, dem so genannten Statistischen Prozeßmanagement. Dabei wird ein Unternehmen als ein Netzwerk von Prozessen nach dem Ursache-Wirkungs-Prinzip modelliert, wobei alle Prozesse zur Herstellung eines materiellen oder immateriellen Produktes in dieses Netzwerk eingehen. In Industrieunter-nehmen werden somit Fertigungs- und Dienstleistungsprozesse in einem Netzwerk modelliert. Im Modell wird jeder Prozeß durch seine Input-, Prozeß- und Produktparameter beschrieben, wobei alle Parameter zufälligen Charakter haben. Zur simultanen Erfüllung aller relevanten Kundenanforderungen als oberstes Ziel des Statistischen Prozeßmanagements wird eine Sprache zur Steuerung und Regelung des Netzwerks eingeführt. Das erste Sprachelement ist die Definition aller Kundenanforderungen und die Festlegung von Sollvor-gaben für die Parameter des Prozeßnetzwerks. Es werden Kennzahlen vorgestellt, die das Ergebnis eines Prozesses im Vergleich zum Sollzustand beurteilen. Diese Fähigkeiten und ein Maß der Beherrschbarkeit eines Prozesses sind die wesentlichen Kennzahlen zur Beurteilung der betrieblichen Leistung im Modell.

Die Ermittlung der Sprachelemente erfolgt mit Hilfe der Statistischen Prozeß-analyse, die univariate und multivariate statistische Methoden zur Umsetzung des Statistischen Prozeßmanagements bereitstellt. Hierbei wurde zum Teil der Sprachgebrauch, beispielsweise die Bedeutung des Wortes „Toleranz", aus dem technischen Bereich und dem Qualitätsmanagement übernommen. Darüber hinaus wurden vom Verfasser zusätzliche multivariate statistische Methoden und Verfahren für die Statistische Prozeßanalyse entwickelt. Für die Berechnungen müssen zuordenbare Daten für die Input-, Prozeß- und Produktparameter der Prozesse des Netzwerks erhoben werden. Das Statistische Prozeßmanagement erfordert neben dem Einsatz von statis-tischen Methoden eine Qualifizierung der Mitarbeiter eines Unternehmens. Die Prozeßverantwortlichen müssen die Methoden und Verfahren des Statistischen Prozeßmanagements beherrschen. Ausführende Mitarbeiter sollten dagegen die Ergebnisse der Berechnungen lediglich interpretieren können.

Beim Modell des Statistischen Prozeßmanagement handelt es sich im Gegensatz zu bisherigen rein beschreibenden Prozeßmodellen um ein Erklärungs- und Prognosemodell. Aus diesem Grund wird das Statistische Prozeßmanagement nicht ausführlich mit anderen Prozeßmanagement-Systemen verglichen. Vielmehr setzt sich die Arbeit mit den grundsätzlichen Auswirkungen dieser Betrachtungsweise auseinander und diskutiert insbesondere die betriebswirtschaftlichen Konsequenzen des Modells, bezogen auf die Organisation eines Unternehmens und ausgewählte betriebliche Leistungsgrößen. Im Modell wird davon ausgegangen, daß die zufälligen Parameter eines Prozesses mehrdimensional verteilt sind. Die vorgestellten multivariaten Methoden basieren auf der Annahme, daß die multivariaten Verteilungen zur Klasse der elliptisch umrissenen Verteilungen gehören, beziehungsweise als Spezialfall dieser Klasse multivariat normalverteilt sind.[5] Damit ist es ausreichend, lineare Abhängigkeiten zwischen den Parametern zu betrachten, um sowohl die statischen als auch die dynamischen Aspekte der Prozesse zu modellieren.

1.3 Aufbau der Arbeit

Im Anschluß an die Einführung folgen drei weitere Kapitel, die jeweils einen Aspekt des Statistischen Prozeßmanagements beinhalten. Im zweiten Kapitel erfolgt zunächst die Modellierung eines Unternehmens durch ein Netzwerk von Prozessen. Anschließend werden in diesem Kapitel die Konsequenzen des Modells für die Betriebsorganisation und ausgewählte betriebswirtschaftliche Leistungsgrößen diskutiert. Dabei wird im Rahmen der Organisation das Statistische Prozeßmanagement zu anderen prozeßorientierten Management-Systemen kurz abgegrenzt und weiter konkretisiert. Im Zusammenhang mit den betrieblichen Leistungsgrößen wird die Kostenbetrachtung des Statistischen Prozeßmanagements ausführlich diskutiert. Die Einführung von Fähigkeiten zur Beurteilung der Leistungsfähigkeit eines Unternehmens schließt das Kapitel ab.

---

[5] Vgl. Anhang A.1 und A.2

Im dritten, zentralen Kapitel der Arbeit werden die Elemente und Methoden der Statistischen Prozeßanalyse vorgestellt. Der Aufbau dieses Kapitels orientiert sich dabei an einer idealisierten Vorgehensweise zur Einführung des Statistischen Prozeßmanagements. Eine erste Untergliederung wird dabei entsprechend den Sprachelementen der Statistischen Prozeßanalyse vorgenommen: die Spezifizierung von Anforderungen, der Nachweis der Erfüllung der Anforderungen und die Steuerung und Regelung von Prozessen. In jedem Unterkapitel wird zunächst die Aufgabe des einzelnen Sprach-elements im Rahmen der Statistischen Prozeßanalyse vorgestellt und die relevanten Grundlagen aufbereitet, bevor die verschiedenen statistischen Methoden und Verfahren vorgestellt werden. Dadurch entstehen Redun-danzen, die aber für eine bessere Verständlichkeit der Arbeit bewußt in Kauf genommen werden.

Ein ausführliches Anwendungsbeispiel findet sich im vierten Kapitel. Bei der Erstellung des Beispiels stand nicht die Vollständigkeit der Analyse im Vordergrund, sondern eine strukturierte Vorgehensweise. Zugunsten der Übersichtlichkeit wurde daher die Anzahl möglicher Input-, Prozeß- und Produktparameter reduziert. Insofern besteht kein Anspruch auf Vollständig-keit der Analyse. Die Daten für die Input-, Prozeß- und Produktparameter mußten generiert werden, da für reale betriebliche Daten keine Freigabe erlangt werden konnte. Die Generierung der Daten basiert aber auf den Abhängigkeitsstrukturen der betrieblichen Prozesse. Das Ziel des Beispiels ist, die Modellierung von betrieblichen Prozessen und die Anwendung und Kombination ausgewählter Methoden und Verfahren der Statistischen Prozeßanalyse im Prozeßnetzwerk vorzustellen.

2 Modellierung und betriebswirtschaftliche Konsequenzen

In diesem Kapitel wird zunächst formale Modell der Statistischen Prozeßanalyse vorgestellt. Im Anschluß werden in Abhängigkeit der zu erwartenden betriebswirtschaftlichen Konsequenzen einzelne Aspekte des Modells präzisiert. Dadurch soll ein Gesamtbild der Statistischen Prozeßanalyse zur Planung, Steuerung und Kontrolle von Unternehmen entstehen, das durch die methodische Ausgestaltung im dritten Kapitel konkretisiert wird.

2.1 Modellierung von vernetzten Unternehmensprozessen

Unternehmen bestehen aus einer Menge von Prozessen, die netzwerkartig miteinander verbunden sind. Der erste Schritt im Rahmen der Statistischen Prozeßanalyse ist somit die Darstellung der Prozesse eines Unternehmens in einem Netzwerks und die Einführung einer Sprache für die Kommunikation zwischen den Prozessen des Netzwerks.

2.1.1 Der Prozeß und die Parameter der Prozeßbeschreibung

Ein Prozeß ist ein gesetzmäßig verlaufender, in der Regel stochastischer Vorgang, der auf dem Ursache-Wirkungs-Prinzip basiert[6] und durch seine Parameter beschrieben wird:

- **Inputparameter ($X_1, \ldots, X_k$)**
  beschreiben Materialien, Methoden, Maschinen oder Geräte und Menschen mit ihren Eigenschaften, sowie Produkte aus vorangehenden Prozessen.

- **Prozeßparameter ($X_{k+1}, \ldots, X_n$)**
  sind (steuerbare oder nicht steuerbare) Parameter mit denen der Prozeß in Abhängigkeit von Input- und Störparametern so beeinflußt werden kann, daß die

- **Produktparameter ($Y_1, \ldots, Y_m$),**
  die das (materielle oder immaterielle) Produkt als Ergebnis eines Prozesses charakterisieren, allen Kundenanforderungen entsprechen.[7]

---

[6] Vgl. Kosiol, E. [Betriebswirtschaftliche Statistik], S. 617
[7] Vgl. Scholz, R. [Geschäftsprozeßoptimierung], S. 63

- **Funktionsparameter (F_1, ..., F_p)**
  charakterisieren die Funktionen, die ein Produkt erfüllen soll. Sie sind die Basis für die Operationalisierung der Kundenanforderungen durch die Definition von Produktparametern.

Die Struktur eines beliebigen Prozesses und dessen Parameter sind in Abbildung 2.1-1 dargestellt.

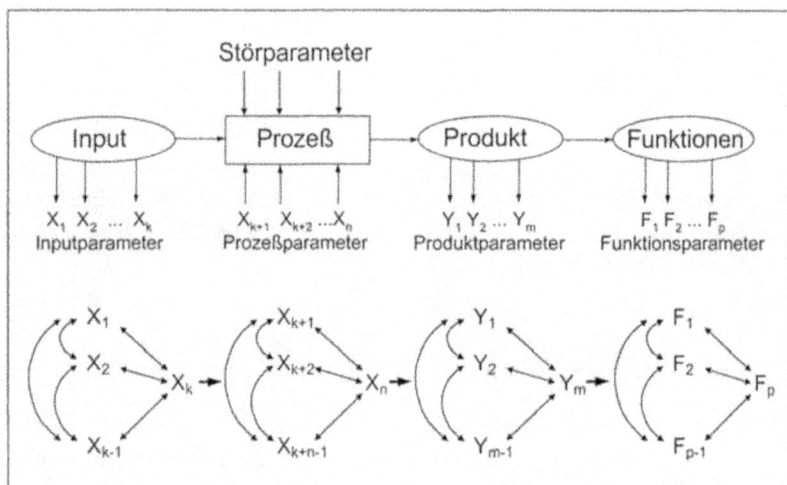

Abbildung 2.1-1: Darstellung eines Prozesses und dessen Parameter

Diese Struktur eines Prozesses zeigt, daß die Produktparameter unmittelbar von den Prozeßparametern abhängen, die ihrerseits von den Inputparametern beeinflußt werden. Somit ist eine zielgerichtete Beeinflussung der Produktparameter, um z.B. alle Kundenanforderungen zu erfüllen, nur über die Input- und Prozeßparameter möglich. Hierfür müssen statistische Methoden der Steuerung und Regelung bereitgestellt werden, denn sowohl die Input-, Prozeß-, Stör- und Produktparameter sind Zufallsgrößen bzw. zufällige Vektoren, die durch eine gemeinsame Verteilung beschrieben werden. Die Pfeile im oberen Teil der Abbildung 2.1-1 zeigen die Einflußmöglichkeiten der Parameter auf den Prozeß. Vom Symbol abgehende Pfeile bedeuten, daß der Input, das Produkt und die Funktionen eines Produktes durch ihre Parameter lediglich beschrieben werden. Ein unmittelbarer Einfluß auf den Prozeß erfolgt über eine Steuerung der Prozeßparameter. In diesem Fall zeigen die Pfeile auf das Prozeßsymbol.

Im unteren Teil der Abbildung 2.1-1 wird die Abhängigkeitsstruktur eines Prozesses durch Pfeildiagramme verdeutlicht. Diese zeigen die komplexe Ursache-Wirkungs-Beziehung, die einem Prozeß zu eigen ist und durch die Funktion

$$\underline{Y} = f(\underline{X}) + E$$

dargestellt wird. $\underline{Y}^T = (Y_1, ..., Y_m)$ stellt den Vektor der Produktparameter dar, $\underline{X}^T = (X_1, ..., X_k, X_{k+1}, ..., X_n)$ repräsentiert den Vektor der Input- und Prozeß-parameter und E ist ein Störparameter, der den nicht durch die Input- und Prozeßparameter erklärbaren Teil der Produktparameter beinhaltet. Die Funktionsparameter $\underline{F}^T = (F_1, ..., F_p)$ beschreiben die Funktionen, die ein Produkt erfüllen soll. Die Produktparameter, die das Ergebnis eines Prozesses beschreiben, werden aus den Funktionsparametern, die die Anforderungen der Kunden beschreiben, abgeleitet.

2.1.2 Vernetzung von Prozessen

Ein Netzwerk von Prozessen ist dadurch charakterisiert, daß die Prozesse eines Unternehmens nicht unabhängig voneinander arbeiten. Die Produkte von Vorläuferprozessen (interne Lieferanten) sind gleichzeitig Inputs für Nachfolgerprozesse (interne Kunden).[8] Dieser Zusammenhang ist in Abbildung 2.1-2 dargestellt.

Die Steuerung von Prozessen im Netzwerk erfolgt über die Prozeßparameter unter der Bedingung, daß die Inputparameter bereits realisiert sind, da ein Prozeß P_t erst startet, wenn der Vorläuferprozeß P_{t-1} abgeschlossen ist. Funktional ist dieser Zusammenhang wie folgt darzustellen:

$$\underline{Y}_t = f(\underline{X}_t / \underline{Y}_{t-1}) + E,$$

wobei t der Index des aktuellen und t-1 der Index des Vorläuferprozesses ist. Die Anzahl der Prozesse im Prozeßnetzwerk ist T, mit t = 1, ..., T. Die Netz-struktur der Abbildung 2.1-2 ergibt sich dadurch, daß ein Prozeß P_t zwei

---

[8] Jahn, W. [Prozesse], S. 440 f.

Nachfolgerprozesse (P_{t+1} und P_{t+2}) hat, die ihrerseits Vorläuferprozesse von Prozeß P_{t+3} sind. Der einfachste Fall eines Prozeßnetzwerkes ist die serielle Verknüpfung von Prozessen, d.h. jeder Prozeß hat nur einen Vorläufer- und Nachfolgerprozeß.

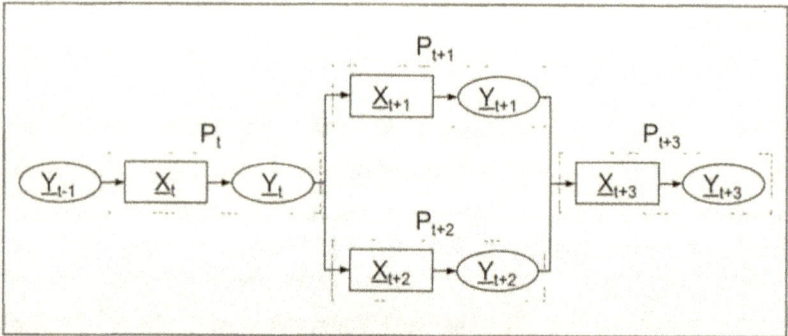

Abbildung 2.1-2: Struktur eines Prozeßnetzwerks

2.1.3 Kommunikation zwischen Prozessen

Jedes Unternehmen läßt sich durch ein Netzwerk von Prozessen abbilden. Für die Steuerung des Netzwerks ist zusätzlich eine Sprache notwendig, um die Kommunikation zwischen den Prozessen des Netzwerks zu ermöglichen.[9] Dabei sind die Sprachelemente die "Werkzeuge", mit deren Hilfe die Prozeß-verantwortlichen ihre Prozesse und damit das Netzwerk steuern. Im Rahmen der Statistischen Prozeßanalyse besteht die Sprache im wesentlichen aus den folgenden Elementen:

- Zusammenstellung aller relevanten Kundenanforderungen an die Funktio-nen eines Produktes zu einem Kunden-Anforderungs-Profil (KAP).

- Operationalisierung des KAP durch die Berechnung von Sollvorgaben (Sollwerte und Toleranzen) für alle relevanten, nicht unabhängigen Produktparameter.

---

[9] Vgl. Jahn , W. und C. Anghel [Eindimensionales Denken], S. 1140 ff.

- Steuerung und Regelung der Prozesse mit den Sollwerten als Zielwerte, so daß alle Kundenanforderungen in Form der Sollvorgaben erfüllt werden.

- Nachweis der simultanen Erfüllung aller Kundenanforderungen.

Die Datenerfassung für die Input-, Prozeß- und Produktparameter ist die Grundlage für die Berechnung von

- Produktgleichungen und quadratischen Formen[10] für die Spezifizierung der Sollvorgaben und den Nachweis der simultanen Erfüllung aller Anforderungen mit univariaten und multivariaten Prozeßfähigkeiten (vgl. Kapitel 3.1 und Kapitel 3.2).

- Prozeßgleichungen für die Steuerung und Regelung der Prozesse mit den zugehörigen Maßen der Beherrschbarkeit der Prozesse, d.h. der Maße, die aussagen, wie gut die Streuung der Produktparameter durch die Input- und Prozeßparameter erklärt werden kann (vgl. Kapitel 3.3).

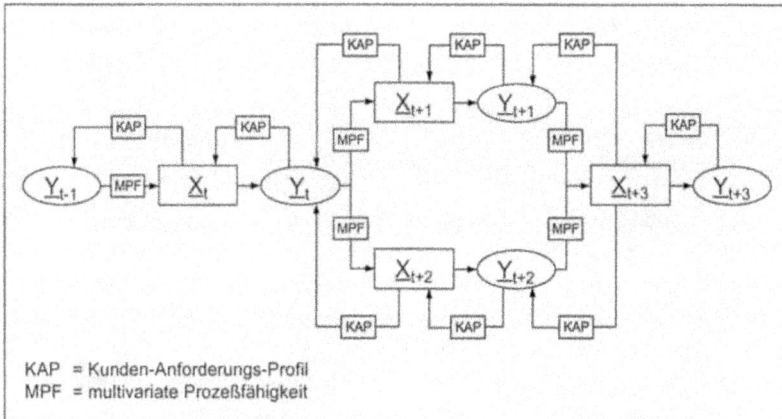

KAP = Kunden-Anforderungs-Profil
MPF = multivariate Prozeßfähigkeit

Abbildung 2.1-3: Netzwerk von Prozessen mit Kommunikation

Die Struktur eines Prozeßnetzwerks (vgl. Abbildung 2.1-1) wird in Abbildung 2.1-3 durch die Kommunikation im Prozeßnetzwerk erweitert. Die Modellierung

---

[10] Durch quadratische Formen können mehrere Parameter unter Berücksichtigung ihrer Abhängigkeitsstruktur zu einem Parameter zusammengefaßt werden.

von Unternehmen als Netzwerk von Prozessen hat mehrere Konsequenzen, die in den folgenden Kapiteln diskutiert werden. So ist die Strukturierung eines Unternehmens durch vernetzte Prozesse die Grundlage für den Übergang von einer hierarchisch orientierten zu einer prozeßorientierten Organisation mit klar definierten Aufgaben für die Prozeßverantwortlichen (vgl. Kapitel 2.2).[11] Zudem wirkt sich die Betrachtung aller Parameter eines Prozesses als Zufallsgrößen auf die Definition von betrieblichen Leistungsgrößen aus (vgl. Kapitel 2.3).

2.2 Konsequenzen für die Betriebsorganisation

Die Auswirkungen der Statistischen Prozeßanalyse auf die betriebliche Organisation sollen in diesem Kapitel diskutiert werden. Dazu werden aktuelle Entwicklungen der Prozeßorientierung in der Betriebswirtschaftslehre kurz vorgestellt, kritisch beurteilt und mit der Statistischen Prozeßanalyse verglichen. Am Ende dieses Kapitels folgt die Vorstellung des Statistischen Prozeßmanagements im Sinne einer Konkretisierung der Statistischen Prozeßanalyse als Prozeßmanagement-System.

2.2.1 Begriffsabgrenzungen und Ziele der Prozeßorientierung

In Theorie und Praxis der organisatorischen Gestaltung von Unternehmen hat sich ein Paradigmawechsel von der Funktions- zur Prozeßorientierung vollzogen.[12] Eine Gestaltung der Aufbauorganisation anhand betrieblicher Funktionen basiert auf dem Verrichtungsprinzip.[13] Die Stellenbildung erfolgt dabei nach dem Aspekt der Arbeitsteilung und einer Spezialisierung auf bestimmte Tätigkeiten.[14] Dieses Prinzip ist auf die wissenschaftlichen Arbeiten von Frederick W. Taylor zurückzuführen. Danach soll durch eine spezialisierte Ausbildung der Arbeiter und durch die Trennung von operativen und dispositiven Aufgaben die Produktivität erhöht werden. Diese Funktionsorientierung war eine wichtige Grundlage für die industrielle Revolution Ende des 19. bzw.

[11] Jahn, W. [Statistische Prozeßanalysen], S. 35 ff.
[12] Vgl. Gaitanides, M. [Business Reengineering], S. 69 f., Göbel, E. [Prozeßorganisation], S. 309 ff., Wittlage, H. [Organistionsgestaltung], S. 210
[13] Vgl. Gaitanides, M. [Prozeßorganisation], S. 24
[14] Vgl. Wittlage, H. [Organisationsgestaltung], S. 210

anfangs des 20. Jahrhunderts.[15] Werden Unternehmen dagegen nach Prozessen strukturiert, bildet das Objektprinzip die Grundlage. Das Unternehmen wird hierbei nach Objekten der betrieblichen Leistungserstellung gegliedert, an denen Verrichtungen vollzogen werden.[16] Beispiele hierfür sind Aufträge, Lieferungen und (Zwischen-) Produkte.[17]

Die Definition eines Prozesses erfolgt in der Literatur unterschiedlich. Verschiedene Definitionen weisen unterschiedliche Konkretisierungsgrade und Komponenten eines Prozesses auf.[18] Die Begriffe Prozeß und Geschäftsprozeß werden zum Teil synonym verwendet.[19] In dieser Arbeit soll zwischen den Begriffen Prozeß und Geschäftsprozeß unterschieden werden. Der Prozeß stellt dabei eine höhere Abstraktionsebene dar und wird als Vorgang definiert, der Inputs in Outputs transformiert.[20] Als spezielle Begriffsdefinition wird in dieser Arbeit ein Prozeß als ein gesetzmäßig verlaufender Vorgang definiert, der auf dem Ursache-Wirkungs-Prinzip basiert.

Ein Geschäftsprozeß ist dagegen definiert als "Handlungen, Tätigkeiten oder Verrichtungen zur Schaffung von Produkten oder Dienstleistungen [...], die in einem direkten Zusammenhang miteinander stehen, und die in ihrer Summe den betriebswirtschaftlichen, produktionstechnischen, verwaltungstechnischen und finanziellen Erfolg des Unternehmens bestimmen".[21] Synonym wird auch der Begriff Kernprozeß verwendet.[22] Ein Geschäftsprozeß kann sich aus mehreren Teilprozessen zusammensetzen. Ein Prozeßnetzwerk, wie in Abbildung 2.1-1 dargestellt, könnte somit auch die Struktur eines Geschäftsprozesses darstellen. Ein Geschäftsprozeß ist somit als ein Unternehmensprozeß zu definieren, der sich aus einem Netzwerk von Prozessen zusammensetzt, die in unmittelbarem Zusammenhang stehen und auf dem Ursache-Wirkungs-Prinzip basieren. Geschäftsprozesse können sich aus technischen und betriebswirtschaftlichen Prozessen zusammensetzen. Damit kann alles Tun in einem Unternehmen als Geschäftsprozeß bezeichnet

---

[15] Vgl. Schnabel, U. G. und A. W. Roos [Business Reengineering], S. 4
[16] Vgl. Gaitanides, M. [Prozeßorganisation], S. 24, Corsten, H. [Prozeßmanagement], S. 1089
[17] Vgl. Rebstock, M. [Prozeßorientierung], S. 27, Maurer, G. [Prozeßorientierung 1], S. 9
[18] Vgl. Gaitanides, M. [Business Reengineering], S. 371 f., Maurer, G. und A. C. Schwickert [Prozeßorientierung], S. 3 ff., Bea, F. X. und H. Schnaitmann [Begriff und Struktur], S. 278 ff.
[19] Vgl. Göbel, E. [Prozeßorganisation], S. 318, Maurer, G. und A. C. Schwickert [Prozeßorientierung], S. 3
[20] Vgl. Schmidt, G. [Prozeßmanagement], S. 1; Schwickert, A. C. und K. Fischer [Geschäftsprozeß], S. 3
[21] Striening, H.-D. [Prozeß-Management], S. 57
[22] Vgl. Wittlage, H. [Organisationsgestaltung], S. 211

werden.[23] Eine Trennung zwischen Kern- bzw. Primär- und Unterstützungs-
prozessen[24] ist im Modell nicht notwendig und erfolgt daher nicht. Die Bedeutung eines Geschäftsprozesses ergibt sich im Rahmen der Statistischen
Prozeßanalyse aus seiner Bedeutung für die Erfüllung aller relevanten
Kundenanforderungen.

In der Literatur werden verschiedene Prozeßarten unterschieden. Die Klassifi-
zierung erfolgt nach Tätigkeit, Objekt, Strukturiertheit, Variabilität und Umfang.
Tätigkeiten innerhalb eines Prozesses können operativ oder dispositiv sein.
Operativ bezieht sich dabei auf eine Ausführung, die direkt dem Unter-
nehmensziel dient. Dispositive Prozesse sind Management- bzw. Steuerungsprozesse, die indirekt operative Prozesse beeinflussen. Bezüglich des
Objektes eines Prozesses wird zwischen materiellen und immateriellen
Prozessen unterschieden.[25] Die Strukturiertheit eines Prozesses hängt von
seinem Regelungsgrad ab. Je eindeutiger ein Prozeß beschrieben ist, desto
höher ist der Grad der Strukturiertheit.[26] Die Variabilität eines Prozesses
beschreibt die Notwendigkeit den Prozeß über die Zeit an veränderte Anforderungen anzupassen. Der Umfang eines Prozesses gibt an, wie viele Tätigkeiten in einem Prozeß aufgehen. In diesem Zusammenhang kann auch
zwischen unternehmensübergreifenden, funktionsübergreifenden und stellen-
übergreifenden Prozessen unterschieden werden.[27] Hinsichtlich der Prozeß-
anordnung kann zwischen sequentiellen und den netzwerkartigen
Prozeßstrukturen unterschieden werden.[28] Bei der sequentiellen Strukturierung werden einzelne Prozesse nur nacheinander verknüpft. Dagegen können
bei der netzwerkartigen Struktur auch Prozesse parallel verlaufen.

Im Rahmen der Statistischen Prozeßanalyse sollen alle Tätigkeiten eines
Unternehmens zur Erstellung von materiellen oder immateriellen Produkten in
das Prozeßnetzwerk aufgenommen werden, ausgenommen schlecht strukturierbare Topmanagement-Prozesse, die separat organisiert werden. Veränderungen von Prozessen ergeben sich aufgrund von veränderten
Kundenanforderungen. Das Prozeßnetzwerk ist immer stellen- und funktions-

---

[23] Vgl. Wittlage, H. [Organisationsgestaltung], S. 211 f.
[24] Vgl. Muchowski, E. und W. von Eiff [Prozesse verstehen], S. 23, Töpfer, A. [Geschäftsprozesse],
     S. 6 ff.
[25] Vgl. Schwickert, A. C. und K. Fischer [Geschäftsprozeß], S.14
[26] Vgl. Laux, H. und F. Liermann [Organisation], S. 261 ff.
[27] Vgl. Schwickert, A. C. und K. Fischer [Geschäftsprozeß], S.12
[28] Vgl. Gaitanides, M. [Business Reengineering], S. 73 f.

übergreifend und letztlich über die Definition von Anforderungen mit den Prozessen der externen Kunden und Lieferanten verbunden. Die Strukturierung des Prozeßnetzwerks kann sowohl sequentiell als auch netzwerkartig erfolgen.

Eines der Hauptziele eines jeden marktwirtschaftlichen Unternehmens ist die Erhöhung der Wettbewerbsfähigkeit und damit die Steigerung der Unternehmensgewinne.[29] Um dieses Ziel zu erreichen, liegt bei der Prozeßorientierung der Schwerpunkt auf dem Kunden. Diese Kundenorientierung gilt sowohl für externe Kunden als auch für Kunden im internen Kunden-Lieferanten-Verhältnis.[30] Im Vordergrund der Prozeßorientierung steht die Identifizierung und Erfüllung von Kundenwünschen und damit die Kundenzufriedenheit.[31] Als Zielgrößen der Kundenorientierung werden die Effektivität, die Effizienz[32] und die Anpassungsfähigkeit von Prozessen genannt.[33] Diese allgemeinen Zielgrößen werden durch die Operationalisierung des Kundenanforderungsprofils (KAP) zu Produktparametern, wie z.B. Preis und Liefertreue und der Festlegung bzw. Berechnung von Sollvorgaben für alle wesentlichen Produktparameter konkretisiert. Somit werden die Kundenanforderungen genau dann erfüllt, wenn die Sollvorgaben aller wesentlichen Produktparameter eingehalten werden.

Ein weiteres Ziel der Prozeßorientierung ist die Senkung der Gemeinkosten. Durch die Prozeßorientierung soll das Unternehmen am Wertschöpfungsprozeß ausgerichtet und dadurch hohe Fixkostenblöcke reduziert werden,[34] da ein wesentlicher Bestandteil der Fixkosten prozeßbezogene Gemeinkosten sind.[35] Dieses Ziel wird im Zusammenhang mit den betrieblichen Leistungsgrößen ausführlich diskutiert.[36]

Bei der Umsetzung einer Prozeßorientierung in einem Unternehmen muß hinsichtlich der konkreten organisatorischen Ausgestaltung der Prozeßorientierung unterschieden werden. Je nachdem, wie sich die Prozeß-

---

[29] Vgl. Harrington, H. J. [Business Process], S. XI
[30] Vgl. Töpfer, A. [Prozeßkettenanalyse], S. 32
[31] Vgl. Gaitanides, M., R. Scholz und A. Vrohlings [Grundlagen], S. 13 ff.
[32] Unter Effizienz ist ein möglichst sparsamer Einsatz von Ressourcen zu verstehen ("Die Dinge richtig tun"). Die Effektivität beschreibt dagegen den Grad der Wirksamkeit bzw. ein Kosten-Nutzen-Verhältnis ("Die richtigen Dinge tun").
[33] Vgl. Harrington, H. J. [Business Process], S. 82 und S. 114
[34] Vgl. Striening, H.-D. [Prozeßmanagement], S. 324 ff.
[35] Vgl. Beinhauer, M. und K.-U. Schellhaas [Gemeinkostenmanagement], S. 97 ff., Gaitanides, M., R. Scholz und A. Vrohlings [Grundlagen], S. 15
[36] Vgl. Kapitel 2.3.1

orientierung auf die Aufbauorganisation auswirkt, lassen sich verschiedene
Grade der Prozeßorientierung definieren:

- **Prozeßorientierung 1. Grades:**
  Die Prozeßorientierung bezieht sich lediglich auf eine verbesserte Ablauf-
  organisation und hat keine nennenswerten Auswirkungen auf die Aufbauorganisation.[37]

- **Prozeßorientierung 2. Grades:**
  Eine funktionale Aufbauorganisation wird durch die Prozeßorientierung
  matrixähnlich überlagert.[38] Geschäftsprozesse werden dabei über
  Abteilungsgrenzen hinweg definiert und einem Prozeßverantwortlichen
  zugewiesen.[39]

- **Prozeßorientierung 3. Grades:**
  Prozesse stehen bei der Bildung der Aufbauorganisation im Vordergrund.
  Bei der Stellenbildung werden verschiedene Aktivitäten als Prozesse inner-
  halb funktionaler Bereiche zusammengefaßt.[40]

- **Prozeßorientierung 4. Grades:**
  Die Aufbauorganisation orientiert sich an Prozessen, d.h. Prozesse sind
  Bereiche bzw. Abteilungen.[41]

- **Prozeßorientierung 5. Grades:**
  Ein Unternehmen wird als ein Netzwerk von Prozessen strukturiert.

Insbesondere die Prozeßorientierung 3. und 4. Grades sollten mit der Bildung
von Geschäftseinheiten einhergehen.[42] Die Prozeßorientierung 5. Grades
bildet die Basis der Statistischen Prozeßanalyse. Dabei wird ein Unternehmen
oder eine Geschäftseinheit konsequent nach seinen oder ihren Prozessen
ausgerichtet und als ein Prozeßnetzwerk organisiert. Jeder Prozeß entspricht
dabei einer organisatorischen Einheit, die von einem Prozeßverantwortlichen
geleitet wird, der seinerseits dem Verantwortlichen des Netzwerkes unterstellt
ist.

---

[37] Vgl. Gernet, C. und K. Ulbrich [Organisation], S. 132
[38] Vgl. Eiff, W. von [Geschäftsprozeßmanagement], S. 368 f.
[39] Vgl. Göbel, E. [Prozeßorganisation], S. 317
[40] Vgl. Gaitanides, M. [Prozeßmanagement], S. 76 f.
[41] Vgl. Hammer, M [Prozeßzentriert], S. 23 ff., Porter, M. E. [Wettbewerbsvorteile], S. 63 ff.
[42] Vgl. Mertens, P., Reiß, M. und P. Horváth [Perspektiven], S. 113

2.2.2 Prozeßmanagement-Systeme

Das Prozeßmanagement befaßt sich mit der Planung, Steuerung und Kontrolle von Prozessen.[43] Prozeßmanagement-Systeme sind Konzepte zur Umsetzung der Prozeßorientierung in einem Unternehmen. Um verschiedene Systeme vergleichen zu können, werden im folgenden drei wichtige Systeme, die Geschäftsprozeßoptimierung, das Business Process Reenigneering und die Prozeßorganisation kurz vorgestellt, wobei der Schwerpunkt auf die relevanten Kriterien dieser Systeme gelegt wird.[44]

Bei der Geschäftsprozeßoptimierung sollen speziell betriebswirtschaftliche Prozesse kontinuierlich verbessert werden.[45] Dabei sollen die Informations-abläufe der Prozesse automatisiert werden (Workflow-Management). Die Organisationsstruktur im Unternehmen bleibt dabei weitgehend erhalten. Primäre Zielsetzung der Geschäftsprozeßoptimierung ist eine Erhöhung der Effektivität vorhandener Prozesse. Die Optimierung von Geschäftsprozessen soll in mehreren Schritten erfolgen.[46] Nach einer Ist-Analyse werden Maß-nahmen zur Verbesserung der Prozesse ergriffen, deren Auswirkungen quantitativ überprüft werden. Dieser Verbesserungsprozeß soll kontinuierlich wiederholt werden. Die Geschäftsprozeßoptimierung zählt zu den soge-nannten Evolutionsmodellen, da Geschäftsprozesse schrittweise und kontinu-ierlich verbessert werden sollen.[47]

Beim Business Process Reengineering sollen Geschäftsprozesse ideal-typisch definiert werden,[48] unabhängig von den bestehenden Strukturen.[49] Das Ziel dieser sogenannten Innovationsmodelle ist eine signifikante Verbesserung der Effektivität und der Effizienz der Prozesse.[50] Die Durchführung eines Process Reengineering erfolgt in mehreren Schritten. Zunächst werden für einen ausgewählten Prozeß die (internen oder externen) Kunden und deren An-forderungen ermittelt. Parallel sollen Benchmarks mit Prozessen anderer Unternehmen durchgeführt werden, um wichtige Erkenntnisse für die eigenen Prozesse zu erhalten. Auf dieser Basis soll dann ein neuer, idealer Prozeß

---

[43] Vgl. Maurer, G. [Prozeßorientierung 1], S. 1; Schmidt, G. [Prozeßmanagement], S. 3 f.
[44] Vgl. Gaitanides, M. [Prozeßmanagement], S. 3 ff.
[45] Vgl. Franz, K.-P. [Prozeßmanagement], S.120
[46] Vgl. Harrington, H. J. [Business Process], S. 23 ff
[47] Vgl. Davenport, T. H. [Radical Innovation], S. 7 f.
[48] Vgl. Brenner, W. und V. Hamm [Prinzipien], S. 18, Gaitanides, M., R. Scholz und A. Vrohlings [Grundlagen], S. 4
[49] Vgl. Gaitanides, M. [Business Reengineering], S. 69 f.
[50] Vgl. Hess, T. [Prozesse], S. 14

eingeführt werden.[51] Um den Erfolg neuer Prozesse sicherzustellen, müssen anschließend kontinuierliche Verbesserungsmaßnahmen durchgeführt werden.[52]

Die Grundidee der Prozeßorganisation ist die Umgestaltung von einer funktionalen zu einer prozeßorientierten Organisationsstruktur. Auf der Basis von Einzelaktivitäten werden von unten nach oben (Bottom-up) prozeß-orientierte Strukturen aufgebaut. Schnittstellen sollen bei der Abteilungs-bildung vermieden werden. Im Extremfall ist ein Prozeß als eigenständige Abteilung bzw. Unternehmensbereich zu sehen. Die Prozeßorganisation hat die Aufgabe, die Prozeßaktivitäten und die Prozesse untereinander zu koordinieren.[53] Die Entwicklung einer Prozeßorganisation kann sowohl in mehreren Stufen (Evolutionsmodelle) als auch durch ein Innovationsmodell erfolgen. Entscheidend ist eine Ausrichtung der Machtstrukturen auf die Prozesse. Als wesentliche Ziele der Prozeßorganisation wird die Steigerung der Effizienz und der Effektivität sowie die Flexibilisierung der Organisations-struktur genannt.[54]

Neben den vorgestellten Prozeßmanagement-Systemen werden in der Literatur weitere Systeme vorgestellt, die sich teilweise durch ihre Be-zeichnung unterscheiden oder unterschiedliche Schwerpunkte setzen.[55] Dem Prozeßmanagement übergeordnete Konzepte sind die ganzheitlichen Ansätze der Managementkonzepte. Wichtige Managementkonzepte, die eine Prozeß-orientierung beinhalten, sind das Lean Management, das Total Quality Management, das Supply Chain Management und die Six Sigma Philosophie.[56]

Die genannten Managementkonzepte beinhalten alle eine Prozeßorientierung, setzen aber unterschiedliche Schwerpunkte, wovon die relevanten im folgenden kurz vorgestellt werden sollen. Wichtige Ziele des Lean Manage-

---

[51] Vgl. Harrison, D. B. und M. D. Pratt [Reengineering], S 8 ff.
[52] Vgl. Hoch, T. [Informationsverarbeitung], S. 29, Brenner, W. und V. Hamm [Prinzipien], S. 36
[53] Vgl. Gaitanides, M. [Prozeßmanagement], S. 23 ff.
[54] Vgl. Osterloh, M und J. Forst [Business Revolution], S. 27 f.
[55] Vgl. Davenport, T. H. und J. E. Short [Process Redisign], S. 14 ff., Eversheim, W. [Prozeßorientiert], S. 7 ff., Ferk, H. [Geschäftsprozeßmanagement], S. 20 ff., Furey, T. R. [Process Reengineering], S. 21 f., Servatius, H.-G. [Reengineering-Programme], S. 11 f.
[56] Vgl. Bösenberg, D. und H. Metzen [Lean Management], S. 67 ff., Harry, M. und R. Schroeder [Six Sigma], S. 15 ff., Oess, A. [Total Quality Management], S. 34 ff., Weber, J., M. Dehler und B. Wertz [Supply Chain Management], S. 264 ff.

ments sind eine starke Kundenorientierung, der Abbau der Arbeitsteilung und eine Reduzierung der Anzahl der Hierarchiestufen.[57] Aus diesen Zielen folgt eine Reduzierung der Fertigungstiefe und eine enge Zusammenarbeit mit einer überschaubaren Anzahl von Lieferanten. Dadurch sollen Tätigkeiten reduziert werden, die hohe Gemeinkosten verursachen. Gleichzeitig soll die Eigenverantwortung der Mitarbeiter erhöht und der Einsatz von Gruppenarbeit verstärkt werden.[58]

Das Total Quality Management (TQM) legt den Schwerpunkt auf die Qualität der Produkte und Dienstleistungen eines Unternehmens. Qualität ist dabei als die Erfüllung aller relevanten Kundenanforderungen zu definieren.[59] Somit steht die Kundenorientierung ebenfalls im Vordergrund. Weitere Schwerpunkte des TQM sind die Einbindung aller Mitarbeiter, inklusive der Unternehmensführung in die Aktivitäten zu einer ständigen Qualitätsverbesserung. Neben internen Rahmenbedingungen sollen zusätzlich externe Gruppen, wie die Lieferanten und die Gesellschaft in ein TQM-System eingebunden werden.[60] Ziel des TQM ist es, durch qualitativ hochwertige Produkte und Dienstleistungen Wettbewerbsvorteile zu erlangen.

Die Six Sigma Philosophie steht für beherrschte Geschäftsprozesse, deren materielle oder immaterielle Produkte qualitativ hochwertig sind. Six Sigma entspricht dabei einem Qualitätsniveau, das nur 3,4 Fehler pro einer Million Produkte erlaubt.[61] Hierbei gilt die Annahme, daß zwischen dem Sollwert und jeder Toleranzgrenze für einen Produktparameter genau sechsmal die geschätzte Standardabweichung paßt. Der Multiplikator sechs für die Standardabweichung gilt als Erfahrungswert, der ein Optimum zwischen den Kosten der Verbesserung eines Prozesses und den Fehlerkosten ergeben soll. Das Qualitätsniveau Six Sigma soll ausgehend von den Kundenanforderungen durch die Operationalisierung der Prozeßergebnisse mittels Produktparameter erreicht werden.[62] Die Six Sigma Philosophie kann als eine spezielle Ausprägung des TQM betrachtet werden, die ihren Schwerpunkt auf die Operationalisierung und Messung der Prozeßergebnisse legt.

Beim Supply Chain Management steht das Zusammenwirken der gesamten Wertschöpfungskette eines Unternehmens von der Beschaffung bis zur

---

[57] Vgl. Macharzina, K. [Unternehmensführung], S. 794 ff.
[58] Vgl. Deppe, J. [Quality Circle], S. 13
[59] Vgl. Groocock, J. M. [Qualitätsverbesserung], S. 22
[60] Vgl Zink, K. J [Qualität], S. 25
[61] Vgl. Harry, M. und R. Schroeder [Six Sigma], S. 28 ff.
[62] Vgl. Harry, M. und R. Schroeder [Six Sigma], S. 53 ff.

Entsorgung oder zum Recycling eines Produktes im Vordergrund. Durch die Verbesserung aller internen und externen Schnittstellen einer Wertschöpfungskette soll die Wettbewerbsfähigkeit eines Unternehmens verbessert werden.[63] Der Betrachtungsgegenstand des Supply Chain Management sind die Material- und Informationsflüsse, die ebenfalls Betrachtungsgegenstand der Logistik sind. Insofern besteht zwischen der Logistik und dem Supply Chain Management eine enge Beziehung.[64]

Alle (Prozeß-)Management-Systeme zeichnen sich durch eine fehlende Konkretisierung der eigenen Ansprüche aus. So müssen z.B. die Kundenanforderungen bei der Gestaltung der Prozesse im Vordergrund stehen.[65] Die Bereitstellung von Methoden zur Operationalisierung der Kundenanforderungen und die Prüfung deren Einhaltung werden aber mit Ausnahme der Six Sigma Philosophie vernachlässigt. Außerdem wird im keinem (Prozeß-) Management-System eine Modellierung der Prozesse nach dem Ursache-Wirkungs-Prinzip vorgenommen.

2.2.3 Probleme der Prozeßorientierung

Die vorgestellten (Prozeß-) Management-Systeme weisen viele Gemeinsamkeiten auf, setzen aber unterschiedliche Schwerpunkte. Jedes System enthält neben der Prozeßorientierung die externe und interne Kundenorientierung und den Aspekt der Leistungs- und Qualitätsverbesserung. Weitere Gemeinsamkeiten sind die Qualifizierung der Mitarbeiter und eine Dezentralisierung von Kommunikations- und Entscheidungsstrukturen.[66] Da alle vorgestellten Management-Systeme auf dem Prinzip der Prozeßorientierung basieren, soll die Prozeßorientierung allgemein kritisch beurteilt werden.

Eine starre funktionsorientierte Organisation kann dazu führen, daß Entscheidungen aufgrund von verlängerten Entscheidungswegen gelähmt werden.[67] Diese Problematik der Funktionsorientierung kann auf eine zunehmende Bürokratisierung und eine abnehmende Kundenorientierung und

---

[63] Vgl. Werner, H. [Supply Chain], S. 813
[64] Vgl. Weber, J., M. Dehler und B. Wertz [Supply Chain Management], S. 264 ff.
[65] Vgl. Hammer, M. und J. Champy [Business Reengineering], S.167 ff.
[66] Vgl. Koenigsmarck, O. von und C. Trenz [Business Reengineering], S.27
[67] Vgl. Eversheim, W. [Prozeßorientiert], S.7; Eiff, W. von [Geschäftsprozeßmanagement], S. 368

Innovationskraft zurückgeführt werden.[68] Eine verstärkte Prozeßorientierung scheint dagegen den komparativen Kostenvorteilen der Arbeitsteilung nach Ricardo zu widersprechen. Ebenso steht die Prozeßorientierung im Gegensatz zu den Produktivitätsgewinnen einer Arbeitsteilung nach Taylor.[69] Eine prozeßorientierte Organisation bedeutet aber nicht die Abkehr von der Arbeitsteilung. Vielmehr wird durch die Prozeßorientierung das Problem der Arbeitsteilung aktualisiert.[70] Aufgaben werden in einer prozeßorientierten Organisation entsprechend den Prozessen zusammengefügt, was ebenfalls zu Spezialisierungseffekten führt.

Dennoch bleibt die Frage, ob eine Prozeßorientierung die Wettbewerbsfähigkeit von Unternehmen erhöhen kann. Grundsätzlich besteht die Gefahr, daß funktionale Qualifikationen verloren gehen[71] und daß eine an Prozessen ausgerichtete Aufbauorganisation zu einem erhöhten Koordinationsaufwand führt.[72] Ein theoretisches Optimum der Organisationsgestaltung liegt zwischen dem Nutzen durch die Spezialisierung auf Verrichtungen (z.B. durch Lerneffekte) und den Kosten aufgrund des Koordinierungsaufwands. Je stärker ein Unternehmen funktional organisiert ist, desto höher sind Spezialisierungsnutzen und Koordinierungskosten. Entsprechend sind bei einer prozeßorientierten Organisation die Koordinierungskosten und der Spezialisierungsnutzen gering.[73]

Als ein Vorteil der funktionalen Organisation wird eine stabilisierende Wirkung für das Unternehmen gesehen. Eine prozeßorientierte Organisation kann demzufolge zu einer Destabilisierung führen[74] bzw. stellt "[...] höhere Anforderungen an die Selbstorganisation und -kontrolle jeder einzelnen Abteilung oder Stelle".[75] Dies weist darauf hin, daß eine optimale Organisationsform, die Vor- und Nachteile der Prozeß- und Funktionsorientierung berücksichtigen muß. Eine Möglichkeit, diesen Gegensatz zu berücksichtigen, besteht darin, den Umfang von Prozessen zu reduzieren, um damit auch Spezialisierungseffekte in einer Prozeßorganisation zu nutzen. Im Zusammenhang mit der Optimierung von Geschäftsprozessen steht auch die Diskussion, ob die Prozeßleistung maximiert oder die eingesetzten Ressourcen minimiert werden sollen,

---

[68] Vgl. Riekhof, H.-C. [Geschäftsprozeß], S. 8
[69] Vgl. Göbel, E. [Prozeßorganisation], S. 310; Rebstock, M. [Prozeßorientierung], S. 272
[70] Vgl. Göbel, E. [Prozeßorganisation], S. 311
[71] Vgl. Theuvsen, L. [Business Reengineering], S. 76 f.
[72] Vgl. Krotzfleisch, H. F. [Organisationsmodellierung], S. 37 f.
[73] Vgl. Rebstock, M. [Prozeßorientierung], S. 274 f.
[74] Vgl. Maurer, G. und A. C. Schwickert [Prozeßorientierung], S. 16
[75] Hungenberg, H. und T. Wulf [Business Process Reengineering], S. 305

unter den Nebenbedingungen zumindest einer jeweils anderen Größe.[76] Außerdem wird der Grad der Standardisierung von Prozessen als wichtig erachtet. Der Grad der Standardisierung ist dabei von den Umwelt- und Unternehmensbedingungen abhängig.[77]

Der Gegensatz zwischen den Koordinierungskosten und dem Spezialisierungsnutzen kann als ein Problem des Prozeßumfangs gesehen werden. Da die Statistische Prozeßanalyse Geschäftsprozesse als ein Netzwerk von mehreren Prozessen betrachtet, ist das Erreichen eines (lokalen) Optimums denkbar, vorausgesetzt, der Umfang der einzelnen Prozesse eines Netzwerks führt zu einem maximalen Gesamtnutzen, der sich aus den Koordinierungskosten und dem Spezialisierungsnutzen zusammensetzt. Dieses Argument läßt sich analog auch eine mögliche destabilisierende Wirkung der Prozeßorientierung übertragen. Der Ressourcenverbrauch soll bei der Statistischen Prozeßanalyse minimiert werden, unter der Bedingung, daß die Anforderungen an das Produkt erfüllt werden.

Einen weiteren Problembereich stellt die Modellierung, d.h. die Identifizierung, Abbildung und Abgrenzung von Prozessen dar.[78] Über Methoden und Vorgehensweise der Prozeßmodellierung wird in der Literatur ausführlich diskutiert.[79] Insbesondere die Identifizierung von Prozessen wird als Problem der Prozeßorientierung gesehen.[80] Weder über die Anzahl, noch über die Erkennung von Prozessen besteht Einigkeit.[81] Die Identifizierung von Prozessen wird vielmehr als eine Kunst gesehen,[82] die Kreativität und Erfahrung bedarf.[83] Allgemein haben sich zwei Ansätze der prozeßorientierten Interpretation von Unternehmen herausgebildet.[84] Zum einen wird davon ausgegangen, daß Prozesse unternehmensspezifische Eigenschaften besitzen und somit nur unternehmensspezifisch modelliert werden können.

---

[76] Vgl. Mertens, P., Reiß, M. und P. Horváth [Perspektiven], S. 114 f.
[77] Vgl. Gaitanides, M. und J. Müffelmann [Standardisierung], S. 197 f.
[78] Vgl. Gaitanides, M. [Business Reengineering], S. 71 f.
[79] Vgl. Eversheim, W. [Prozeßorientiert], S. 37 ff., Haist, F. und H. Fromm [Qualität], S. 106 ff., Hess, T., L. Brecht und H. Österle [Stand und Defizite], S.480 ff., Mauer, G. [Prozeßorientierung 2], S. 9 ff., Scholz, R. [Geschäftsprozeßoptimierung], S. 83 ff.
[80] Vgl. Picot, A. und P. Rohrbach [Organisatorische Aspekte], S. 28 ff.
[81] Vgl. Osterloh, M und J. Forst [Business Revolution], S.28, Schütte, R. [Proeßmodellierung], S. 75 ff.
[82] Vgl. Hammer, M. und J. Champy [Business Reengineering], S. 127
[83] Vgl. Pfohl, H.-C., M. Krings und G. Betz [Organisationsanalyse], S. 247
[84] Vgl. Gaitanides, M. [Prozeßmanagement], S. 6

Zum anderen sollen Prozesse unternehmensübergreifende Gemeinsamkeiten aufweisen. Wird die Organisation eines Unternehmens prozeßorientiert ausgerichtet, so geschieht dies mit Hilfe von formalen Prozeßmodellen, die den logischen Aufbau sowie den Daten- und Informationsfluß von Prozessen abbilden. Durch diesen umfangreichen Anspruch besteht die Gefahr eines zu starken Formalismus, d.h. Prozesse werden zu sehr an Prozeßmodellen anstatt an den Anforderungen der Kunden ausgerichtet.[85] Ein hoher Grad an Formalismus beinhaltet auch die Gefahr, daß ein Schwerpunkt auf gut strukturierbare Prozesse gelegt wird, während die übrigen Prozesse vernachlässigt werden.[86] Standardisierte Softwarelösungen, die auf formalen Prozeßmodellen basieren, sind zum Teil nur bedingt prozeßorientiert und somit auch nicht uneingeschränkt anwendbar.[87]

Die Probleme der Modellierung von Prozessen lassen sich weitgehend auf die Statistische Prozeßanalyse übertragen. Bei der Modellierung wird von dem unternehmensspezifischen Ansatz der Prozeßidentifizierung ausgegangen. Unternehmensübergreifende Ansätze können lediglich als Hilfe bei der Identifizierung von Prozessen dienen. Das formale Prozeßmodell der Statistischen Prozeßanalyse stellt den logischen Aufbau der vernetzten Prozesse nach dem Ursache-Wirkungs-Prinzip dar. Der Daten- und Informationsfluß wird im Modell nicht direkt, sondern indirekt über die Produkt- und Inputparameter wiedergegeben. Aufgrund dieser einfachen Struktur enthält das Modell einen relativ geringen Formalismus. Die Gefahr, daß die Statistische Prozeßanalyse lediglich für gut strukturierbare Prozesse angewendet wird, ist hoch, da die Definition der Parameter als schwierig und die Datenerhebung für die Parameter als aufwendig einzustufen ist. Standardisierte Softwarelösungen für die Analyse können ebenfalls nur bedingt eingesetzt werden, da die Statistische Prozeßanalyse einer umfangreichen Interpretation durch methodische Spezialisten und Prozeßexperten bedarf.

Ein wesentliches Element der Prozeßorientierung ist die Messung der Prozeßleistungen.[88] Die Messung dient der Beurteilung der Prozeßergebnisse und der Beherrschung von prozeßorientierten Strukturen.[89] Verschiedene Meßgrößen für Prozesse lassen sich in die Hauptgruppen Zeit, Kosten,

---

[85] Vgl. Maurer, G. und A. C. Schwickert [Prozeßorientierung], S. 17
[86] Vgl. Krotzfleisch [Organisationsmodellierung], S. 38
[87] Vgl. Maurer, G. und A. C. Schwickert [Prozeßorientierung], S. 18
[88] Vgl. Maurer, G. und A. C. Schwickert [Prozeßorientierung], S. 15, Mertens, P., Reiß, M. und P. Horváth [Perspektiven], S. 114, Muchowski, E. und W. von Eiff [Prozesse verstehen], S. 23 f.
[89] Vgl. Hinterhuber, H. H. [Paradigmawechsel], S. 68

Qualität, Produktivität und Kundenzufriedenheit zusammenfassen.[90] Die Zeit, z.B. in Form der Durchlaufzeit und der Termintreue, stellt dabei eine zentrale Größe der Prozeßorientierung dar, die auch eine primäre Zielgröße der Organisation ist.[91] Die Zeit steht in einem engem Zusammenhang mit den Prozeßkosten und wird auch als Zufallsgröße beschrieben.[92] Dies bedeutet aber gleichzeitig, daß auch Kosten von Prozessen als zufällige Größe beschrieben werden müssen. Qualität ist in diesem Zusammenhang als Funktion eines Produktes oder einer Dienstleistung zu definieren. Die Produktivität kann mit Hilfe des Produktivitätskubus´ von Maynard spezifiziert werden, der neben den Dimensionen Auslastung und Leistung auch das Methodenniveau enthält.[93] Die Kundenzufriedenheit kann extern und intern betrachtet werden. Meßkonzepte, die nicht alle Anforderungen des Kunden (z.B. Liefertermin) und des Unternehmens (z.B. Produktivität) berücksichtigen, bergen die Gefahr, daß Prozesse nicht zielgerichtet gesteuert werden.[94] Allgemein stellt sich das Problem der Operationalisierung der teilweise zu allgemein definierten Kundenanforderungen. Ebenfalls als Problem wird die zu starke Konzentration auf einige wenige, aber wesentliche Geschäftsprozesse gesehen, welche idealtypisch sequentiell, ohne Vernetzung mit anderen Prozessen verlaufen. Dies kann zur Folge haben, daß Schnittstellen nicht klar definiert werden und dadurch Probleme mit anderen Prozessen auftreten können.[95]

Eine Stärke der Statistischen Prozeßanalyse liegt in der Beurteilung der Prozeßleistung über das gesamte Netzwerk. Dabei kann mit Prozeß- und Produktfähigkeiten der Grad der Anforderungserfüllung und das Potential (best mögliche Anforderungserfüllung) der Prozesse ermittelt werden. Ziel ist es, die Anzahl der Parameter auf die wesentlichen zu reduzieren und Aussagen zur Prozeßbeurteilung mit Hilfe von aggregierten Maßzahlen (multivariate Prozeßfähigkeiten) zu treffen. Kein Problem ist die Behandlung von Schnittstellen im Netzwerk, die durch die Sprachelemente für die Kommunikation zwischen den Prozessen konkretisiert wird. Als Problem muß dagegen die

---

[90] Vgl. Maurer, G. und A. C. Schwickert [Prozeßorientierung], S. 8
[91] Vgl. Eversheim, W.[Prozeßorientiert], S. 37 ff., Liebelt, W. und M. Sulzberger [Ablauf-organisation], S. 54 ff.
[92] Vgl. Gaitanides, M. [Prozeßorganisation], S. 199 ff., Kaufmann, K. [Komplexitäts-Index], S. 213
[93] Vgl. Zandin, K. B. [Measurement], S. 14 ff.
[94] Vgl. Maurer, G. und A. C. Schwickert [Prozeßorientierung], S. 15
[95] Vgl. Mertens, P., Reiß, M. und P. Horváth [Perspektiven], S. 111 ff.

Operationalisierung von Kundenanforderungen durch die Definition von Produktparametern gesehen werden. Eine fehlerhafte Festlegung von Produktparametern oder eine fehlerhafte Festlegung von Sollvorgaben für die Produktparameter kann zu einer fehlerhaften Steuerung des Prozeßnetzwerks führen.

Diese methodischen Problembereiche sollen nun durch empirische Untersuchungen und Erfahrungen aus Praxisberichten ergänzt werden. Dabei wird der Schwerpunkt auf prozeßorientierte Problemstellungen gelegt. Für Probleme, die sich allgemein bei organisatorischen Änderungen in Unternehmen ergeben, wie z.b. im Management oder Mitarbeiterbereich, wird auf die Literatur verwiesen.[96]

In der Literatur häufig genannte Problembereiche sind die Einführung von prozeßorientierten Strukturen,[97] eine mangelnde Anpassungsfähigkeit von Geschäftsprozessen auf geänderte Marktsituationen, eine unzureichende Verbindung zwischen Restrukturierungsmaßnahmen und der Informationstechnologie und die fehlende Einbindung von externen Lieferanten und Kunden. Auch die kontinuierliche Prozeßverbesserung nach der organisatorischen Umgestaltung wird als Problem genannt.[98] Mangelnde Auslastung von Geschäftsprozessen wird ebenfalls als Problem angesehen.[99] Eine vollständige prozeßorientierte Ausrichtung eines Unternehmens scheint aufgrund fehlender Zielsetzungen für bestimmte Unternehmensprozesse problematisch.[100] Tätigkeiten, die hohe Qualifikationen erfordern, eine geringe Strukturierung und Wiederholungshäufigkeit aufweisen, sollten weiter funktional strukturiert bleiben, da sie nur schwierig als Prozeß definiert werden können.[101]

Des weiteren werden die Ergebnisse empirischer Studien von Business Process Reeengineering Projekten vorgestellt. Diese empirischen Studien konnten den proklamierten Erfolg von Business Process Reengineering Projekten nicht bestätigen.[102] Zwar wurden Verbesserungen im Bereich Zeit, Kosten und Qualität erzielt, aber insbesondere im Bereich Zeit und Qualität in

---

[96] Vgl. Maurer, G. [Prozeßorientierung 1], S. 10 ff., Maurer, G. und A. C. Schwickert [Prozeßorientierung], S. 18; Wirtz, B. W. [Business Process Reengineering], S. 1029 ff.

[97] Vgl. Mertens, P., Reiß, M. und P. Horváth [Perspektiven], S. 113 f.

[98] Vgl. Hoch, T. [Informationsverarbeitung], S. 29 f., Wirtz, B. W. [Business Process Reengineering], S. 1031 ff.

[99] Vgl. Eversheim, W. [Prozeßorientiert], S. 2

[100] Vgl. Rebstock, M. [Prozeßorientierung], S. 272

[101] Vgl. Rebstock, M. [Prozeßorientierung], S. 276 f.

[102] Vgl. Hall, G., J. Rosenthal und J. Wade [Reengineering], S. 82 ff.

geringerem Umfang als erwartet. Unternehmen, die nur Teilbereiche einem
Business Process Reengineering unterzogen haben und die Einführung nicht
nachdrücklich durchführten, hatten einen geringeren Erfolg als Unternehmen,
die das Reengineering nachdrücklich umsetzten und alle Bereiche einbe-
zogen.[103] In einer weiteren Studie wurde die Aktienkursentwicklung von
Reengineering-Unternehmen im Zeitraum von 1991 bis 1994 untersucht.[104] Im
Durchschnitt zeigten Reengineering-Unternehmen bessere Ergebnisse, doch
gab es auch welche, die deutlich schlechter als das Branchenmittel abschnitten. In der Literatur wird von einem Scheitern bei 50 bis 70 Prozent der
Business Reengineering Projekte gesprochen.[105]

2.2.4 Prozeßorientierung im Statistischen Prozeßmanagement

In den vorhergehenden Abschnitten wurde die Statistische Prozeßanalyse mit
aktuellen Ansätzen der Prozeßorientierung verglichen. In diesem Zusammenhang wurden einige Aspekte der Statistischen Prozeßanalyse konkretisiert.
Darauf aufbauend soll in diesem Abschnitt die Statistische Prozeßanalyse als
eigenständiges Prozeßmanagement System, dem Statistischen Prozeßmanagement, eingeführt werden. Die Methoden und Verfahren der
Statistischen Prozeßanalyse werden dagegen im dritten Kapitel behandelt.

Mit Hilfe der Statistischen Prozeßanalyse sollen die Prozesse eines Unternehmens zu einem Netzwerk zusammengefaßt werden. Die Verknüpfung
erfolgt durch die Quantifizierung des internen Kunden-Lieferanten-
Verhältnisses. Dabei hat der Prozeßverantwortliche folgende Aufgaben zu
realisieren:

- Zusammenstellung des KAP für seine Lieferantenprozesse (Vorläuferprozesse) und Unterstützung bei der Erstellung des KAP für seine Kunden-
  prozesse (Nachfolgerprozesse).

- Operationalisierung des KAP seiner Kunden durch die Definition von
  Produktparametern und Spezifizierung der Anforderungen an die Produktparameter durch Festlegung von Sollvorgaben (Sollwerte und Toleranzen).

---

[103] Vgl. Wirtz, B. W. [Business Process Reengineering], S1026 ff.
[104] Vgl. Nippa, M. [Prozeßmanagement], S. 61 f.
[105] Vgl. Champy, J. [Quantensprünge], S. 88; Hungenberg, H. und T. Wulf [Business Process
Reengineering], S. 305

- Steuerung und Regelung seines Prozesses um die Anforderungen seiner Kunden zu erfüllen.

- Nachweis, daß die Produkte seiner Prozesse alle relevanten Anforderungen seiner Kunden erfüllen und von seinen Lieferanten diesen Nachweis verlangen.

- Datengewinnung zur Durchführung der oben genannten Aufgaben.

Die ersten beiden Aufgaben eines Prozeßverantwortlichen sind als Planungsaufgaben zu sehen. In dieser Arbeit wird der Schwerpunkt auf die Spezifizierung der Anforderungen durch das Berechnen von Sollwerten und Toleranzen gelegt (vgl. Kapitel 3.1). Die Umsetzung des Kundenanforderungsprofils in konkrete Produktparameter soll als eigenständiger Problembereich abgegrenzt werden. Ansätze hierzu sind das Targetcosting[106] sowie das Quality Function Deployment.[107] Der Nachweis der Erfüllung von Anforderungen als Kontrollfunktion erfolgt durch die Berechnung von univariaten und multivariaten Prozeßfähigkeiten (vgl. Kapitel 3.2). Durch die Steuerung von Prozessen soll erreicht werden, daß die Produktparameter ihren Anforderungen genügen. Methodisch wird dazu eine Prozeßgleichung berechnet. Diese Regelung soll gewährleisten, daß Produktparameter im Zeitverlauf innerhalb der Toleranzen bleiben (vgl. Kapitel 3.3).

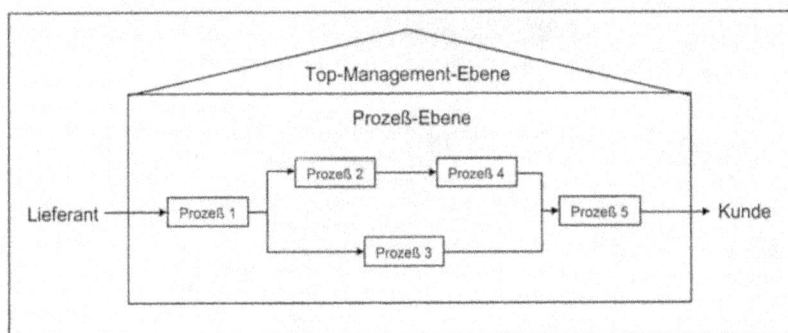

Abbildung 2.2-1: Organisation im Statistischen Prozeßmanagement

---

[106] Vgl. Horvath, P. u.a. [Target Costing], S. 3 ff., Seidenschwarz, W. [Umsetzung], S. 75 ff.
[107] Vgl. Boutellier, R. [Qualitätsplanung], S. 271 ff.

Organisatorisch entspricht die Statistische Prozeßanalyse einer Prozeß-orientierung 5. Grades, d.h. die Aufbauorganisation läßt sich als ein Netzwerk von Prozessen beschreiben. Lediglich sehr schlecht strukturierbare Top-management-Aufgaben werden nicht als Prozesse definiert und sind der Prozeßstruktur übergeordnet. Der Prozeßumfang ist variabel. So wird z.b. der Geschäftsprozeß der Auftragsabwicklung nicht als ein großer Prozeß definiert, sondern als Netzwerk von einzelnen Prozessen, die miteinander in Verbindung stehen. Die organisatorische Betrachtung der statistischen Prozeßanalyse wird durch die Abbildung 2.2-1 dargestellt.

Grundsätzlich setzt die Prozeßverknüpfung das gleiche Objekt, z.B. einen Auftrag voraus. In diesem Zusammenhang wird von einer synchronen Prozeß-verknüpfung gesprochen. Unterscheidet sich das Objekt bei der Verknüpfung zweier Prozesse, wird von einer asynchronen Prozeßverknüpfung ge-sprochen. Dies tritt z.B. auf, wenn eine einmalige Beschaffung von Material für mehrere Prozeßrealisationen eines Produktionsprozesses Material erfolgt. In einem Prozeßnetzwerk mit ausschließlich synchronen Prozeßverknüpfungen lassen sich die Möglichkeiten der Abbildung 2.2-2 unterscheiden. Die unter-schiedlichen Formen der Verknüpfung sind an die Formen des Materialflusses angelehnt.[108]

Prozeß-verknüpfung	durchgängig	divergierend	konvergierend	umgruppieren
grafische Darstellung		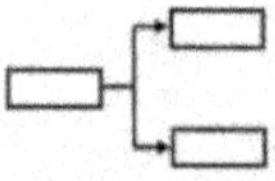	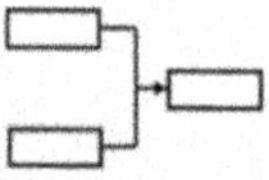	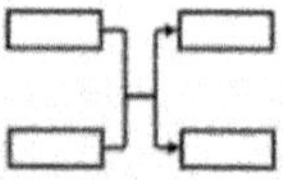
Beispiel-prozesse	Kundenanfrage - Kalkulation	Produktionsplanung - Beschaffung - Teilefertigung	- Beschaffung - Teilefertigung Montage	Auftragsverfolgung / Auslieferung - Rechnungsstellung / Serviceaufbau

Abbildung 2.2-2: Synchrone Prozeßverknüpfungen

[108] Vgl. Günther, H.-O. und H. Tempelmeier [Produktion], S. 16

Bei einer durchgängigen Prozeßverknüpfung hat ein Prozeß genau einen Nachfolgerprozeß. Dieser Fall tritt z.B. auf, wenn auf den Prozeß der Kundenanfrage unmittelbar und ausschließlich der Prozeß der Kalkulation folgt. Hat ein Prozeß dagegen mehrere Nachfolgeprozesse, so wird von einer divergierenden Prozeßverknüpfung gesprochen. Als Beispiel hierfür soll der Prozeß der Produktionsplanung dienen, dem unmittelbar die Beschaffung von Fremdteilen und die Montage folgen. Konvergierende Prozeßverknüpfungen liegen vor, wenn mehrere Prozesse genau einen unmittelbaren Nachfolgeprozeß haben. So könnte z.B. die Beschaffung von Fremdteilen und die Teilefertigung in die Montage münden. Gehen die Produktparameter von mehreren Prozessen in unterschiedlicher Zusammensetzung als Inputparameter in mehrere Nachfolgerprozesse ein, so liegt eine umgruppierende Prozeßverknüpfung vor. So liefern z.B. der Prozeß der Auftragsverfolgung und der Auslieferung Inputparameter für die Rechnungsstellung und den Serviceaufbau.

Liegen einer Prozeßverknüpfung verschiedene Objekte zugrunde, wird von asynchronen Prozeßverknüpfungen gesprochen. Bei asynchronen Prozeßverknüpfungen können ebenfalls mehrere Möglichkeiten unterschieden werden, welche in Abbildung 2.2-3 mit entsprechenden Beispielen dargestellt sind.

Prozeßverknüpfung	1-N-Beziehung	N-1-Beziehung	N_1-N_2-Beziehung
grafische Darstellung	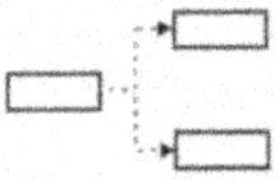	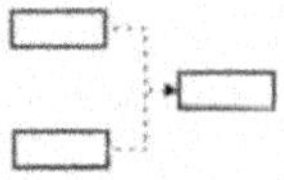	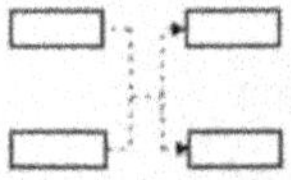
Beispielprozesse	Einmalige Materialbeschaffung für mehrmalige Realisation eines Produktionsprozesses	Mehrere Prozeßrealisationen eines Produktionsprozesses werden zu einem Auftrag zusammengestellt.	Mehrere Prozeßrealisationen eines Produktionsprozesses werden zu unterschiedlichen Aufträgen zusammengestellt.

Abbildung 2.2-3: Asynchrone Prozeßverknüpfungen

Sind die Anzahl der Prozeßrealisationen über die Prozeßverknüpfung hinweg gleich, liegt eine 1-1-Beziehung vor. Diese Art der Verknüpfung entspricht einer synchronen Prozeßverknüpfung und soll im Rahmen der Statistischen

Prozeßanalyse dem Normalfall entsprechen. Bei einer 1-N-Beziehung folgen einer Realisierung eines Prozesses n Realisierungen des Nachfolgerprozesses. Umgekehrt ist der Zusammenhang bei einer N-1-Beziehung. Hierbei entsprechen n Realisierungen eines Prozesses genau einer Realisierung des Nachfolgerprozesses. Läßt sich das Verhältnis der Prozeßrealisierungen nicht ganzzahlig auf Eins reduzieren, liegt eine N_1-N_2-Beziehung vor. Beispiele für asynchrone Prozeßverknüpfungen lassen sich der Abbildung 2.2-3 entnehmen.

2.3 Konsequenzen für betriebliche Leistungsgrößen

Die Strukturierung eines Unternehmens durch ein Netzwerk von Prozessen hat Konsequenzen für verschiedene Leistungsgrößen der Betriebswirtschaftslehre. Diese Konsequenzen ergeben sich vorwiegend durch die Betrachtung aller Parameter eines Prozesses als Zufallsgrößen. Deshalb müssen neue Maßzahlen zur Beurteilung der betrieblichen Leistung im Rahmen der Statistischen Prozeßanalyse definiert werden, die der Stochastizität der Parameter gerecht werden. Der Schwerpunkt liegt dabei auf den Kosten, die als Produktparameter ebenfalls zufälligen Charakter haben. Weitere betriebliche Kennzahlen werden unter dem Aspekt der Stochastizität diskutiert, wobei insbesondere die Wirtschaftlichkeit angesprochen wird. Anschließend werden Fähigkeiten als betriebliche Leistungsgrößen der Statistischen Prozeßanalyse vorgestellt.

2.3.1 Kosten als zentrale Größe der Betriebswirtschaft

Kosten werden in der Betriebswirtschaftslehre und in der betrieblichen Praxis als eine fundamentale Größe erachtet.[109] Durch Kosten wird der Faktor- bzw. Ressourcenverbrauch für die Leistungserstellung im Unternehmen erfaßt und monetär bewertet. Somit sind Kosten ein einheitlicher Maßstab für die Leistungsfähigkeit eines Unternehmens.

---

[109] Vgl. Coenenberg, A. G. [Kostenanalyse], S. 19, Mellerowicz, K [Kostenrechnung], S. VII

2.3.1.1 Grundlagen und Ziele der Kostentheorie

Bei der Definition von Kosten wird zwischen dem pagatorischen, entscheidungsorientierten und wertmäßigen Kostenbegriff unterschieden.[110] Der pagatorische Kostenbegriff von Koch[111] geht vom Finanzstrom der Nominalgüter aus, d.h. Kosten entsprechen den Anschaffungspreisen.[112] Der entscheidungsorientierte Kostenbegriff von Riebel ist streng auszahlungsbezogen.[113] Er beinhaltet alle (zukünftigen) Auszahlungen, die durch die Entscheidung über ein betrachtetes Objekt entstehen.[114] "Nach der wertmäßigen Kostendefinition von Schmalenbach sind Kosten der bewertete Verbrauch von Produktionsfaktoren für die Herstellung und den Absatz der betrieblichen Erzeugnisse und die Aufrechterhaltung der hierfür erforderlichen Kapazitäten".[115]

In dieser Arbeit soll ein wertmäßiger Kostenbegriff verwendet werden.[116] Kosten werden als bewerteter, zur Leistungserstellung notwendiger Verbrauch von Ressourcen definiert. Die Notwendigkeit bezieht sich hierbei auf das Optimum der Leistungserstellung, d.h. ein Minimum an bewertetem Faktorverbrauch unter der Bedingung, daß die Anforderungen an ein Produkt erfüllt werden. Zusätzliche Aufwendungen werden nicht als leistungsbedingt angesehen[117] und sind somit Verschwendung oder Verlust. Diese Betrachtung läßt sich aus der Produktions- und Kostentheorie ableiten. Nach dem ökonomischen Prinzip sollen in der Produktionstheorie nur technisch effiziente Faktorkombinationen realisiert werden. Aus der Menge aller technisch effizienten Faktorkombinationen wird dann über die Bewertung der Produktionsfaktoren mit Kosten die kostenminimale Kombination ausgewählt.[118] Alle nicht kostenminimalen Faktorkombinationen sind nicht effizient und enthalten somit Verschwendung.

Der Umfang des Güterverzehrs, der als Kosten bewertet wird, ist von den Rechnungszielen abhängig.[119] Die primären Ziele der Kostenrechnung lassen sich in eine Abbildungsfunktion sowie in eine Planungs-, Steuerungs- und

---

[110] Vgl. Schneeweiß, C. [Kostenbegriffe], S. 1025 f.
[111] Vgl. Koch, H. [Kostenbegriff], S. 355 ff.
[112] Vgl. Schweitzer, M. und H.-U. Küpper [Kosten- und Erlösrechnung], S 23
[113] Vgl. Schneeweiß, C. [Kostenbegriffe], S. 1025
[114] Vgl. Riebel, P. [Einzelkosten], S. 67
[115] Kilger, W. und K. Vikas [Plankostenrechnung], S. 2 f.
[116] Vgl. Thielmann, K. [Kostenbegriff], S. 64 ff.
[117] Vgl. Mellerowicz, K. [Kostenrechnung], S. 6 f.
[118] Vgl. Wöhe, G. [Betriebswirtschaftslehre], S. 556 ff.
[119] Vgl Schmalenbach, E. [Kostenrechnung], S. 6

Kontrollfunktion zusammenfassen.[120] Die Leistungserstellung eines Unternehmens wird durch Kosten abgebildet und dokumentiert. Des weiteren werden durch Kosten wichtige Informationen über die Planung und Steuerung der Leistungserstellung bereitgestellt. Die Steuerungsfunktion beinhaltet eine Verhaltenssteuerung von Entscheidungsträgern und Mitarbeitern im Unternehmen. Im Bereich der Kontrolle werden Zeitvergleiche, Soll-Ist-Vergleiche und Betriebsvergleiche durchgeführt.

Die Erklärung der Kostenentstehung ist eine wesentliche Aufgabe der Kostentheorie. Nach Wöhe liegt das Ziel der Kostentheorie darin, "[...] die funktionalen Beziehungen zwischen Ausbringungsmenge und den durch die Produktion entstandenen Kosten darzustellen".[121] Die Beziehung zwischen Leistung und Kosten dieser Leistung kann nicht mit einer kausalen Ursache-Wirkungs-Beziehung beschrieben werden, da beide Parameter das Ergebnis eines Prozesses sind. Das Ziel der Kostentheorie nach Schweitzer/Küpper ist, zu untersuchen, "[...] welche Einflußgrößen für die Höhe von Kosten bestimmend sind",[122] d.h. welche Größen die Kostenhöhe verursachen. Dieser Zusammenhang wird durch das Verursachungsprinzip, im Sinne einer kausalen Beziehung zwischen Faktoreinsatz und Kosten, beschrieben.[123] Das erweiterte Verursachungsprinzip besagt, daß Kosten durch alle Einflußgrößen verursacht werden. In diesem Zusammenhang sind z.B. auch Zeiten und Intensitäten zu nennen.[124] Das Identitätsprinzip dagegen besagt, daß sowohl Kosten als auch Leistungen Ergebnis von Entscheidungen sind.[125] Ein Kausalzusammenhang im Sinne einer Ursache-Wirkungs-Beziehung unterliegt nach Riebel bestimmten Voraussetzungen.[126] Die Ursache muß der Wirkung zeitlich vorausgehen und eine Ursache muß notwendige Voraussetzung für das zwangsläufige Eintreten der Wirkung sein.

Die Betrachtung der Kostenentstehung im Rahmen der Statistischen Prozeßanalyse basiert auf der Ursache-Wirkungs-Beziehung des Prozeßnetzwerks. Ein Prozeß oder ein Netzwerk von Prozessen ist ein zeitlicher Ablauf an dessen Ende das Produkt steht. Des weiteren ist der Einsatz von

[120] Vgl. Schweizer, M. und Küpper, H.-U. [Kosten- und Erlösrechnung], S 38 ff.
[121] Wöhe, G. [Betriebswirtschaftslehre], S. 477
[122] Schweitzer, M. und H.-U. Küpper [Kosten- und Erlösrechnung], S. 211
[123] Vgl. Kilger, W. und K. Vikas [Plankostenrechnung], S. 3 ff., Riebel, P. [Einzelkosten], S. 67 ff.
[124] Vgl. Schweitzer, M. und H.-U. Küpper [Kosten- und Erlösrechnung], S. 87
[125] Vgl. Riebel, P. [Einzelkosten], S. 75 ff.
[126] Vgl. Riebel, P. [Einzelkosten], S. 70

Faktoren mit ihren entsprechenden Eigenschaften und deren Transformation im Prozeß notwendige Voraussetzung für das zwangsläufige Eintreten der Wirkung "Produkt", wobei das Produkt durch seine Produktparameter beschrieben wird.

Allgemein werden Kosteneinflußgrößen unter dem Begriff der Kostendeterminanten zusammengefaßt. Sie sollen Aufschluß darüber geben, welche Größen für die Höhe der Kosten eines Unternehmens ausschlaggebend sind. Verschiedene Kosteneinflußgrößensysteme setzten unterschiedliche Schwerpunkte bzw. gliedern Kostendeterminanten nach unterschiedlichen Gesichtspunkten.[127] Beispielhaft sollen die Kostendeterminanten nach Gutenberg genannt werden:

- Beschäftigung und deren Schwankungen

- Qualität der Einsatzgüter und deren Änderungen

- Preise der Einsatzgüter

- Betriebsgröße und deren Änderungen

- Fertigungsprogramm und dessen Änderungen[128]

Die genannten Kosteneinflußgrößen beinhalten nicht die Gegebenheiten des Absatzmarktes. Eine Marktorientierung bedeutet die kostenmäßige Durchdringung von Unternehmensprozessen zur Herstellung eines Produktes, ausgehend von den Anforderungen - inklusive der Preisforderungen - der Kunden.[129] Ungeklärt bleibt auch die Frage, wie die Beziehung zwischen den Kostendeterminanten und den Kosten hergestellt wird und wie die Kostendeterminanten operationalisiert werden. Eine entsprechende Modellierung über das Ursache-Wirkungs-Prinzip, die alle wesentlichen Einflußgrößen berücksichtigt, wird nicht vorgenommen.

Verschiedene Kostenfunktionen befassen sich mit funktionalen Beziehungen zwischen den Kosten und einzelnen Kosteneinflußgrößen.[130] Als wichtigste Einflußgröße wird häufig die Outputmenge zur Kostenerklärung herangezogen.[131] Eine Ausnahme bildet hierbei die Engineering Production Function. Bei dieser technisch orientierten Produktionsfunktion wird versucht,

---

[127] Vgl. Schweitzer, M. und H.-U. Küpper [Kostentheorie], S. 231 ff.
[128] Vgl. Wöhe, G. [Betriebswirtschaftslehre], S. 509 ff.
[129] Vgl. Homburg, C. und D. Daum [Kostenmanagement], S. 185 ff., Seidenschwarz, D. [Zielkostenmanagement], S. 192 f., Schuh, G. [Kostenmanagement], S. 36 ff.
[130] Vgl. Troßmann, E. [Produktionsfunktion], S. 1709 ff.
[131] Vgl. Fandel, G. [Produktion], S. 63 ff.

technische Eigenschaften in eine Ursache-Wirkungs-Beziehung zu den Kosten zu setzen.[132] Bei allen Produktionsfunktionen werden Kosten als deterministische Größen angesehen, obwohl die Kostendeterminanten im wesentlichen stochastische Elemente enthalten. Das Beispiel der Kostendeterminante "Qualität von Einsatzgütern" soll dies verdeutlichen. Qualität ist nach Crosby als die "Erfüllung aller Anforderungen" definiert.[133] Im technischen Bereich werden diese Anforderungen durch einen Sollwert sowie durch Toleranzgrenzen für verschiedene Produktparameter spezifiziert, da diese Produktparameter im Herstellungsprozeß nicht punktgenau eingehalten werden können.[134] Vielmehr ergeben sich zufällige Verteilungen, die den stochastischen Charakter der Produktparameter widerspiegeln. Ist nun aber zumindest eine Kosteneinflußgröße stochastisch, so sind auch Kosten als zufällige Größen anzusehen. Wie stark die Kosten als zufällige Größe im einzelnen variieren, ist eine empirische Frage. Es stellt sich hierbei die Frage, warum in der Betriebswirtschaftslehre darauf verzichtet wird, die Kosten als eine zufällige Funktion von verschiedenen Parametern zu betrachten.

2.3.1.2 Systeme der prozeßorientierten Kostenrechnung

In diesem Kapitel werden einige Systeme der prozeßorientierten Kostenrechnung vorgestellt, um einen Vergleich mit der Kostenbetrachtung im Rahmen der Statistischen Prozeßanalyse zu ermöglichen. Dazu werden zunächst einige Aspekte der Voll- und Teilkostenrechnung vorgestellt, sowie die Problematik der Einzel- und Gemeinkosten bzw. der fixen und variablen Kosten angesprochen. In dieser Arbeit wird kein vollständiges Konzept der Kostenrechnung entwickelt. Vielmehr soll aufgezeigt werden, welche Eigenschaften ein Kostenrechnungssystem auf der Basis der Statistischen Prozeßanalyse aufweisen muß.

In der Vollkostenrechnung werden Kosten hinsichtlich ihrer Zurechenbarkeit auf Bezugsgrößen in Einzel- und Gemeinkosten untergliedert. Einzelkosten können einer Bezugsgröße (z.B. Produkt) direkt zugerechnet werden. Produktgemeinkosten sind "Kosten, die den Produkten oder Aufträgen nicht

---

[132] Vgl. Fandel, G. [Produktion], S. 127 ff.
[133] Vgl. Grookock, J. M. [Qualitätsverbesserung], S. 22 f.
[134] Vgl. Farnum, N. R. [Modern Quality], S. 6 ff.

direkt zurechenbar sind, weil sie von diesen ungleich beansprucht worden sind, z.B. allgemeine Verwaltungskosten".[135] Die Verteilung und Zurechnung der Gemeinkosten erfolgt in der Vollkostenrechnung mehrstufig. Zunächst werden die Gemeinkosten auf sogenannte Kostenstellen verteilt. Anschließend werden sie in der Kostenstellenumlage mittels unterschiedlicher Verfahren[136] auf Endkostenstellen umgelegt. Schließlich werden Zuschlagssätze berechnet, die das Verhältnis der Gemeinkosten einer Endkostenstelle zu den entsprechenden Produkteinheiten angeben. Da Gemeinkosten nicht unmittelbar den Produkten zugerechnet werden, haben sie negative Auswirkungen auf die Kostentransparenz eines Unternehmens.[137]

In der Teilkostenrechnung wird entsprechend dem Verhalten der Kosten bei Beschäftigungsänderung zwischen fixen und (beschäftigungs-) variablen Kosten unterschieden. Ein zentraler Unterschied zur Vollkostenrechnung besteht darin, daß in der Kostenarten- und Kostenstellenrechnung streng zwischen fixen und variablen Kostenbestandteilen unterschieden wird, in der Kostenträgerrechnung aber nur variable Kostenbestandteile berücksichtigt werden.[138] Fixe Kosten sind immer Produktgemeinkosten. Die variablen Kosten setzen sich aus den Einzelkosten sowie echten und unechten Gemeinkosten zusammen. Unechte Gemeinkosten sind Einzelkosten, die insbesondere aus Wirtschaftlichkeitsgründen nicht direkt erfaßt werden. Echte Gemeinkosten sind - neben den Fixkosten - Kostenarten, die beschäftigungsabhängig variieren, aber keiner Produkteinheit direkt zurechenbar sind.[139] Dieser Zusammenhang ist in Tabelle 2.3-1, durch Beispiele erläutert, dargestellt.

Für hohe bzw. steigende Gemeinkosten in Unternehmen werden mehrere Gründe genannt.[140] Eine anlagenintensive Produktion führt zu hohen fixen Abschreibungskosten, die nicht unmittelbar einem Produkt zugerechnet werden können. Ebenfalls im Zusammenhang mit der Automatisierung ist eine Änderung der Lohnformen zu beobachten. Manuelle Tätigkeiten und damit direkt zurechenbare Einzelkosten (Fertigungslöhne) nehmen ab, während die Gemeinkosten aufgrund administrativer Tätigkeiten (Planung, Steuerung und Kontrolle) steigen. Ein erhöhter Wettbewerbsdruck und steigende Kundenan-

---

[135] Woll, A. [Wirtschaftslexikon], S. 195
[136] Vgl. Schweitzer, M. und H.-U. Küpper [Kosten- und Erlösrechnung], S. 139 ff.
[137] Vgl. Christmann, A. [Gemeinkostenschlüsselung], S. 155
[138] Vgl. Schweitzer, M. und H.-U. Küpper [Kosten- und Erlösrechnung], S. 371
[139] Vgl. Schweitzer, M. und H.-U. Küpper [Kosten- und Erlösrechnung], S. 310 ff.
[140] Vgl. Christmann, A. [Gemeinkostenschlüsselung], S. 154

forderungen führen dazu, daß die Variantenvielfalt steigt, was ebenfalls den Planungs-, Steuerungs- und Kontrollaufwand erhöht.[141]

Zurechenbarkeit auf Produkteinheit	Einzelkosten	Gemeinkosten	
		Unechte Gemeinkosten	Echte Gemeinkosten
Veränderlichkeit bei Beschäftigungsänderung		Variable Kosten	Fixe Kosten
Beispiele	Kosten für Werkstoffe (außer bei Kuppelprozessen) Verpackungskosten Provisionen	Kosten für Hilfslöhne Kosten für Energie und Betriebsstoffe bei Leontief-Produktions-funktionen	Kosten des Kuppelprozesses Kosten für Energie und Betriebsstoffe bei mehr-dimensionalen Kostenfunktinen	Kosten der Produktart und Produktgruppe Kosten der Fertigungsvorbereitung und Betriebsleitung Abschreibungen (Lohnkosten)

Tabelle 2.3-1: Möglichkeiten der Kosteneinteilung[142]

Um die Verrechnung der Gemeinkosten auf die Kostenstellen und Kosten-träger zu verbessern, wurden bestehende Kostenrechnungssysteme ausgebaut und neue Ansätze entwickelt. Im Folgenden werden dabei lediglich prozeßorientierte Kostenrechnungssysteme vorgestellt, da es sich bei dem Statistischen Prozeßmanagement um eine prozeßorientiertes Management-System handelt. Im Bereich der Vollkostenrechnung sind hierbei das Activity-Based-Costing und die Prozeßkostenrechnung zu nennen. Im Zusammenhang mit der Teilkostenrechnung soll die prozeßorientierte Kostenrechnung kurz vorgestellt werden.

Ein gemeinsames Merkmal der prozeßorientierten Kostenrechnungssysteme auf Vollkostenbasis besteht darin, daß die Gemeinkosten nicht direkt über Kostenstellen, sondern über abgegrenzte Prozesse auf ein Produkt verrechnet werden. Einzelne Tätigkeiten einer Kostenstelle werden als Teilprozesse definiert. Anschließend werden in der Kostenprozeßrechnung als Gegenstück zur Kostenstellenrechnung die Gemeinkosten über Bezugsgrößen (drivers) auf die einzelnen Teilprozesse umgelegt, z.B. durch Mitarbeiterzahlen oder der

---

[141] Vgl. Renner, A. [Kostenorientiert], S.86 ff.
[142] Quelle: Schweitzer, M. und H.-U. Küpper [Kosten- und Erlösrechnung], S. 491

Arbeitszeit für einen Teilprozeß.[143] Danach werden die Prozeßkosten den Produkten zugerechnet. Systeme der Prozeßkostenrechnung bestehen aus den drei Teilrechnungen Kostenartenrechnung, Kostenprozeßrechnung und der Kostenträgerrechnung. Die Rechnungsziele dieser Systeme sind die Abbildung des Unternehmensprozesses, die mittel- und langfristige Planung und Steuerung sowie die Kontrolle und Sicherung der Wirtschaftlichkeit im indirekten Bereich.[144]

Beim Activity-Based-Costing sollen die Gemeinkosten im direkten und indirekten Bereich verursachungsgerecht verrechnet werden. Dazu werden abgegrenzte Aktivitäten (Prozesse) gebildet,[145] die durch genau eine Prozeßbezugsgröße, z.B. die Prozeßdauer abgebildet werden können. Über einen Kostenpool, der den bewerteten Faktorverbrauch aller Prozeß-realisationen enthält, werden mit Hilfe von Prozeßbezugsgrößen die Kosten auf die Produkte verrechnet. Basis für das Activity-Based-Costing ist eine vierstufige Prozeßhierarchie. Bottom-up sind hier stückbezogene, losgrößen-bezogene und produktbezogene Prozesse zu nennen. Die Kosten dieser Prozesse werden über entsprechende Verrechnungsregeln auf die Produkte umgelegt. Kosten aus unternehmensbezogenen Prozessen werden indirekt über Zuschlagssätze verrechnet.[146]

Das Modell der Prozeßkostenrechnung nach Horvath u.a. grenzt sich gegen das Activity-Based-Costing durch die Ausrichtung auf den indirekten Bereich ab. Außerdem wird bemängelt, daß die Bezugsgrößen des Activity-Based-Costing in keinem Verhältnis zu den Kostenträgern stehen. Bei der Prozeß-kostenrechnung nach Horvath u.a. wird ein Prozeß als eine Kette von Aktivitäten verstanden, die repetitiver Art sind. Im System wird zwischen Haupt- und Teilprozessen unterschieden.[147] Kosten sollen verursachungs-gerecht über mengenmäßige Prozeßbezugsgrößen auf die Hauptprozesse verrechnet werden. Teilprozesse sind dagegen Aktivitäten einer Abteilung, die einem oder mehreren Hauptprozessen zugeordnet werden können. Bei den Teilprozessen wird zwischen leistungsmengenunabhängigen und leistungs-mengeninduzierten Teilprozessen unterschieden. Kosten, die sich direkt einem Teilprozeß zuordnen lassen, werden entsprechend der Anzahl der Prozeßrealisierungen als leistungsmengeninduzierte (lmi) Kosten proportional

---

[143] Vgl. Cooper, R. [Activity-Based-Costing], S. 213
[144] Vgl. Schweitzer, M. und H.-U. Küpper [Kosten- und Erlösrechnung], S. 323 f.
[145] Vgl. Yoshikawa, T., J. Innes und F. Mitchell [Funktionsanalyse], S. 190 f.
[146] Vgl. Cooper, R. [Activity-Based-Costing], S. 210 ff.
[147] Vgl. Reichmann, T. und D. Schön [Prozeßkostenrechnung], S. 287 f.

auf die Teilprozesse umgelegt. Kosten einer Abteilung, die nicht direkt einem Teilprozeß zugeordnet werden, wie z.B. die Tätigkeit des Abteilungsleiters, werden als leistungsmengenneutrale (lmn) Kosten bezeichnet. Diese werden prozentual entsprechend den bisher verteilten Kosten auf die Teilprozesse umgeschlagen.[148] Anschließend werden die Teilprozesse zu den kostenstellenübergreifenden Hauptprozessen zusammengefaßt.

Bei den prozeßorientierten Kostenrechnungssystemen auf Vollkostenbasis werden Gemeinkosten, die fixe und variable Bestandteile haben, über Prozeßmengen auf die Produkte umgelegt. Durch die Berücksichtigung von fixen Kostenbestandteilen entsteht das Problem, daß Kosten in Entscheidungen eingehen, die kurzfristig nicht entscheidungsrelevant sind. Ebenso wird dem Verursachungsprinzip nur bedingt entsprochen. Zum einen kann dies nur empirisch belegt werden und es muß davon ausgegangen werden, daß die Kosten mehrdimensional beeinflußt sind.[149] Eine Beurteilung der prozeßorientierten Kostenrechnungssysteme muß unter dem Aspekt der mittel- und langfristigen Entscheidungsrelevanz der fixen Kostenbestandteile erfolgen. Das Abbildungsziel wird nur mittel- und langfristig, unter der Annahme eines linearen Zusammenhangs zwischen den Kosten und Bezugsgrößen einerseits und den Bezugsgrößen und den Produkten andererseits, eingehalten. Für Planung und Steuerung (Planungsziel) sind die prozeßorientierten Systeme auf Vollkostenbasis ebenfalls nur mittel- und langfristig anwendbar, da viele Kostenbestandteile (z.B. Löhne) nicht kurzfristig variiert werden können. Das Kontrollziel kann ebenfalls nur mittel- und langfristig eingehalten werden, d.h. ein effizienter Ressourceneinsatz kann durch diese Systeme nicht gewährleistet werden.[150]

Bei Kostenrechnungssystemen auf Teilkostenbasis wird zwischen fixen und variablen Kosten unterschieden. Die wichtigsten Systeme sind die Grenzplankostenrechnung, die vorwiegend Informationen zur Entscheidungsfindung liefern soll und die Deckungsbeitragsrechnung, die den Schwerpunkt auf die Steuerung und Kontrolle legt.[151] Eine Erweiterung ist das Konzept der relativen Einzelkosten- und Deckungsbetragsrechnung. Durch die Trennung der Kosten in fixe und variable Bestandteile befassen sich diese Systeme mit dem

---

[148] Vgl. Horvath, P. [Controlling], S. 500 ff.
[149] Vgl. Schweitzer, M. und H.-U. Küpper [Kosten- und Erlösrechnung], S. 357
[150] Vgl. Schuh, G. [Kostenmanagement], S. 37 f.
[151] Vgl. Schweitzer, M. und H.-U. Küpper [Kosten- und Erlösrechnung], S. 371 ff.

Problem der Gemeinkosten. Da es sich hierbei jedoch um funktionsorientierte Kostenrechnungssysteme handelt, wird im folgenden nur das Konzept der prozeßorientierten Kostenrechnung nach Knoop vorgestellt.[152]

Die prozeßorientierte Kostenrechnung ist ein Modell der kurzfristigen (taggenauen) Planung und Steuerung, speziell für die Kostenreduzierung in einem flexiblen Fertigungssystem[153] entwickelt. Dafür werden entscheidungsrelevante Daten aus der Grenzplankostenrechnung, geteilt nach fixen und variablen Bestandteilen, zur Verfügung gestellt. Das gesamte Fertigungssystem wird in einzelne Tätigkeiten aufgegliedert, wobei zur Kostenverrechnung für alle Tätigkeiten die zeitliche Inanspruchnahme gewählt wird. Mittels Simulation werden über Prioritätsregeln[154] Produktionsreihenfolgen nach kostenminimalen Gesichtspunkten ausgewählt. Dafür ist eine Online-Betriebsdatenerfassung notwendig. Informationen, wie z.B. Bearbeitungszeiten und Materialverbrauch werden pro Auftrag oder Stück erhoben. Die Rechnungsziele der prozeßorientierten Kostenrechnung sind die Unterstützung des Berichtswesens und der Fertigungssteuerung. Außerdem soll die Maßnahmenauswahl für die Störungsbeseitigung und die technische Investitionsplanung unterstützt werden.

Voraussetzung für die Erreichung der Rechnungsziele ist eine verursachungsgerechte Kostenzurechnung von entscheidungsrelevanten Kostendaten auf die Produktionsprozesse. Bezüglich des Verursachungsprinzips muß eingeschränkt werden, daß für jeden Arbeitsplatz die gleiche Bezugsgröße gewählt wird. Zudem wird die Kostenaufspaltung in fixe und variable Bestandteile sehr unstrukturiert vorgenommen.[155] Dieses Argument betrifft auch die Unterstützung der Fertigungssteuerung. Hinzu kommt die Frage, wie groß das Potential der Kostenbeeinflussung in einem flexiblen Fertigungssystem letztlich ist. Der Beitrag zur Störungsbeseitigung mittels Simulation muß sehr kritisch betrachtet werden. Zum einen können aus dem Modell keine klaren Aussagen über die Kosten der Störungsbeseitigung und über Ausfallkosten getroffen werden. Zum anderen gehen in das Modell keine konkreten Informationen über Fehlerkosten, Ausschußkosten und Kosten für Nacharbeit ein. Eine Unterstützung der technischen Investitionsplanung ist ebenfalls nur sehr bedingt möglich, da der zeitliche Unterschied zwischen einem kurzfristigen Rechnungssystem und einer langfristigen Investitionsentscheidung

---

[152] Vgl. Knoop, J. [Online Kostenrechnung], S. 47 ff.
[153] Vgl. Tempelmeier, H. und H. Kuhn [Fertigungssysteme], S. 17 ff.
[154] Vgl. Zäpfel, G. [Produktionswirtschaft], S. 241 ff.
[155] Vgl. Schweitzer, M. und H.-U. Küpper [Kosten- und Erlösrechnung], S. 486 f.

die praktische Relevanz für eine Entscheidungsunterstützung fragwürdig machen.

2.3.1.3 Kritische Beurteilung der prozeßorientierten Kostenrechnung

Sowohl die prozeßorientierte Kostenrechnung als auch die Systeme der Prozeßkostenrechnung basieren auf einer Kostenstellenrechnung.[156] Durch die Kostenstellenrechnung wird eine Analyse der Kostenentstehung nach dem Ursache-Wirkungs-Prinzip in einem Prozeß unmöglich gemacht, d.h. die Gesetzmäßigkeiten der Kostenentstehung können nicht verursachungsgerecht ermittelt werden. Möglich wäre dies nur, wenn ein nach logischen Gesichtspunkten abgegrenzter Prozeß genau einer Kostenstelle entspräche. Wären die Bildungsgesetze, entsprechend dem Ursache-Wirkungs-Prinzip, zumindest der variablen Kosten bekannt, dann könnte ein Teil der Gemeinkosten auch eindeutig den verursachenden Prozessen zugeordnet werden. Eine bessere Aufschlüsselung der Gemeinkosten in diesem Sinne wird als wesentlich angesehen, da

- in der praktischen Anwendung der Anteil produktbezogener Gemeinkosten an den Gesamtkosten in der deutschen Industrie zwischen 15 % und 95 % schwankt.[157] Zuschlagssätze für Fertigungsgemeinkosten können über 1000% erreichen.[158]

- durch die Vorgehensweise, insbesondere in der Vollkostenrechnung, die Kostenstruktur eines Unternehmens verschleiert[159] und die Zurechnung der Kosten nach dem Ursache-Wirkungs-Prinzip unmöglich gemacht wird. Es stellt sich die Frage, ob eine verursachungsgerechte Zurechnung der Gemeinkosten auf die Kostenträger mit diesen überaus hohen Gemeinkostenzuschlägen überhaupt möglich ist.

Durch das Modell der Statistischen Prozeßanalyse werden all diese Anforderungen erfüllt. Die Kosten werden dabei als ein stochastischer Produktparameter definiert, der – neben anderen Produktparametern - das Ergebnis des gesamten Netzwerks von Prozessen beschreibt. Die konkrete Modellie-

---

[156] Vgl. Reckenfelderbäumer, M. [Entwicklungsstand], S. 115 ff.

[157] Vgl. Troßmann, E. und S. Trost [Gemeinkosten], S. 65

[158] Vgl. Christmann, A. [Gemeinkostenschlüsselung], S. 154

[159] Vgl. Riebel, P. [Einzelkosten], S. 299 f.

rung der Kostenentstehung über das Ursache-Wirkungs-Prinzip ist mit einer Erfassung der Ursachen in Beziehung zu den relativen Kosten verbunden, d. h die Ursachen und Wirkungen sind je Prozeßrealisation zu erfassen. Dabei wird davon ausgegangen, daß Prozesse unternehmensspezifische Eigenschaften aufweisen.[160] Kostendeterminanten können hierbei allenfalls als Hilfsmittel angesehen werden, um die prozeßspezifischen Einflußgrößen zu ermitteln.

2.3.2 Kennzahlen als Erfolgsmaße

Im Rahmen der Statistischen Prozeßanalyse müssen neben den Kosten weitere Parameter (z.B. Zeitgrößen)[161] definiert und gemessen werden, um Prozesse beurteilen zu können. Allgemein sollen die Parameter die Leistung, die Wirtschaftlichkeit, die Produktivität und die Qualität eines Prozeßnetzwerks berücksichtigen.[162] Dabei werden unterschiedliche Parameter gemessen und mittels arithmetischer Operationen zu Kennzahlen verdichtet. Mit Hilfe von Kennzahlen werden Soll-Ist- und Zeitvergleiche für verschiedene Sachverhalte durchgeführt.[163] Des weiteren werden Kennzahlen auch zur Durchführung von externen oder internen Benchmarks verwendet.[164] Im Rahmen der Ursachenforschung kommen Kennzahlen ebenfalls eine Bedeutung zu. Zum einen dienen sie zur Identifikation von Schwachstellen[165] und sind die Basis für ein Feedback zur ständigen Verbesserung.[166] Sie dienen ebenfalls zur Kommunikation im Unternehmen. Diskussionen werden durch Kennzahlen versachlicht und erfolgreiche Projekte können mittels Kennzahlen im Unternehmen bekannt gemacht werden. Auf diese Weise gewinnen Kennzahlen die Bedeutung von Führungsinstrumenten.[167]

Die Aufgaben speziell von Prozeßkennzahlen lassen sich in drei Bereiche untergliedern.[168] In der Planungsphase dienen Prozeßkennzahlen zur Verbesserung der Prozeßorganisation. Der Nachweis der Erfüllung von Anforderungen ist Aufgabe von Prozeßkennzahlen in der Betriebsphase und des weiteren dienen Kennzahlen zu Vergleichszwecken im Rahmen des

---

[160] Vgl. Gaitanides, M. [Prozeßmanagement], S. 6
[161] Vgl. Kaufmann, L. [Komplexitäts-Index], S. 212 f.
[162] Vgl. Striening, H.-D. [Prozeßmanagement], S. 330
[163] Vgl. Kueng, P. [Prozessmonitoring], S.47
[164] Vgl. Brecht, L. u.a. [Prozeßführung], S. 287
[165] Vgl. Brecht, L. u.a. [Prozeßführung], S. 293 f.
[166] Vgl. Harrington, H. J. [Business Process], S. 165 f.
[167] Vgl. Fries, S. und H. D. Seghezzi [Meßgrößen], S. 339
[168] Vgl. Schönheit, M. [Reorganisation], S. 365 ff.

Benchmarkings (Strategiephase). Für eine kontinuierliche Verbesserung von Prozessen sind Kennzahlen von wesentlicher Bedeutung,[169] wobei dazu eine durchgängige Bewertung von Prozessen – vom Input bis zum Output – notwendig ist.[170] Durch Kennzahlen sollen die Zusammenhänge eines Prozesses transparent dargestellt werden.[171] Darüber hinaus dienen Kennzahlen zur Kommunikation von Prozeßzielen im Unternehmen.[172]

Um der Anforderung eines Führungsinstruments zu genügen, müssen Kennzahlen und Kennzahlensysteme die oben definierten Ansprüche erfüllen. Für herkömmliche Kennzahlen der Prozeßbeurteilung[173] müssen hierfür Einschränkungen gemacht werden, da zwischen einzelnen Kennzahlen Abhängigkeiten bestehen.[174] Dadurch wird die Aussagekraft der einzelnen Kennzahlen beeinträchtigt. Überdies sind Aussagen über Ursache-Wirkungs-Zusammenhänge mittels Kennzahlen nicht möglich, sofern die Daten zur Berechnung der Kennzahlen nicht über ein Modell erfaßt werden, das die Ursache-Wirkungs-Beziehung eines Prozesses widerspiegelt. Weitere Probleme ergeben sich durch fehlerhafte Algorithmen zur Berechnung von Kennzahlen und durch Ermittlungsfehler.[175]

Die Wirtschaftlichkeit als zentrale Kennzahl der Betriebswirtschaftslehre soll im folgenden genauer untersucht werden. Der wertmäßige Wirtschaftlichkeitsbegriff, der in der Literatur verwendet wird, beschreibt das Verhältnis zwischen der günstigsten und der tatsächlichen Kostensituation.[176] Konkret wird diese betriebswirtschaftliche Kennzahl definiert mit[177]

$$\text{Wirtschaftlichkeit} = \frac{\text{Ertrag}}{\text{Aufwand}} .$$

Alternativ besteht auch die Möglichkeit, Leistungen und Kosten in Beziehung zu setzen. Sowohl der Ertrag als auch der Aufwand sind zufällige, nicht

---

[169] Vgl. Brecht, L. u.a. [Prozeßführung], S. 286
[170] Vgl. Schönheit, M. [Prozeßgestaltung], S. 77
[171] Vgl. Eversheim, W. [Prozeßorientiert], S. 37 und 75 ff., Fries, S. und H. D. Seghezzi [Meßgrößen], S. 339
[172] Vgl. Fries, S. und H. D. Seghezzi [Meßgrößen], S. 339
[173] Vgl. Aichele, C. [Geschäftsprozeßanalyse], S. 259 ff.
[174] Vgl. Meyer, C. [Kennzahlen], S. 15 ff.
[175] Vgl. Meyer, C. [Kennzahlen], S. 43 ff.
[176] Vgl. Gutenberg, E. [Einführung], S. 27
[177] Vgl. Wöhe, G. [Betriebswirtschaftslehre], S. 49

unabhängige Funktionen, die jeweils von anderen, nicht unabhängigen Parametern abhängen. Der Aufwand kann z.b. durch eine Funktion der Art

Aufwand = g(Ressourcenverbrauch, Fähigkeiten, Methodenniveau, ...)

definiert werden. Analog wird der Ertrag durch eine andere zufällige Funktion beschrieben. Werden sowohl der Ertrag (Leistung) und der Aufwand (Kosten) als Zufallsgröße betrachtet, so ist die Bildung des in der Literatur üblichen Quotienten zur Berechnung der Wirtschaftlichkeit nicht einmal näherungsweise vertretbar, da beide Funktionen nicht unabhängig voneinander sind.

2.3.3 Betriebliche Leistungsgrößen im Statistischen Prozeßmanagement

Im Rahmen der Statistischen Prozeßanalyse werden Prozesse durch Fähigkeiten und durch das Maß der Beherrschbarkeit beschrieben. Mit Hilfe von Fähigkeiten wird dabei das Prozeßpotential und der Grad der Anforderungserfüllung beurteilt. Das Maß der Beherrschbarkeit zeigt dagegen, wie gut ein Produkt durch die Input- und Prozeßparameter beeinflußt werden kann. Bevor diese ausführlich eingeführt und interpretiert werden, soll zunächst die spezielle Problematik der Kostenbetrachtung im Statistischen Prozeßmanagement aufgezeigt werden.

2.3.3.1 Kosten in der Statistischen Prozeßanalyse

Kosten sind als Produktparameter zur Beschreibung von Prozeßergebnissen unerläßlich. Alle Input- und Prozeßparameter, die einen Einfluß auf die Kosten eines Prozesses haben, werden in der sogenannten Kostengleichung zusammengefaßt.[178] In Kapitel 3.3 wird die Kostengleichung im Modell der vernetzten Prozesse ausführlich erläutert. An dieser Stelle sollen grundsätzliche Aussagen bezüglich einer funktionalen Ursache-Wirkungs-Beziehung der Kosten getroffen werden. Kosten können durch folgende Funktion beschrieben werden:

K = f(notwendiger Verbrauch, Fähigkeit, Maß der Beherrschbarkeit,...)

---

[178] Vgl. Cochran, E. B. [Cost Analysis], S. 465 ff.

Die Kosten eines Prozesses sind somit neben den mengenbezogenen Verbräuchen auch von verschiedenen Fähigkeiten und den Maßen der Beherrschbarkeit abhängig. Der Prozeß der Kostenentstehung ist für alle Prozesse gleich und in Abbildung 2.3-1 dargestellt.

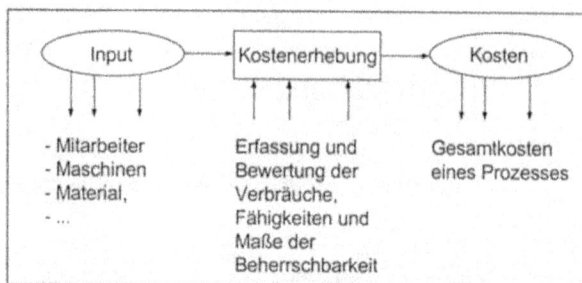

Abbildung 2.3-1: Struktur des Kostenentstehungsprozesses

Die Gesamtkosten eines Prozesses ergeben sich durch eine reine Addition der Verbräuche in einem Prozeß. Die Erklärung der Zufallsgröße "Gesamtkosten" erfolgt über die Kostengleichung durch nicht unabhängige Input- und Prozeßparameter. Die Weiterverrechnung der Kosten im Prozeßnetzwerk hängt aber von der Art der Prozeßverknüpfung ab. Sind Prozesse über das gleiche Objekt synchron und durchgängig oder konvergierend verknüpft,[179] so werden die Kosten des oder der vorhergehenden Prozesse additiv den aktuellen Prozeßkosten als Produktparameter zugeschlagen. Am Ende der Prozeßkette entspricht der Produktparameter Kosten dann entsprechend den Gesamtkosten des Prozeßnetzwerks. Abbildung 2.3-2 verdeutlicht diesen Zusammenhang.

Die Kosten z.B. des Prozesses P_{t+1} werden zu den Kosten des Prozesses P_t addiert. Die jeweiligen Gesamtkosten eines Prozesses P_t werden mit Hilfe der Kostengleichung durch die Prozeßparameter und durch die Inputparameter des vorangegangenen Prozesses erklärt. Liegt eine synchrone und divergierende oder umgruppierende Prozeßverknüpfung vor, so erfolgt die Kostenverrechnung im Rahmen der Festlegung der Kundenanforderungen. Für die

---

[179] Vgl. Abbildung 2.2-2

Verrechnung kann hierbei die Beanspruchung eines Vorgängerprozesses oder die Bedeutung des Inputparameters „Kosten" berücksichtigt werden.

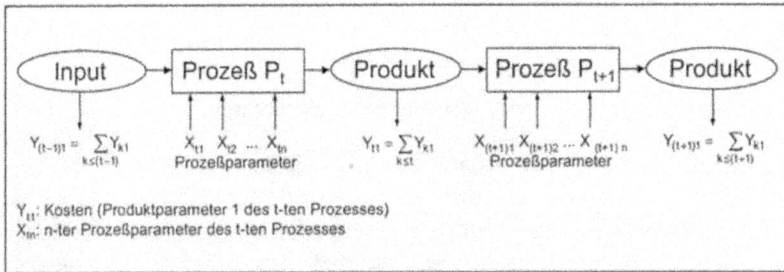

Abbildung 2.3-2: Kostenverrechnung bei symmetrischer Prozeßverknüpfung

Bei asynchronen Prozeßverknüpfungen müssen die Kosten dagegen über eine Schlüsselung auf den Nachfolgerprozeß umgelegt werden. Die Systematik der asymmetrischen Prozeßverknüpfung soll in der Abbildung 2.3-3 für eine 1-N-Beziehung beispielhaft dargestellt werden.

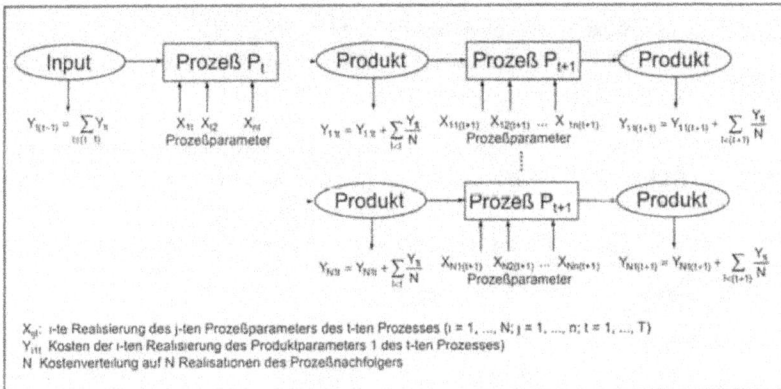

Abbildung 2.3-3: Kostenverrechnung bei asymmetrischer Prozeßverknüpfung

Abbildung 2.3-3 zeigt, daß die Kosten eines Prozesse P_t auf insgesamt N Realisationen des Nachfolgerprozesses P_{t+1} verteilt werden. Der Verteilungsschlüssel in diesem Beispiel entspricht 1/N, d. h dem N-ten Anteil der Gesamtkosten des Vorläuferprozesses. Ein weiteres Problem bei asynchronen Prozeßverknüpfungen ist die retrograde Toleranzberechnung bei asynchronen Prozeßverknüpfungen, auf die im methodischen Teil der Arbeit näher eingegangen wird.[180]

2.3.3.2 Beurteilung von Prozessen mittels Fähigkeiten

Neben den notwendigen Verbräuchen als Determinanten der Kostenbestimmung müssen auch verschiedene Fähigkeiten und die Maße der Beherrschbarkeit berücksichtigt werden. Ein Maß der Beherrschbarkeit gibt an, wie gut die Kosten eines Prozesses durch die Input- und Prozeßparameter erklärt werden können. Zur Begründung der Bedeutung der Fähigkeiten soll beispielhaft die Qualifikation von Mitarbeitern dienen. So könnte ein hoch qualifizierter Mitarbeiter eine bestimmte Tätigkeit schneller verrichten (geringer Verbrauch), der bewertete Verbrauch könnte aber aufgrund eines höheren Stundensatzes höher sein, als bei einem gering qualifizierten Mitarbeiter, der für die gleiche Tätigkeit mehr Zeit benötigt. Relevante Fähigkeiten für die Erklärung von Kosten sind:

- Fähigkeit von Prozessen (univariate und multivariate Prozeßfähigkeiten)

  a) Anforderungsorientierte Fähigkeiten von Prozessen beschreiben, zu welchem Grad die Anforderungen an materielle oder immateriellen Produkte durch einen aktuellen Prozeß erfüllt werden.

  b) Potentialorientierte Fähigkeiten sind die inhärenten Potentiale der Prozesse. Sie beschreiben den Grad der Leistungsfähigkeit von Prozessen, d.h. die Möglichkeit von aktuellen Prozessen, Anforderungen an materielle oder immaterielle Produkte zu erfüllen.[181]

- Fähigkeiten von Mitarbeitern (Mitarbeiterfähigkeit)

  a) Anforderungsorientierte Fähigkeiten eines Mitarbeiters beschreiben, zu welchem Grad ein Mitarbeiter seine Anforderungen erfüllt.

---

[180] Vgl. Kapitel 3.1.2
[181] Vgl. Jahn, W. [Prozesse], S. 440

b) Potentialorientierte Fähigkeiten eines Mitarbeiters beschreiben das inhärente Potential des Mitarbeiters eine zielgerichtete Arbeit zu verrichten. Das Unternehmen muß somit Anforderungsprofile erarbeiten, die von den (potentiellen) Mitarbeitern nachgewiesen werden müssen.[182]

Weitere potentialorientierte Fähigkeiten sind Maschinenfähigkeiten und Prüf- und Meßmittelfähigkeiten. Die Definitionen erfolgen analog. Für den Produktparameter Kosten bedeutet dies, daß neben den mengenmäßigen Verbräuchen weitere Input- und Prozeßparameter[183] von Bedeutung sind. So müssen z.b. die Anforderungen an einen externen Materiallieferanten von diesem durch eine Prozeßfähigkeit nachgewiesen werden, d. h die Materialeigenschaften müssen sich innerhalb spezifizierter Toleranzen befinden. Die Eigenschaften von Mitarbeitern (z.B. Qualifizierung) können ebenfalls einen Einfluß auf die Kosten haben.[184] Eine Kostengleichung hat das Ziel, alle wesentlichen Input- und Prozeßparameter für die Erklärung der relativen Kosten zu ermitteln. Eine Prozeßkostenrechnung auf Basis der Statistischen Prozeßanalyse kann sowohl auf der Basis der Vollkosten als auch der Teilkosten erfolgen, je nachdem, ob alle Kosten oder nur die variablen Kosten im Prozeßnetz weiterverrechnet werden.

Der Unterschied zwischen anforderungs- und potentialorientierten Fähigkeiten ergibt sich aufgrund der Vorgehensweise zur Berechnung der Toleranzen. Anforderungsorientierte Toleranzen basieren auf den Kundenanforderungen. Dagegen berechnen sich potentialorientierte Toleranzen auf der Basis der nicht beherrschbaren Streuung (Reststreuung) von Produktparametern.[185] Für die Interpretation bedeutet dies, daß potentialorientierte Fähigkeiten maximal einen Wert von Eins annehmen können, und zwar genau dann, wenn das Potential eines Prozesses mit den im Modell befindlichen Input- und Prozeßparametern voll ausgeschöpft wird. Je kleiner der Wert von potentialorientierten Fähigkeiten, desto größer ist das nicht ausgenutzte Potential eines Prozesses, unabhängig von den anforderungsorientierten Fähigkeiten. Bei einem Wert größer Eins für die anforderungsorientierten Fähigkeiten wird davon ausgegangen, daß die Kundenanforderungen erfüllt werden. Dagegen werden bei einem Wert kleiner Eins die Kundenanforderungen nicht vollständig erfüllt. Die Vorgehensweise zur Berechnung von Toleranzen für alle

[182] Vgl. Spencer, L. M. [Competence], S. 240 ff
[183] Vgl. Schuh, G. [Kostenmanagement], S. 38
[184] Vgl. Kuhn, A. und C. Manthey [Prozeßkettenanalyse], S. 137
[185] Vgl. Kapitel 3.2.1

Parameter eines Prozesses wird in Abbildung 2.3-4 am Beispiel für den Preis und den Liefertermin dargestellt.

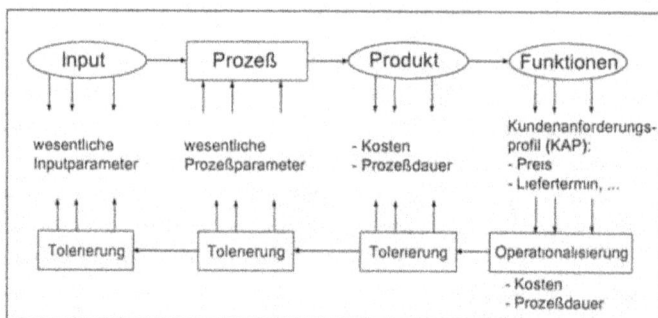

Abbildung 2.3-4: Operationalisierung und Tolerierung

Im Rahmen des Kundenanforderungsprofils (KAP) sind neben anderen Funktionen der Preis und der Liefertermin für den Kunden von Bedeutung. Diese Funktionen werden durch die Kosten und die Prozeßdauer als Produktparameter operationalisiert. Anschließend werden für die Produktparameter Toleranzen berechnet. Auf der Basis der Toleranzen werden dann Toleranzen für die wesentlichen Input- und Prozeßparameter abgeleitet, so daß die Toleranzen der Produktparameter eingehalten werden.

Nachdem in diesem Kapitel die relevanten Auswirkungen der Statistischen Prozeßanalyse auf die Organisation eines Unternehmens und auf die betrieblichen Leistungsgrößen diskutiert wurden, werden im nächsten Kapitel die Sprachelemente, d.h. die Methoden und Verfahren der Statistischen Prozeßanalyse vorgestellt. Mit Hilfe der Sprachelemente wird das Ursache-Wirkungs-Prinzip verwirklicht und die Kommunikation zwischen den Prozessen eines Netzwerks ermöglicht.

3 Elemente und Methoden der Statistischen Prozeßanalyse

Die Umsetzung der Statistischen Prozeßanalyse erfolgt durch folgende Elemente:

- Spezifizierung der Anforderungen interner oder externer Kunden,

- Nachweis der simultanen Erfüllung aller relevanten Kundenanforderungen und

- Steuerung und Regelung von Prozessen.

Für jedes dieser Elemente werden im Folgenden unterschiedliche Verfahren und Methoden vorgestellt. Im ersten Schritt, der Spezifizierung der Kundenanforderungen, werden Sollvorgaben für alle relevanten Produktparameter eines Prozesses berechnet. Des weiteren werden Steuerungs- und Regelungsintervalle für die Input- und Prozeßparameter aus den Sollvorgaben der Produktparameter abgeleitet. Der Nachweis der simultanen Erfüllung aller Anforderungen erfolgt durch einen Soll-Ist-Vergleich für die Produktparameter. Werden die Sollvorgaben nicht erreicht, d.h. liegen die Istwerte der Produktparameter nicht innerhalb der berechneten Toleranzgrenzen, muß der Prozeß verbessert werden. Prozeßverbesserung bedeutet in diesem Zusammenhang die Reduzierung der Streuung der Produktparameter und / oder die Justierung der Prozesse, so daß die Mittelwerte und Sollwerte der Produktparameter übereinstimmen. Jede Art der Verbesserung kann erreicht werden durch die Steuerung und Regelung der Prozesse des Netzwerks mit den zu berechnenden Prozeßgleichungen. Werden dagegen die Sollvorgaben eingehalten, wird im Rahmen der Regelung von Prozessen geprüft, ob der Prozeß über die Zeit stabil verläuft und somit die Sollvorgaben weiterhin eingehalten werden.

3.1 Spezifizierung von Anforderungen

Jeder Prozeß dient in letzter Konsequenz der Bedürfnisbefriedigung. Die Befriedigung der Bedürfnisse erfolgt nach dem ökonomischen Prinzip mit begrenzten Produktionsfaktoren, wobei der Maßstab für das wirtschaftliche Handeln von Unternehmen nach dem Minimalprinzip die Bedürfnisse der Kunden sind, die im Kundenanforderungsprofil (KAP) als geforderte Eigenschaften bzw. Funktionen eines materiellen oder immateriellen Produktes zusammengefaßt werden. Anschließend wird das KAP durch die

Festlegung von Produktparametern für einen Prozeß operationalisiert. Für die Produktparameter werden statistische Sollvorgaben berechnet, die mit den Prozeßverantwortlichen abgestimmt werden. Des weiteren werden die Anforderungsprofile für die Inputparameter der Vorläuferprozesse (interne oder externe Lieferanten) zusammengestellt und Steuerungs- und Regelungsintervalle für die Prozeßparameter berechnet. Innerhalb dieser Intervalle soll ein Prozeß gesteuert werden, damit die Sollvorgaben der Produktparameter eingehalten werden.

In dieser Arbeit liegt der Schwerpunkt auf der Berechnung von Toleranzen für die Produktparameter sowie der Berechnung von Steuerungs- und Regelungsintervallen für die Input- und Prozeßparameter eines laufenden Prozesses. Hierfür werden verschiedene Methoden und Verfahren aus der Literatur vorgestellt und in Ergänzung neue Verfahren für spezielle Frage- stellungen entwickelt.

3.1.1 Grundlagen der Tolerierung

Bevor auf die einzelnen Verfahren zur Berechnung von Sollvorgaben eingegangen wird, sollen einige Grundlagen der Tolerierung[186] vorgestellt werden. Neben dem Begriff und den Aufgaben der Tolerierung werden verschiedene Ansätze der Tolerierung vorgestellt. Da die Tolerierung im klassischen Sinn eine technische Disziplin ist, müssen einige Aspekte auf die Berechnung von Sollvorgaben für Parameter von Geschäftsprozessen angepaßt werden. Neben dem Prinzip der statistischen Tolerierung, die Grundlage der Tolerierung im Rahmen der Statistischen Prozeßanalyse ist, wird kurz auf weitere Prinzipien eingegangen.

Anschließend werden die unterschiedlichen Verfahren der statistischen Tolerierung vorgestellt. Eine erste Untergliederung findet dabei hinsichtlich der mehrdimensionalen Form der Toleranzen in rechteckige und elliptische Toleranzbereiche statt. In beiden Fällen kann zwischen abhängigen und unabhängigen Parametern unterschieden werden. Im abhängigen Fall soll im Rahmen der Berechnung von rechteckigen Toleranzbereichen zwischen der Berechnung von Toleranzen für Produktparameter und der Berechnung von

---

[186] Synonym wird der Begriff Spezifizierung verwendet

Steuerungs- und Regelungsintervallen für Input- und Prozeßparameter unterschieden werden. Alle Verfahren werden im Kontext ihrer Voraussetzungen und Anwendungsbereiche eingeführt und anschließend kritisch beurteilt.

3.1.1.1 Begriff und Aufgaben

Unter dem Begriff der Tolerierung ist die Festlegung von Sollvorgaben in Form von Sollwerten und Toleranzintervallen für alle, in der Regel nicht unabhängigen und stochastisch wirkenden Parameter eines Prozesses zu verstehen. Die Sollwerte für die Produktparameter sind dabei die Zielwerte für die Steuerung und Regelung von Prozessen. Die Berechnung von Sollwerten und Toleranzgrenzen ermöglicht Fähigkeitsuntersuchungen für jeden Prozeß und damit den Nachweis der simultanen Erfüllung aller relevanten Kundenanforderungen. Darüber hinaus werden im Rahmen der Tolerierung Steuerungs- und Regelungsintervalle für die Input- und Prozeßparameter eines Prozesses aus dessen Produktparametern abgeleitet. Die berechneten Steuerungs- und Regelungsintervalle für die Inputparameter sind wesentlicher Bestandteil des Anforderungsprofils, das für den Prozeßverantwortlichen des Vorläuferprozesses zusammengestellt wird. Durch diese beiden Elemente der Tolerierung wird ausgehend von den Kundenanforderungen eine retrograde Berechnung von Sollvorgaben nach dem Ursache-Wirkungs-Prinzip im Prozeßnetzwerk möglich,[187] da die Steuerungs- und Regelungsintervalle für die Inputparameter eines Prozesses den Produktparametern der Vorläuferprozesse entsprechen.[188]

Die Festlegung von Toleranzintervallen für alle Parameter eines Prozesses ist erforderlich, da alle Parameter Zufallsgrößen sind. Bei angenommener Normalverteilung für einen Parameter liegen die Toleranzgrenzen symmetrisch um den Sollwert, da eine normalverteilte Zufallsgröße symmetrisch um dessen Erwartungswert verteilt ist. Somit tritt an den symmetrischen Toleranzgrenzen die gleiche Fehlerwahrscheinlichkeit auf, vorausgesetzt, der Sollwert stimmt mit dem Erwartungswert überein. Es besteht auch die Möglichkeit, nur eine obere oder eine untere Toleranzgrenze festzulegen. Die obere Toleranz (T_O) entspricht der höchstens erlaubten

---

[187] Vgl. Schönheit, M. [Prozeßgestaltung], S. 141 ff.
[188] Vgl. Abbildung 2.1-3

Ausprägung eines Parameters, die untere Toleranz (T_U) der kleinsten erlaubten Ausprägung.[189]

Um diese Ziele zu erreichen, müssen Daten aus den laufenden Prozessen für alle Input-, Prozeß- und Produktparameter zuordenbar erhoben werden. Auf der Basis der erhobenen Daten werden Sollvorgaben für die Produktparameter und Steuerungs- und Regelungsintervalle für Input- und Prozeßparameter berechnet. Liegen bereits Sollvorgaben für verschiedene Parameter vor, so können diese mit den vorgestellten Methoden überprüft werden.

Die Berechnung von Anforderungs- und Potential-Fähigkeiten setzt eine modifizierte Berechnung der Toleranzintervalle für die Produktparameter eines Prozesses voraus. Zum einen werden Toleranzen berechnet, die das inhärente Potential eines Prozesses, Anforderungen zu erfüllen, wiederspiegeln. Toleranzen bezüglich des inhärenten Potentials werden „Potential-Toleranzen" genannt. Die zweite Möglichkeit ist die Berechnung von so genannten „Anforderungs-Toleranzen". Diese zeigen die vom Kunden akzeptierten Abweichungen vom Zielwert eines Produktparameters. Entsprechend der Toleranzart werden im Rahmen des Nachweises der Erfüllung von Anforderungen Potential-Fähigkeiten und Anforderungs-Fähigkeiten berechnet. Potential-Fähigkeiten sind ein Maß für die inhärenten Fähigkeiten eines Prozesses, Anforderungen zu erfüllen. Anforderungs-Fähigkeiten beurteilen hingegen den Grad der Erfüllung der konkreten Kundenanforderungen.

Im technischen Bereich lassen sich Toleranzen teilweise aus den Anforderungen der Montage oder aus den Anforderungen an die Funktion eines Produktes ableiten.[190] Richtlinien für die Toleranzfestlegung sind in verschiedenen Normen festgelegt, z.B. in der DIN ISO 286 T1/2, der DIN ISO 2768, der ASME Y14.5M.[191] Zum einen werden dort verschiedene Qualitätsstandards in Form von Toleranzbreiten vorgegeben, zum anderen werden unterschiedliche Verfahren der Tolerierung erläutert. Eine weitere Möglichkeit besteht darin, daß durch Gesetze oder Verordnungen Toleranzen vorgegeben werden, z.B. durch Emissionsgrenzen im Umweltbereich.[192] Somit

---

[189] Vgl. Farnum, N. R. [Modern Quality], S. 7
[190] Vgl. Voelcker, H. B. [Tolerancing], S. 208 f.
[191] Vgl. Klein, B. und F. Mannewitz [Statistische Tolerierung], S. 21 ff., Srinivasan, V. und S. O'Connor [Statistical Tolerancing], S. 304 ,Voelcker, H. B. [Dimensional Tolerancing], S. 5 ff.
[192] Vgl. Hansen, W. [Umwelt], S. 977 ff.

sind im technischen Bereich meistens Toleranzen vorgegeben, die aber dennoch bezüglich ihrer Stimmigkeit überprüft werden sollten.

Für Produktparameter von Geschäftsprozessen liegen im Normalfall keine Toleranzen vor. Normen können ebenfalls nicht verwendet werden, da diese nur für technische Produkte ausgelegt sind. Es müssen somit weitere Möglichkeiten gefunden werden, Toleranzen zu berechnen. Die Anforderungen der Kunden an materielle und immaterielle Produkte und die zuordenbare Erhebung von Daten für die Parameter eines Prozesses sind die Grundlage für die Berechnung von Sollvorgaben im Rahmen der Statistischen Prozeßanalyse. Die Anforderungen der externen Kunden können sich direkt aus der Kundenanfrage oder den Verträgen ergeben. Auf der Basis der Sollvorgaben für die Produktparameter müssen anschließend retrograd Toleranzen für das gesamte Prozeßnetz berechnet werden. Bei synchronen und asynchronen Prozeßverknüpfungen werden die Anforderungen im internen Kunden-Lieferanten-Verhältnis durch den Nachfolgeprozeß (Kunde) formuliert und von dem Prozeßverantwortlichen des Vorgängerprozesses (Lieferant) in den Kontext seiner Produkte übersetzt. Bei synchronen Prozeßverknüpfungen entsprechen zusätzlich die Sollvorgaben für die Inputparameter eines Prozesses den Sollvorgaben der Produktparameter der unmittelbaren Vorgängerprozesse.

3.1.1.2 Ansätze der Tolerierung

Der Begriff und die Methoden der Tolerierung stammen aus dem technischen Bereich. Um die technischen Aspekte der Tolerierung an die betriebswirtschaftlichen Belange von Geschäftsprozessen anzupassen, soll zunächst ein Überblick über die verschiedenen Ansätze der Tolerierung gegeben werden. Dazu werden die Ansätze der Tolerierung hinsichtlich verschiedener Kriterien untergliedert und bei Bedarf durch betriebswirtschaftliche Aspekte erweitert.

Eine erste Unterscheidung läßt sich hinsichtlich der zu tolerierenden Eigenschaften eines Produktes treffen.[193] Hierbei wird zwischen chemischen, mechanischen und geometrischen Eigenschaften unterschieden. Die chemischen Eigenschaften eines Produktes sind dessen chemische Elemente

---

[193] Vgl. Klein, B. und F. Mannewitz [Statistische Tolerierung], S. 17

und deren Zusammensetzung. Mechanische Eigenschaften sind z.B. die Elastizität und die Festigkeit, die Informationen bezüglich der Belastbarkeit eines Produktes liefern. Die geometrischen Eigenschaften lassen sich in sogenannte Maß-, Form- und Lagetoleranzen untergliedern.[194] Als Maße werden die räumlichen Abmessungen eines geometrischen Körpers, d.h. Länge, Breite und Höhe, bezeichnet. Maßtoleranzen sind definiert als „die Differenz zwischen dem Höchstmaß und dem Mindestmaß, also auch die Differenz zwischen dem oberen und unteren Abmaß".[195] Form- und Lagetoleranzen sollen die Austauschbarkeit von Bauteilen und deren Funktionen gewährleisten. Formtoleranzen begrenzen dabei die zulässige Abweichung eines Teils von seiner geometrischen Idealform. Eine Idealform als Bezugsgröße kann z.B. eine gerade Achse oder eine Fläche sein. Lagetoleranzen begrenzen hingegen die zulässige Abweichung zweier oder mehrerer Elemente von einer Ideallage, wobei meist eines als Bezugselement definiert wird.[196]

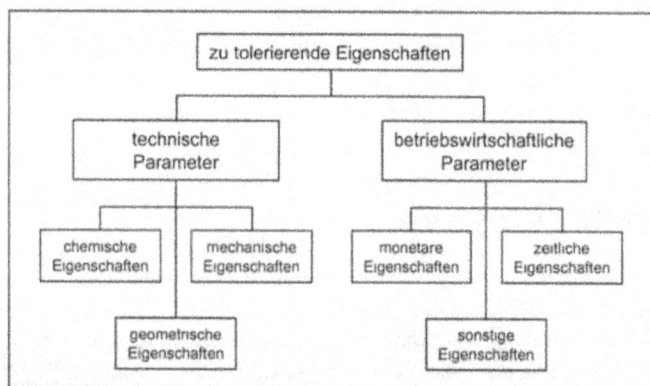

Abbildung 3.1-1: Zu tolerierende Eigenschaften

Die bisherigen Ausführungen beziehen sich lediglich auf technische Eigenschaften von Parametern. Diesen technischen Eigenschaften sind aufgrund

---

[194] Vgl. Klein, B. und F. Mannewitz [Statistische Tolerierung], S. 18 ff.
[195] Definition nach DIN ISO 284, zitiert in: Klein, B. und F. Mannewitz [Statistische Tolerierung], S. 18
[196] Vgl. Klein, B. und F. Mannewitz [Statistische Tolerierung], S. 27

der Ausdehnung der Betrachtung auf Geschäftsprozesse betriebswirtschaftliche Parameter hinzuzufügen, wie z.B. Kosten- und Zeitgrößen. Als Kostengröße sind dabei die Prozeßkosten je Prozeßrealisation zu nennen. Zeitgrößen sind z.B. die Prozeßdauer und die Termintreue.[197] Sonstige betriebswirtschaftliche Größen sind z.B. die Qualifikation von Mitarbeitern. Abbildung 3.1-1 stellt diese Unterteilung grafisch dar.

Eine weitere Untergliederung erfolgt bezüglich der Toleranzdarstellung. Bei der parametrischen Betrachtung werden Toleranzen für einzelne Parameter bestimmt. Somit wird für jeden Parameter eine Toleranz eindimensional als Intervall dargestellt. Im Gegensatz dazu werden bei der geometrischen Betrachtung Toleranzen für mehrere Parameter gemeinsam als Fläche oder Körper dargestellt. Die parametrische und geometrische Betrachtung können weiter untergliedert werden. Werden bei der parametrischen Betrachtung Toleranzen für einzelne Parameter unabhängig von anderen Parametern bestimmt, so wird von univariater Tolerierung gesprochen. Sind dagegen Parameter nicht unabhängig, so sollte multivariat toleriert werden. Die geometrische Betrachtung kann nur multivariat erfolgen, da immer mehrere Parameter gemeinsam betrachtet werden. Die geometrische Betrachtung kann in die geometrische Dimensionierung und Tolerierung (GDT) und die elliptische Tolerierung untergliedert werden. Bei der geometrischen Dimensionierung und Tolerierung (GDT) wird ein Toleranzraum, der durch die Kombination der Toleranzen mehrerer Parameter entsteht, durch eine räumliche Form dargestellt, die das gemeinsame Toleranzfeld dieser Parameter abbildet.[198] Wird der geometrische Raum durch eine Wahrscheinlichkeitsaussage gebildet, so entsteht bei angenommener Normalverteilung der Parameter eine Ellipse im zweidimensionalen Fall oder ein Hyperellipsoid im mehrdimensionalen Fall. Abbildung 3.1-2 zeigt die Zusammenhänge.

Die unterschiedlichen Betrachtungsweisen haben Folgen für die Berechnung von Toleranzen. Im technischen Bereich werden bei der Berechnung von sogenannten Maßketten abgeleitete Toleranzen im Rahmen der parametrischen Betrachtung verwendet. Dabei wird, ausgehend von einem Referenzparameter, eine Maßkette gebildet, die durch eine lückenlose Aneinanderreihung von Einzelmaßen wieder zum Referenzparameter

---

[197] Vgl. Aichele, C. [Geschäftsprozeßanalyse], S. 140 ff.
[198] Vgl. Wang, F. K u. a. [Multivariate Capability], S. 268 ff.

zurückführt.[199] Die Toleranzen der Maßkette sollen so bestimmt werden, daß die Toleranz des Referenzparameters eingehalten wird. Alternativ sind die einzelnen Toleranzen vorgegeben und die Toleranzen für den Referenz-parameter werden abgeleitet. Maßketten setzen die Unabhängigkeit der einzelnen Parameter voraus und werden im klassischen Fall durch die Faltung und im statistischen Fall durch die Addition von Varianzen durchgeführt. Viele Programme zur Toleranzberechnung basieren auf der Varianzaddition und gehen somit von einer Unabhängigkeit der Produktparameter aus.[200]

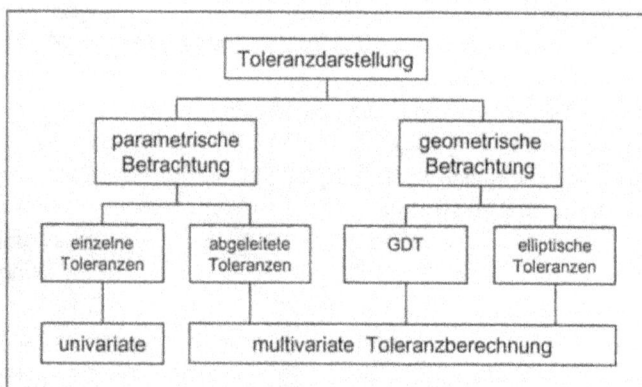

Abbildung 3.1-2: Toleranzdarstellung und -berechnung

Dagegen werden bei der geometrischen Betrachtung keine Maßketten gebildet. Ziel der geometrischen Tolerierung ist es, die Parameter eines Teils durch eine mehrdimensionale Toleranzregion darzustellen.[201] Die elliptische Tolerierung wird dagegen verwendet, wenn die Parameter eine elliptisch umrissene Verteilung haben.[202] Eine Toleranzregion kann sich aus einer gemeinsamen Betrachtung von mehreren parametrischen Toleranzen oder durch die geometrische Dimensionierung und Tolerierung (GDT) ergeben.

---

[199] Vgl. Klein, B. und F. Mannewitz [Statistische Tolerierung], S. 32ff.
[200] Vgl. Gerth, R. J. [Tolerance Analysis], S. 76 ff.
[201] Vgl. Voelcker, H. B. [Tolerancing], S. 210 f.
[202] Vgl. Anhang A.2

Des weiteren kann hinsichtlich der Zielsetzung der Tolerierung untergliedert werden.[203] Dabei wird zunächst zwischen produktbezogenen und toleranzbezogenen Zielsetzungen unterschieden. Bei produktbezogenen Zielsetzungen kann in montageorientierte und funktionsorientierte Zielsetzungen untergliedert werden. Die montageorientierte Zielsetzung der Tolerierung ist eine reibungslose Montage. Häufig wird dabei von einer Spiel- oder einer Preßpassung ausgegangen.[204] Bei der Spielpassung sollen zwei Teile, z.B. ein Bauteil mit einer Bohrung und eine Welle, mit Spiel montiert werden, d.h. die Welle soll sich in der Bohrung frei bewegen können. Bei einer Preßpassung hingegen werden beide Teile fest miteinander verbunden.

Bei einer funktionsorientierten Tolerierung sollen die Toleranzen so festgelegt werden, daß die geforderten Funktionen eines Produktes eingehalten werden.[205] Am Beispiel eines Profilgummis, der auf eine Führung am Türrahmen eines Pkws aufgedrückt wird, soll dies verdeutlicht werden. Bewegliche Teile an einem PKW, wie z.B. Türen, Kofferraumklappen oder Motorhauben müssen wasserdicht, geräuscharm usw. verschlossen werden können. Diese Funktionen – zusammengefaßt im Kundenanforderungsprofil - sollen u.a. durch einen Profilgummi erfüllt werden. Dieser Profilgummi wiederum muß montierbar sein. Die aus dem Kundenanforderungsprofil abgeleiteten Produktparameter sind z.B. die Haltekraft, die Aufsteckkraft des Profilgummis sowie die Dichtheit, die der Profilgummi gewährleisten soll. All diese Produktparameter sind nicht unabhängig und können trotz ihrer unterschiedlichen Dimensionen über die T^2-Statistik zusammengefaßt werden.[206] Dadurch ergibt sich ein aggregierter Parameter, der die Abhängigkeitsstruktur der Produktparameter beinhaltet. Geometrische Eigenschaften des Profilgummis sind dagegen verschiedene Abmessungen.

Bei immateriellen Produkten von Geschäftsprozessen wird immer von einer funktionsorientierten Zielsetzung ausgegangen. Die Funktion eines immateriellen Produktes ist dann gegeben, wenn alle relevanten Anforderungen an das Produkt erfüllt sind. Diese Anforderungen können sowohl vom externen als auch vom internen Kunden im Rahmen des internen Kunden-Lieferanten-Verhältnisses definiert werden.[207]

---

[203] Vgl. Voelcker, H. B. [Tolerancing], S. 207 ff.
[204] Vgl. Klein, B. [Tolerierung], S. 406 f.
[205] Vgl. Voelcker, H. B. [Tolerancing], S. 208 f.
[206] Vgl. Anhang A.3
[207] Vgl. Haist, F. und H. Fromm [Qualität], S. 6 f.

Die toleranzbezogenen Zielsetzungen sind davon abhängig, welche Toleranzen bekannt sind und welche berechnet werden sollen.[208] Unterschieden wird hierbei zwischen analytischer und synthetischer Tolerierung. Eine analytische Tolerierung liegt vor, wenn für einen Zielparameter Toleranzen aus den vorhandenen Toleranzen anderer Parameter berechnet werden sollen. Der Zielparameter kann z.b. das Schließmaß einer Maßkette sein. Dagegen ist bei der synthetischen Tolerierung die Toleranz für den Zielparameter vorgegeben und Toleranzen für andere Parameter sollen abgeleitet werden. Bei einer Maßkette würden also aus der vorgegebenen Toleranz für das Schließmaß die Sollvorgaben für die übrigen Parameter der Maßkette abgeleitet werden. Ein weiteres Anwendungsgebiet ist die Ableitung von Toleranzen im Rahmen der Prozeßplanung für Produktparameter von Vorläuferprozessen.[209] Dazu werden häufig sogenannte Toleranzcharts verwendet, die die Produktions- oder Montagestruktur in einem Baumdiagramm darstellen und Methoden zur Berechnung von Toleranzen für die Parameter der vorhergehenden Bearbeitungsstufen bieten.[210] Außerdem werden im Rahmen der synthetischen Tolerierung Sollvorgaben für Prozeßparameter aus Produktparametern abgeleitet.[211]

Im Rahmen der Tolerierung von Parametern bei Geschäftsprozessen kann sowohl eine analytische als auch eine synthetische Tolerierung stattfinden, je nachdem, welche Toleranzen bekannt sind bzw. berechnet werden sollen. Die Untergliederung entsprechend der Zielsetzung der Tolerierung ist in Abbildung 3.1-3 zusammengefaßt.

Hinsichtlich der Modellgrößen der Tolerierung kann ebenfalls differenziert werden. In eine Gruppe von Modellen der Toleranzberechnung gehen lediglich die zu tolerierenden Parameter ein. In einer anderen Gruppe werden zusätzlich die Kosten berücksichtigt, die sich aus der Festlegung der Toleranzen ergeben.[212] Meist wird davon ausgegangen, daß enge Toleranzen – sogenannte Angsttoleranzen – zu erhöhten Kosten z.B. in der Produktion

---

[208] Vgl. Gerth, R. J und T. Pfeifer [Cost Tolerancing], S. 493
[209] Vgl. Ngoi, B. K. A. und C. T. Ong [Tolerancing Techniques], S. 910 ff.
[210] Vgl. Wxybrew, K. und G. A. Britton [Tolerance Charting], S. 34 ff.
[211] Vgl. Bhote, K. R. [Qualität], S.40 ff.
[212] Vgl. Ngoi, B. K. A. und C. T. Ong [Tolerancing Techniques], S. 910 ff.

und Montage führen.[213] Eine andere Ansicht vertritt hierbei Taguchi, der davon ausgeht, daß jede Abweichung vom Sollwert ein Verlust ist.[214]

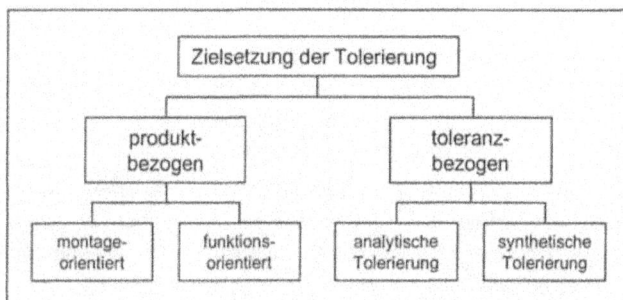

Abbildung 3.1-3: Zielsetzung der Tolerierung

3.1.1.3 Unterschiedliche Tolerierungsprinzipien

Die methodische Umsetzung der Toleranzberechnung kann mit Hilfe von drei unterschiedlichen Tolerierungsprinzipien erfolgen: Durch das arithmetische, durch das statistische und durch das Monte Carlo Tolerierungsprinzip.[215] Das arithmetische Tolerierungsprinzip wird auch als Superpositionsprinzip[216], Minima-Maxima-Prinzip[217] oder „worst-case"-Prinzip[218] bezeichnet. Der Hintergrund dieses Prinzips ist die Gewährleistung einer vollständigen Austauschbarkeit technischer Teile, die zusammengefügt werden sollen. Eine Austauschbarkeit soll nach diesem Prinzip möglich sein, wenn sich die Werte der Parameter einer Maßkette jeweils an ihren Toleranzgrenzen befinden. Methodisch werden dazu die Toleranzintervalle T_j, $j = 1, ..., m-1$ der Maßkette addiert d.h.

$$T_a = \sum_{j=1}^{m} T_j , \quad \text{(Gleichung 3.1-1)}$$

[213] Vgl. Klein, B. [Tolerierung], S. 405
[214] Vgl. Toutenburg, H., R. Gössl und J. Kunert [Quality Engineering], S. 81 ff.
[215] Vgl. Gerth, R. J. und T. Pfeiffer [Cost Tolerancing], S. 493
[216] Vgl. Klein, B. [Tolerierung], S. 406
[217] Vgl. Klein, B. und F. Mannewitz [Statistische Tolerierung], S. 30
[218] Vgl. Voelcker, H. B. [Tolerancing], S. 210 f.

wobei T_a das Toleranzintervall des arithmetischen Schließmaßes (m-ter Produktparameter) ist. Ein Schließmaß entspricht dem Parameter eines Produktes, der für die Verbindung von mehreren Teilen in der Montage relevant ist. Dies könnte z.b. der Durchmesser einer Welle sein, die in eine Passung eingeführt werden muß. Dabei wird von einer gleichverteilten Zufallsgröße innerhalb des Toleranzintervalls ausgegangen.[219] Ausgangspunkt für die Berechnung der Toleranzen ist die Bildung von Maßketten. Ein Maßkette beginnt bei einem Referenzparameter und wird über alle Abmessungen aneinandergereiht, bis mit dem Schließmaß zum Referenzmaß zurückgekehrt wird. Maßketten können linear und nichtlinear sein.[220] Bei linearen Maßketten erfolgt die Darstellung der Abweichungen nur in eine Richtung. Bei nichtlinearen Maßketten kann die Darstellung von Abweichungen in zwei Richtungen erfolgen (vgl. Abbildung 3.1-4).

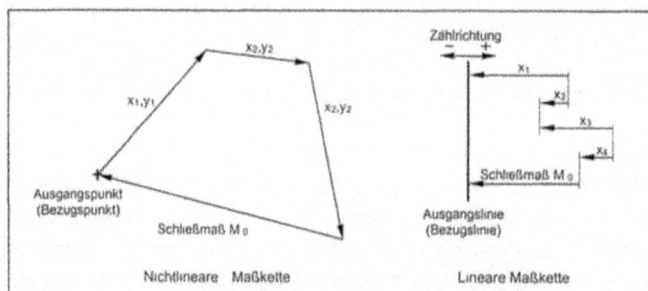

Abbildung 3.1-4: Lineare und nichtlineare Maßketten[221]

Im Gegensatz dazu wird bei der statistischen Tolerierung nicht der Anspruch der vollständigen Austauschbarkeit gestellt, sondern einer Austauschbarkeit mit einer hohen Wahrscheinlichkeit. Grundlagen der statistischen Tolerierung sind statistische Gesetzmäßigkeiten, wie z.B. das Fehlerfortpflanzungsgesetz.[222] Des weiteren wird der Zusammenhang zwischen der Standardabweichung und der Toleranz eines Parameters ausgewertet. Soll

---

[219] Vgl. Klein, B. [Tolerierung], S. 408
[220] Vgl. Klein, B. und F. Mannewitz [Statistische Tolerierung], S. 32 ff.
[221] in Anlehnung an Klein, B. und F. Mannewitz [Statistische Tolerierung], S. 32
[222] Vgl. Klein, B. [Tolerierung], S. 406

ein Prozeß „fähig" sein, muß stets $6\sigma \leq [T_o - T_u]$ gelten,[223] wobei σ der Standardabweichung eines Produktparameters entspricht. Diese Forderung hat sich in der Praxis durchgesetzt und stützt sich auf die Wahrscheinlichkeitsaussage, daß sich im 6σ-Intervall einer normalverteilten Zufallsgröße 99,73 % aller Werte des Parameters befinden.

Bei der statistischen Tolerierung kann von unterschiedlichen Verteilungen ausgegangen werden.[224] Auf der Basis des zentralen Grenzwertsatzes kann aber von einer Normalverteilung – zumindest des Schließmaßes – ausgegangen werden, die durch die Faltung von mehreren auch nicht normalverteilten Verteilungen entsteht.[225] Somit besteht die Möglichkeit, Toleranzen statistisch zu berechnen, selbst wenn keine Daten aus Prozeßrealisationen vorhanden sind. Darüber hinaus kann die statistische Tolerierung auch zur Überprüfung von im vorab festgelegten Toleranzen verwendet werden, nachdem mehrere Prozeßrealisationen vorliegen.[226] Grundsätzlich kann eine statistische Tolerierung bei Unabhängigkeit oder Abhängigkeit der Parameter erfolgen.

Entsprechend dem statistischen Tolerierungsprinzip ändert sich die Berechnung der Toleranzen des Schließmaßes aus dem obigen Beispiel. Die Toleranzen aller anderen Parameter, außer des Schließmaßes, müssen über die Maßkette so berechnet werden, daß die Toleranz des Schließmaßes eingehalten werden, auch wenn sich die Fehler in der Herstellung kumulieren.[227] Bei einer linearen Maßkette berechnet sich die Toleranz des Schließmaßes T_S bei angenommener Normalverteilung der Parameter mit

$$T_s = \sqrt{\sum_{j=1}^{m} T_j^2} \ . \qquad \text{(Gleichung 3.1-2)}$$

Die T_j, $j = 1, ..., m-1$ entsprechen dabei den Toleranzen aller Produktparameter eines Produktes, außer dem Schließmaß.[228] Dadurch wird eine geringere Toleranz für das Schließmaß erreicht, was bedeutet, daß eine vorgegebene Toleranz für ein Schließmaß breitere Toleranzen für die übrigen Parameter zuläßt.

---

[223] Vgl. Kapitel 3.2.1

[224] Vgl. Ngoi, B. K. A. und C. T. Ong [Telerancing Techniques], S. 911 f., Klein, B. [Tolerierung], S. 406, Klein, B. und F. Mannewitz [Statistische Tolerierung], S. 70 ff.

[225] Vgl. Klein, B. und F. Mannewitz [Statistische Tolerierung], S. 72 ff.

[226] Vgl. Jahn, W. [Multivariate Methoden], o. S.

[227] Vgl. Whybrew, K. und G. A. Britton [Tolerance Charting], S. 14 ff,

[228] Vgl. Klein, B. und F. Mannewitz [Statistische Tolerierung], S. 101 ff.

Bei einer Tolerierung mittels Monte Carlo Simulation werden verschiedene Toleranzkombinationen von Parametern zufällig gebildet und eine „ausreichend gute" Toleranzkombination ausgewählt. Die Simulation liefert keine exakte Lösung, sondern nur einen Näherungswert. Der Vorteil der Simulation liegt in der universellen Anwendbarkeit. So können z.B. unterschiedliche Verteilungen einzelner Parameter in das Simulationsmodell eingehen.[229] Abhängigkeiten zwischen verschiedenen Parametern werden bei Simulationsmodellen meist nicht berücksichtigt.

Nachfolgend werden die Methoden und Verfahren der Statistischen Prozeß-analyse vorgestellt. Dabei wird zwischen der multivariaten Tolerierung für abgeleitete Toleranzen (parametrische Betrachtung) und der elliptischen Tolerierung (geometrische Betrachtung) unterschieden. Für alle Methoden und Verfahren wird dabei vorausgesetzt, daß die Produktparameter gemeinsam normalverteilt sind. Diese Annahme wirkt zwar einschränkend, soll aber durch die hohe praktische Relevanz der Normalverteilung von Produktparametern gerechtfertigt werden.

3.1.2 Multivariate Tolerierung für Rechteckbereiche

Bei einer univariaten Toleranzbetrachtung der Parameter eines Prozesses wird immer von einem Toleranzintervall ausgegangen. Dadurch wird die Zufälligkeit der einzelnen Parameter, ausgedrückt durch ihre Verteilung, berücksichtigt. Im zweidimensionalen Fall ergibt sich durch die gemeinsame Betrachtung zweier Toleranzintervalle ein Rechteck als Toleranzregion. Dagegen hängt die Form der gemeinsamen Verteilung zweier Parameter vom Verteilungstyp und der Abhängigkeitsstruktur der beiden Parameter ab. Bei angenommener Normalverteilung zweier Parameter Y_1 und Y_2 ergibt sich bei Unabhängigkeit und Standardisierung ein Kreis, bei Korreliertheit eine Ellipse. Dieser Sachverhalt ist in Abbildung 3.1-5 dargestellt.

Die Problematik der multivariaten Tolerierung liegt in der Frage nach der „idealen" Form der multivariaten Toleranzregion. Wird z.B. im zweidimensio-nalen Fall von einem Toleranzrechteck ausgegangen oder im höherdimensio-nalen Fall von einem Toleranzhyperquadrat, so entspricht die Form der

---

[229] Vgl. Gerth, R. J und T. Pfeiffer [Cost Tolerancing], S. 493

Toleranzregion bei angenommener gemeinsamen Normalverteilung der beiden Parameter nicht mehr dem Wertebereich der Verteilung, wie im univariaten Fall. In zweidimensionalen Fall entspricht der Wertebereich für alle möglichen Realisierungen einer Ellipse, im höherdimensionalen Fall einem Hyperellipsoid. Wird nun z.B. im zweidimensionalen Fall eine Ellipse als Toleranzregion verwendet, so können unterschiedliche Aussagen entstehen, je nachdem, ob sich ein bestimmtes Wertepaar der beiden Parameter innerhalb oder außerhalb der Toleranzregion befindet. Es kann der Fall auftreten, daß bei einer univariaten Toleranzbetrachtung den Toleranzen beider Parameter Y_1 und Y_2 genügt wird, bei einer zweidimensionalen Verteilung das Wertepaar aber außerhalb der Toleranzellipse liegt. Dieser Widerspruch ist durch ein Wertepaar außerhalb der Prozeßregion (Ellipse), aber innerhalb des Toleranzquadrats in Abbildung 3.1-5 dargestellt.

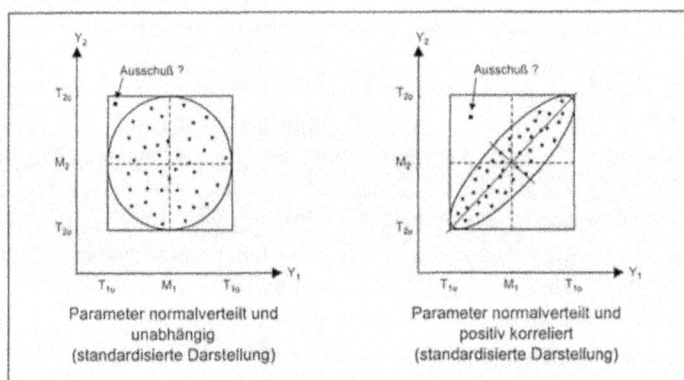

Abbildung 3.1-5: Zweidimensionale Toleranzbetrachtung

Somit stellt sich die Frage, ob ein Produkt in diesem Fall als Ausschuß bzw. als fehlerhaft bezeichnet werden muß. Diese Fragestellung kann aber nur im Anschluß an eine multivariate Betrachtung geklärt werden. Aufgrund der eindimensionalen Normalverteilungen der beiden Parameter (Randverteilungen) läßt sich nicht auf die gemeinsame Normalverteilung der beiden Parameter schließen, da im mehrdimensionalen Fall die Verteilung von der Abhängigkeitsstruktur der beiden Parameter abhängt. Abbildung 3.1-6 zeigt diesen Zusammenhang.

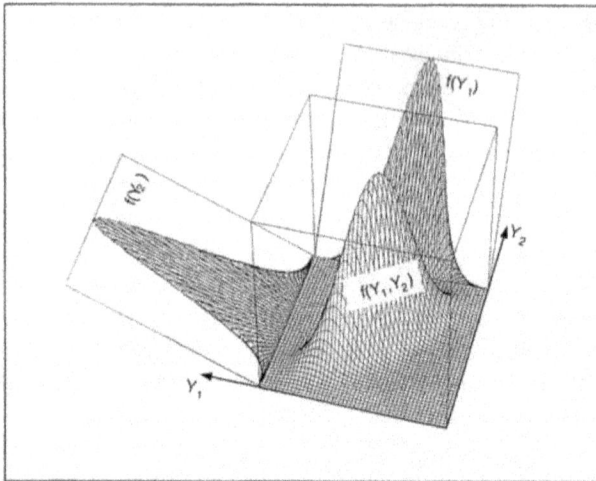

Abbildung 3.1-6: Zweidimensionale Verteilung mit Randverteilungen

Im dargestellten Fall in Abbildung 3.1-6 entsprechen $f(Y_1)$ und $f(Y_2)$ den univariaten Normalverteilungen (Randverteilungen) und $f(Y_1, Y_2)$ der nicht unabhängigen bivariaten Normalverteilung. Im Rahmen dieser Arbeit werden sowohl die multivariate Tolerierung für Rechteckbereiche (parametrische Betrachtung) als auch die elliptische Tolerierung (geometrische Betrachtung) vorgestellt, wobei sich die elliptische Tolerierung rechnerisch aus der multivariaten Tolerierung für Rechteckbereiche ableitet. Obwohl eine multivariate Tolerierung sich an der gemeinsamen Verteilung der Parameter orientieren muß, hat sich in der Praxis die Tolerierung von Rechteckbereichen etabliert. Die sich daraus ergebende Frage, wie die Prozeßregion und die Toleranzregion im multivariaten Fall definiert werden sollen, wird in der aktuellen Literatur diskutiert.[230]

3.1.2.1 Tolerierung bei statistisch unabhängigen Parametern

Bei dem folgenden Verfahren wird davon ausgegangen, daß die Parameter statistisch unabhängig sind, der Zusammenhang zwischen den Parametern

---

[230] Vgl. Hayter, A. J. u.a. [Multivariate Quality], S. 197 ff., Wang, F. K. u.a. [Multivariate Capability], S. 263 ff.

aber funktional dargestellt werden kann. Diese Voraussetzungen sind z.B. im technischen Bereich gegeben, wenn in einem Montageprozeß mehrere Einzelteile montiert werden, die in unterschiedlichen Fertigungsprozessen hergestellt werden.[231] oder in Maßketten, wenn von der Fehlerfortpflanzung einzelner unabhängiger Parameter ausgegangen wird.[232] Das Verfahren kann ebenfalls bei der Tolerierung von Parametern bei asynchroner Prozeß-verknüpfung angewendet werden. Die fehlenden Toleranzen werden dabei aus den bekannten Toleranzen für die Produktparameter eines Prozesses retrograd für die Produktparameter von Vorläuferprozessen berechnet oder überprüft.[233] Die Tolerierung für statistisch unabhängige Parameter wird auf der Basis des Gauß'schen Fehlergesetzes durchgeführt.[234]

Für die Produktparameter $\underline{Y}_j^T = (Y_1,...,Y_m)$, $j = 1, ..., m$ seien die Sollwerte $\underline{M}_j^T = (M_1,...,M_m)$ sowie die oberen und unteren Toleranzgrenzen $\underline{T}_o^T = (T_{o1},...,T_{om})$, $\underline{T}_u^T = (T_{u1},...,T_{um})$ bekannt. Die Toleranzgrenzen seien symmetrisch um den Sollwert angeordnet. Es gilt $T_j = T_{oj} - T_{uj}$ bzw. $\underline{T}_j^T = (T_1,...,T_m)$. Der Sollwert M_{m+1} und das Toleranzintervall T_{m+1} seien unbekannt und sollen aus $\underline{M}_j^T$ und $\underline{T}_j^T$ berechnet werden. Außerdem sei der Parameter Y_{m+1} eine bekannte Funktion der anderen Parameter, d.h. $Y_{m+1} = f(Y_1,..., Y_m)$. Da ein funktionaler Zusammenhang angenommen wird, ergibt sich der Erwartungswert des Produktparameters Y_{m+1} mit

$$\mu_{m+1} = f(\mu_1, \mu_2,...,\mu_m) = f(\underline{\mu}_j).$$

Die Varianz des Produktparameters Y_{m+1} berechnet sich mit[235]

$$\sigma_{m+1}^2 = \sum_{j=1}^{m} \sigma_j^2 \cdot \left(\frac{\delta Y_{m+1}}{\delta Y_j}\right)^2,$$

wobei $\delta Y_{m+1}/\delta Y_j$ die partiellen Ableitungen der Funktion $Y_{m+1} = f(Y_1, ..., Y_m)$ nach jedem Parameter Y_j sind. Zusammengefaßt ergibt sich für den Erwartungswert und den dazugehörenden Streuungsbereich[236]

---

[231] Vgl. Klein, B. [Tolerierung], S. 405 ff.
[232] Vgl. Klein, B. und F. Mannewitz [Statistische Tolerierung], S. 72 ff.
[233] Ein Beispiel hierfür befindet sich in Anhang B.1
[234] Vgl. Jahn, W. [Calculation], S.10
[235] Vgl. Zhang, C. und H.-P. Wang [Tolerance], S. 19 f.
[236] Vgl. Jahn, W. [Calculation], S. 10 f., Klein, B. und F. Mannewitz [Statistische Tolerierung], S.75 f.

$$\mu_{m+1} \pm \sigma_{m+1} = \mu_{m+1} \pm \sqrt{\sum_{j=1}^{m} \sigma_j^2 \cdot \left(\frac{\delta Y_{m+1}}{\delta Y_j} \right)^2} \ .$$

Sind nun für die Produktparameter $\underline{Y}_j$ die Sollvorgaben gegeben, nicht aber für den Parameter Y_{m+1}, so lassen sich der Sollwert M_{m+1} und das Toleranz-intervall T_{m+1} mit Hilfe des Fehlerfortpflanzungsgesetzes berechnen. Dabei werden Mittelwerte und Standardabweichungen durch die Sollwerte und Toleranzintervalle ersetzt. Dies ist möglich, da ein Sollwert als gewünschter Lageparameter und das Toleranzintervall als maximales Streuungsintervall interpretiert werden können.[237] Es gilt[238]

$$M_{m+1} = f(M_1, \ldots, M_m)$$

und

$$T_{m+1} = M_{m+1} \pm \sqrt{\sum_{j=1}^{m} \left(\frac{T_j}{2} \right)^2 \cdot \left(\frac{\delta Y_{m+1}}{\delta Y_j} \right)^2} \ . \quad \text{(Gleichung 3.1-3)}$$

Dabei wird das halbe Toleranzintervall ($T_j / 2$) verwendet, da jeweils die Hälfte des Toleranzintervalls symmetrisch oberhalb und unterhalb des Sollwertes M_j liegt. Für den Sonderfall $Y_{m+1} = Y_1 + \ldots + Y_m$ gilt die Gleichung 3.1-2.[239] Diese Formel entspricht der klassischen statistischen Tolerierung bei linearen Maßketten.[240] Sind die Sollwerte und die Toleranzen aller m Produktparameter gleich, gilt[241]

$$M_{m+1} = M_1 = \ldots = M_m$$

und

$$T_{m+1} = M_{m+1} \pm \frac{T}{\sqrt{m}} \ .$$

Da Produktparameter in der Regel nicht unabhängig sind, gelten diese Formeln häufig nicht einmal als Näherung. Lediglich wenn die Unabhängig-

[237] Vgl. Gerth, R. J. [Tolerance Analysis], S. 74
[238] Vgl. Jahn, W. [Calculation], S. 10
[239] Vgl. Klein, B. und F. Mannewitz [Statistische Tolerierung], S. 106
[240] Vgl. Kapitel 3.1.1
[241] Vgl. Jahn, W. [Calculation], S. 11

keitsannahme nicht verletzt wird, ist die Anwendung dieses Verfahrens sinnvoll.

3.1.2.2 Tolerierung bei statistisch nicht unabhängigen Parametern

Bei der Tolerierung nach dem Gauß'schen Fehlergesetz wird davon ausgegangen, daß die Parameter unabhängig sind. Unter dieser Annahme kann eine Berechnung von fehlenden Toleranzen erfolgen, ohne daß statistische Maßzahlen aus dem Prozeß bekannt sind. Grundsätzlich muß aber davon ausgegangen werden, daß die Parameter eines Prozesses statistisch abhängig sind. Um die Abhängigkeitsstruktur der Parameter zu ermitteln, müssen deshalb Daten für die Parameter eines Prozesses erhoben werden.

Bei der statistischen Tolerierung bei statistischer Abhängigkeit soll im Folgenden zwischen der Berechnung von Sollvorgaben für Produktparameter und der Berechnung von Steuerungs- und Regelungsintervallen für Input- und Prozeßparameter unterschieden werden. Methodisch entstehen dadurch Überschneidungen. Dennoch soll in diesem Kapitel ausgehend von dem Anwendungsgebiet zwischen der Berechnung von Sollvorgaben für die Produktparameter (Toleranzintervalle) und der Berechnung von Sollvorgaben für die Input- und Prozeßparameter (Steuerungs- und Regelungsintervalle) unterschieden werden. Jedes Verfahren wird mit einer Problemdefinition für die entsprechende Fragestellung eingeführt.

3.1.2.2.1 Berechnung von Sollvorgaben für Produktparameter

Bei der Berechnung von Sollvorgaben für Produktparameter müssen mehrere Aspekte berücksichtigt werden. Hinsichtlich der Motivation der Berechnung von Sollvorgaben kann zwischen einer Berechnung von fehlenden Sollvorgaben und der Überprüfung von vorhandenen Sollvorgaben unterschieden werden. Methodisch entstehen dabei keine Unterschiede. Bei der Berechnung von fehlenden Sollvorgaben ist zu differenzieren, ob die Sollvorgaben von keinem oder von mehreren Produktparametern bekannt sind. Des weiteren muß bei der Tolerierung zwischen der Berechnung von Anforderungs- und Potential-Toleranzen unterschieden werden. Methodisch wird zwischen einer Berechnung der Sollvorgaben mit Hilfe der Produktgleichung und einer

Berechnung auf Basis der Reststreuung getrennt. Die Struktur des aktuellen Kapitels entspricht dieser Untergliederung.

Beim einem ersten Verfahren wird davon ausgegangen, daß die Sollvorgaben für $j = 1, ..., m-1$ Produktparameter bekannt sind und die Sollvorgaben für einen Produktparameter Y_m berechnet werden sollen. Je nachdem, ob die bekannten Toleranzen potential- oder anforderungsorientiert sind, ergeben sich für den Produktparameter Y_m die entsprechenden Toleranzen. Diese Betrachtung entspricht dem Prinzip der Verwendung von Maßketten, wobei zusätzlich davon ausgegangen wird, daß die Parameter nicht unabhängig sind. Somit basiert dieses Verfahren auf der Produktgleichung mit der Form $Y_m = f(Y_1, ..., Y_{m-1})$. Anwendung findet dieses Verfahren bei der Berechnung von Maßketten im technischen Bereich. Allgemein kann dieses Verfahren immer dann angewendet werden, wenn die Sollvorgaben für einen Produktparameter aus den Sollvorgaben aller anderen Produktparameter abgeleitet werden sollen.

Für die Produktparameter $\underline{Y}_{m-1}^T = (Y_1,...,Y_{m-1})$ seien die Sollwerte $\underline{M}_{m-1}^T = (M_1,...,M_{m-1})$ sowie die oberen und unteren Toleranzgrenzen $\underline{T}_o^T = (T_{o1},...,T_{o(m-1)})$, $\underline{T}_u^T = (T_{u1},...,T_{u(m-1)})$ bekannt. Für den Produktparameter Y_m seien die Sollvorgaben unbekannt und sollen berechnet werden. Der Vektor $\underline{Y}^T = (Y_m, \underline{Y}_{m-1})$ sei m-dimensional normalverteilt mit dem Vektor der Erwartungswerte $\underline{\mu}^T = (\mu_m, \underline{\mu}_{m-1})$, $\underline{\mu}_{m-1}^T = (\mu_1,...,\mu_{m-1})$ und der Kovarianzmatrix

$$\Sigma = \begin{pmatrix} \sigma_m^2 & \underline{\sigma}_{m.(m-1)}^T \\ \underline{\sigma}_{(m-1).m} & \Sigma_{m-1} \end{pmatrix}.$$

σ_m^2 ist die Varianz des Produktparameters Y_m, $\underline{\sigma}_{m.(m-1)}$ ist der Vektor der Kovarianzen zwischen $\underline{Y}_{m-1}$ und Y_m und Σ_{m-1} ist die Kovarianzmatrix von $\underline{Y}_{m-1}$.

Zunächst wird die Produktgleichung (Regressionsgleichung)

$$Y_m = b_0 + \underline{b}_{m/(m-1)}^T \underline{Y}_{m-1}$$

und das Maß der Beherrschbarkeit $R^2_{m/(m-1)}$ berechnet.[242] Das Maß der Beherrschbarkeit gibt an, wie gut der Produktparameter Y_m durch die anderen Produktparameter $\underline{Y}_{m-1}$ erklärt werden kann und ist somit ein Maß für die Güte der Toleranzberechnung. In die Regressionsgleichung werden die bekannten Toleranzen eingesetzt. Die Toleranzgrenzen für Y_m berechnen sich nach der Beziehung[243]

$$M_m \pm \frac{T_m}{2} = b_0 + \underline{b}^T_{m/(m-1)}\left(\underline{M}_{m-1} \pm \frac{T_{m-1}}{2}\right),$$ (Gleichung 3.1-4)

wobei M_m mit der Produktgleichung über $\underline{M}_{m-1}$ zu

$$M_m = b_0 + \underline{b}^T_{m/(m-1)}\underline{M}_{m-1}$$ (Gleichung 3.1-5)

berechnet wird.

Eine Erweiterung des vorgestellten Verfahrens wird vom Verfasser vorgestellt. Diese Erweiterung wird notwendig, wenn die Sollvorgaben für mehrere Produktparameter unbekannt sind. Die Berechnung der fehlenden Sollvorgaben erfolgt dabei ebenfalls über Produktgleichungen, allerdings über ein zweistufiges Verfahren. Mit Hilfe des zweistufigen Verfahrens werden schrittweise Sollvorgaben für einzelne Produktparameter berechnet. Die berechneten Sollvorgaben gehen dann in eine erweiterte Produktgleichung zur Berechnung der Sollvorgaben für den nächsten Produktparameter ein. Das Verfahren wird wiederholt, bis für alle Produktparameter Sollvorgaben berechnet wurden. Anwendung findet dieses Verfahren ebenfalls bei der Berechnung von Maßketten. Allgemein kann das Verfahren eingesetzt werden, wenn für mehrere Produktparameter keine Sollvorgaben gegeben sind und aus den vorhandenen Sollvorgaben berechnet werden sollen.

Ein Produkt sei wiederum durch m nicht unabhängige Produktparameter $\underline{Y}^T = (Y_1,...,Y_m)$ charakterisiert. Für die Produktparameter h = 1, ..., m - k seien die Sollwerte $\underline{M}^T_h = (M_1,...,M_{m-k})$ und die oberen und unteren Toleranzgrenzen $\underline{T}^T_{oh} = (T_{o1},...,T_{o(m-k)})$ und $\underline{T}^T_{uh} = (T_{u1},...,T_{u(m-k)})$ bekannt. Für die Produktparameter k = h + 1, ..., m sind die Sollwerte $\underline{M}^T_k = (M_{h+1},...,M_m)$ und die Toleranzintervalle $\underline{T}^T_k = (T_{h+1},...,T_m)$, k = h + 1,..., m unbekannt und sollen

---

[242] Eine ausführliche Darstellung des Regressionsmodells befindet sich in Kapitel 3.3.1
[243] Vgl. Jahn, W. [Calculation], S. 14 ff.

berechnet werden. Es gilt $h + k = m$, $1 \le h \le m-2$ und $2 \le h \le m-1$. Für $h = m - 1$ bzw. $k = 1$ entspricht das zweistufige Verfahren dem oben genannten Verfahren. Bei $h = m$ bzw. $k = 0$ müssen zumindest die Sollvorgaben für einen Produktparameter festgelegt werden. Der Vektor $\underline{Y}^T$ sei ebenfalls m-dimensional normalverteilt mit dem Vektor der Erwartungswerte $\underline{\mu}^T = (\underline{\mu}_h, \underline{\mu}_k)$, $\underline{\mu}_h^T = (\mu_1, ..., \mu_{m-l})$, $\underline{\mu}_k^T = (\mu_{h+1}, ..., \mu_m)$ und der Kovarianzmatrix

$$\Sigma_{yy} = \begin{pmatrix} \Sigma_{hh} & \Sigma_{hk} \\ \Sigma_{kh} & \Sigma_{kk} \end{pmatrix},$$

wobei Σ_{hh} die Kovarianzmatrix der Produktparameter mit den gegebenen Sollvorgaben und Σ_{kk} die Kovarianzmatrix der Produktparameter mit den zu berechnenden Sollvorgaben ist. Σ_{hk} ist die Kovarianzmatrix zwischen den Produktparametern mit und den Produktparametern ohne Sollvorgaben. Die Erwartungswerte und die Kovarianzmatrix sind ebenfalls unbekannt und werden aus den Daten der Prozeßrealisationen geschätzt. Das Verfahren läuft in folgenden Schritten ab:

1. Schritt:

Berechnung der Produktgleichung

$$Y_k = \underline{b}_{k0} + \underline{b}_{k/hl(k-1)}^T \left(\underline{Y}_h, \underline{Y}_k^{(k-1)} \right)$$

für $k = 1, ..., m - h$, wobei $\underline{Y}_k^{(k-1)}$ alle Elemente $1, ..., k - 1$ des Vektors $\underline{Y}_k$ sind. Bei $k = 1$ bleibt der Vektor $\underline{Y}_K$ unberücksichtigt.

2. Schritt:

Einsetzen der Sollvorgaben in die Produktgleichung und Berechnung der Sollvorgaben für $\underline{T}_k$ mit

$$M_k \pm \frac{T_k}{2} = b_{k0} + \underline{b}_{k/hk(k-1)}^T \left(\left(\underline{M}_h, \underline{M}_k^{(k-1)} \right) \pm \frac{\left(\underline{T}_h, \underline{T}_k^{(k-1)} \right)}{2} \right) \qquad \text{(Gleichung 3.1-6)}$$

für $k = 1, ..., m - h$, wobei $\underline{T}_k^{(k-1)}$ allen berechneten Toleranzen der Elemente $1, ..., k-1$ des Vektors $\underline{Y}_k$ entspricht. Bei $k = 1$ bleibt der Vektor $\underline{T}_k^{(k-1)}$ unberücksichtigt.

Nach der Berechnung der Sollvorgaben für T_k folgt wieder Schritt 1, bis für alle Produktparameter die Toleranzen berechnet sind. Das Ergebnis des Verfahrens ist der Vektor $\underline{T} = (\underline{T}_h, \underline{T}_k)$, der sich aus den vorgegebenen und den berechneten Toleranzen zusammensetzt.

Die berechneten Sollvorgaben der beiden Verfahren sollen gewährleisten, daß die Toleranzen der Produktparameter $\underline{Y}_k$ bzw. Y_m eingehalten werden, wenn alle anderen Produktparameter Werte auf ihren oberen oder unteren Toleranzgrenzen aufweisen.

Ein weiteres Verfahren zur Berechnung von Toleranzen für Produktparameter basiert auf der bedingten Varianz, d.h. der Streuung eines Produktparameters unter der Bedingung, daß alle anderen Produktparameter konstant gehalten werden. Verfahren auf der Basis der Reststreuung können sowohl für die Berechnung von Anforderungs- als auch Potential-Toleranzen verwendet werden. Bei diesen Verfahren wird nicht davon ausgegangen, daß, wie bei der Berechnung von Maßketten, bestimmte Produktparameter andere Produktparameter erklären, sondern, daß sich jeder Produktparameter durch alle anderen Produktparameter darstellen läßt. Somit werden diese Verfahren verwendet, wenn alle Produktparameter als gleichbedeutend angesehen werden und nicht nach dem Prinzip der Maßkette voneinander abhängen.

Die Berechnung von potentialorientierten Toleranzen $T_j^{(P)}$, $j = 1, ..., m$ kann durchgeführt werden, wenn keine Toleranzen vorliegen. Es gilt[244]

$$T_j^{(P)} = M_j \pm \sqrt{\frac{\chi^2_{m,1-\alpha} \cdot |\Sigma|}{|\Sigma_j|}} = M_j \pm \sqrt{\chi^2_{m,1-\alpha} \cdot \sigma^2_{j/m-j}} , \qquad \text{(Gleichung 3.1-7)}$$

wobei M_j dem Sollwert des j-ten Produktparameters und $\chi^2_{m,1-\alpha}$ dem $(1-\alpha)$-Quantil der χ^2-Verteilung mit m Freiheitsgraden entspricht. $|\Sigma|$ ist die Determinante der Kovarianzmatrix aller Produktparameter, Σ_j ist die Kovarianzmatrix der Produktparameter ohne den j-ten Produktparameter.[245] Einfacher lassen sich die Toleranzen über die bedingte Varianz $\sigma^2_{j/m-j}$ berechnen,[246] wobei die bedingte Varianz die Varianz des j-ten Produktparameters ist, unter der Bedingung, daß alle anderen Produktparameter konstant gehalten werden. Die bedingten Varianzen berechnen sich

---

[244] Vgl. Jahn, W. [Multivariate Methoden], o. S., Nickerson, D. M. [Confidence Region], S. 122

[245] Vgl. Wang, F. K. u.a. [Multivariate Capability], S. 266

[246] Vgl. Jahn, W. [Multivariate Methoden], o. S.

über die Hauptdiagonalelemente der inversen Korrelationsmatrix aller Produktparameter[247]

$$
\underline{\underline{R}}_{yy}^{-1} = \begin{cases} (1 - R_{j/m-j}^2)^{-1} & \text{für alle } j \\[3ex] \dfrac{-R_{jk/m-jk}}{\sqrt{(1 - R_{j/m-j}^2)(1 - R_{k/m-k}^2)}} & \text{für alle } j \text{ und } k,\ j \neq k, \end{cases}
$$

(Gleichung 3.1-8)

wobei

$$
\sigma_{j/m-j}^2 = \sigma_j^2 (1 - R_{j/m-j}^2) \quad \text{(Gleichung 3.1-9)}
$$

und σ_j^2 der Varianz des j-ten Produktparameters entspricht. Das $(1-\alpha)$-Quantil der χ^2-Verteilung wird im Normalfall mit 0.9973-Quantil definiert, da in diesem Fall das potentialorientierte Toleranzintervall entsprechend der 3σ-Regel genau $6\sigma_{j/m-j}$ entspricht. Liegen keine Sollwerte vor, so werden die Mittelwerte als Sollwerte definiert. Liegen Sollwerte vor, dann lassen sich fehlende Sollwerte über Produktgleichungen berechnen.[248]

Für die Berechnung von Anforderungs-Toleranzen T_j, $j = 1, ..., m$ wird dieses Verfahren vom Verfasser modifiziert. Dabei wird davon ausgegangen, daß zumindest für einen Produktparameter Y_1 Sollvorgaben vorliegen. Methodisch werden dabei die fehlenden Anforderungs-Toleranzen als ein Vielfaches der Potential-Toleranzen des Produktparameters Y_1 dargestellt.

Liegen für den Produktparameter Y_1 Sollvorgaben vor, so gilt

$$
T_1 = M_1 \pm \lambda \cdot \sqrt{\chi_{m,1-\alpha}^2 \cdot \sigma_{1/m-1}^2} \cdot \quad \text{(Gleichung 3.1-10)}
$$

Somit entspricht das halbe anforderungsorientierte Toleranzintervall T_1 dem λ-fachen des potentialorientierten Toleranzintervall $T_1^{(P)}$. Gilt $\lambda = 1$ ist $T_1 = T_1^{(P)}$. Für $\lambda < 1$ ist der Prozeß nicht in der Lage die Kundenanforderungen zu erfüllen, da die Anforderungs-Toleranzen enger als die Potential-Toleranzen sind. Für $\lambda > 1$ ist das anforderungsorientierte Toleranzintervall breiter als das potentialorientierte, so daß der Prozeß den Kundenanforderungen genügen

---

[247] Vgl. Jahn, W. [Criterion], S. 1638
[248] Vgl. Kapitel 3.3.1

kann. Durch ein einfaches Umformen der obigen Gleichung berechnet sich λ mit

$$\lambda = \frac{T_1}{T_1^{(P)}} \qquad \text{(Gleichung 3.1-11)}$$

Mit dem berechneten λ lassen sich nun für alle Produktparameter anforderungsorientierte Toleranzen berechnen. Sind Sollvorgaben für mehrere Produktparameter $\underline{Y}_h^T = (Y_1, ..., Y_h)$ bekannt, so ergibt sich λ als minimales λ_j, $j = 1, ..., h$ aller Produktparameter mit bekannten Sollvorgaben, d.h.

$$\lambda = \min\left\{ \frac{T_j}{T_j^{(P)}} \right\}.$$

Die fehlenden Sollwerte lassen sich analog dem potentialorientierten Fall mit Hilfe der Produktgleichungen berechnen.

3.1.2.2.2 Berechnung von Steuerungs- und Regelungsintervallen

Die Berechnung von Steuerungs- und Regelungsintervallen für Input- und Prozeßparameter soll gewährleisten, daß die Sollvorgaben für die Produktparameter eines Prozesses eingehalten werden. Da die Produktparameter eines Prozesses durch dessen Input- und Prozeßparameter beeinflußt werden, ergeben sich durch die Steuerung der Input- und Prozeßparameter innerhalb ihrer Steuerungs- und Regelungsintervalle die gewünschten Streuungsintervalle für die Produktparameter. Damit soll das Ziel eines „fähigen" Prozesses erreicht werden,[249] wenn eine Verbesserung des Prozesses notwendig wird.[250] Des weiteren ist die Berechnung von Steuerungs- und Regelungsintervalle notwendige Voraussetzung für die retrograde Berechnung von Sollvorgaben für das Prozeßnetzwerk, da die Steuerungs- und Regelungsintervalle für die Inputparameter eines Prozesses bei synchroner Prozeßverknüpfung den Sollvorgaben für die Produktparameter entsprechen.

Bei diesem, vom Verfasser entwickelten Verfahren, wird zunächst davon ausgegangen, daß die Steuerungs- und Regelungsintervalle für die Input- und

---

[249] Vgl. Kapitel 3.2
[250] Vgl. Kapitel 3.3

Prozeßparameter von den Sollvorgaben eines Produktparameters Y abgeleitet werden sollen. Dieses Verfahren kann z.b. angewendet werden, wenn das Schließmaß eines Produktes eingehalten werden soll oder wenn ein Produktparameter, z.B. die Prozeßkosten als wesentlich definiert wird. Die Steuerungs- und Regelungsintervalle sollen dabei so berechnet werden, daß die Wirkungen der Input- und Prozeßparameter auf den Produktparameter einzeln berücksichtigt werden. Dies wird erreicht, indem jeder Input- und Prozeßparameter zusammen mit dem Produktparameter unter der Bedingung, daß alle anderen Input- und Prozeßparameter konstant sind, betrachtet werden.

Für den Produktparameter Y sei der Sollwert M_y sowie die obere und untere Toleranzgrenze T_{oy} und T_{uy} bekannt. Für alle Input- und Prozeßparameter $\underline{X}^T = (X_1, ..., X_n)$ seien die Steuerungs- und Regelungsintervalle unbekannt und sollen aus den Sollvorgaben des Produktparameters Y abgeleitet werden. Der Vektor $\underline{Z}^T = (Y, \underline{X})$ sei (n+1)-dimensional normalverteilt mit dem Vektor der Erwartungswerte $\underline{\mu}^T = (\mu_y, \underline{\mu}_x^T)$, $\underline{\mu}_x^T = (\mu_1, ..., \mu_n)$ und der Kovarianzmatrix

$$\Sigma = \begin{pmatrix} \sigma_y^2 & \underline{\sigma}_{y.x}^T \\ \underline{\sigma}_{x.y} & \Sigma_{xx} \end{pmatrix}.$$

σ_y^2 ist die Varianz des Produktparameters Y, $\underline{\sigma}_{y.x}$ ist der Vektor der Kovarianzen zwischen Y und $\underline{X}$ und Σ_{xx} ist die Kovarianzmatrix aller Input- und Prozeßparameter.

Zunächst werden jeweils ein Input- oder Prozeßparameter X_j, j = 1, ..., n und der Produktparameter Y dargestellt, unter der Bedingung, daß alle anderen Input- und Prozeßparameter konstant sind. Die entsprechende bedingte Kovarianzmatrix lautet

$$\Sigma_{yj/n-yj} = \begin{pmatrix} \sigma_{y/n-j}^2 & \sigma_{yj/n-yj} \\ \sigma_{jy/n-yj} & \sigma_{j/yn-yj}^2 \end{pmatrix}.$$

$\sigma_{y/n-j}^2$ entspricht der Varianz des Produktparameters Y unter der Bedingung, daß alle Input- und Prozeßparameter außer dem j-ten konstant sind. $\sigma_{j/yn-yj}^2$ ist die Varianz des j-ten Input- oder Prozeßparameters unter der Bedingung, daß alle Input- und Prozeßparameter konstant sind, nicht aber der Produktparameter. $\sigma_{yj/n-yj}$ ist die dazugehörende bedingte Kovarianz zwischen Y und X_j.

Auf der Basis der bedingten Kovarianzmatrizen werden anschließend die bedingten Varianzen für jeden Input- bzw. Prozeßparameter X_j berechnet, wobei diese doppelt bedingten Varianzen $\sigma^2_{(j/yn-yj)/(y/n)}$, der bedingten Varianz eines Input- oder Prozeßparameters X_j unter der Bedingung aller anderen Input- und Prozeßparameter und des Produktparameters entsprechen, d.h.

$$\sigma^2_{(j/yn-yj)/(y/n)} = \sigma^2_{j/yn-j}.$$

wobei sich $\sigma^2_{j/yn-j}$ mit Hilfe der Gleichung 3.1-9 ergibt. Der wesentliche Unterschied ist aber die Anzahl der Freiheitsgrade. Würden allgemein (n+1) Freiheitsgrade gelten, so ergeben sich durch die doppelte Bedingung nur noch 2 Freiheitsgrade. Das Steuerungs- und Regelungsintervall für die Input- und Prozeßparameter berechnet sich deshalb zu

$$T_j = M_j \pm \lambda \cdot \sqrt{\chi^2_{2,\,0.9973} \cdot \sigma^2_{j/yn-j}} . \qquad \text{(Gleichung 3.1-12)}$$

λ berechnet sich über die Anforderungs- und Potential-Toleranzen über Gleichung 3.1-11. Die Sollwerte für die Input- und Produktparameter ergeben sich durch Einsetzen des Sollwerts von Y in die univariaten Regressionsgleichungen[251]

$$X_j = b_{0j} + b_{j/y} \cdot Y,$$

mit

$$M_j = b_{0j} + b_{j/y} \cdot M_y.$$

Eine Erweiterung des Verfahrens wird notwendig, wenn die Steuerungs- und Regelungsintervalle nicht nur auf der Basis eines Produktparameters Y, sondern auf der Basis mehrerer Produktparameter $\underline{Y}^T = (Y_1,...,Y_m)$ berechnet werden sollen. Für alle Produktparameter liegen Sollwerte vor. Der Vektor $\underline{Z}^T = (\underline{Y}^T, \underline{X}^T)$ sei (m+n)-dimensional normalverteilt mit dem Vektor der Erwartungswerte $\underline{\mu}^T = (\underline{\mu}_y^T, \underline{\mu}_x^T)$, $\underline{\mu}_y^T = (\mu_1,...,\mu_m)$, $\underline{\mu}_x^T = (\mu_1,...,\mu_n)$ und der Kovarianzmatrix

---

[251] Vgl. Kapitel 3.3.1

$$\Sigma = \begin{pmatrix} \Sigma_{yy} & \Sigma_{yy.x} \\ \Sigma_{xx.y} & \Sigma_{xx} \end{pmatrix}.$$

Σ_{yy} ist die Kovarianzmatrix der Produktparameter $\underline{Y}$, $\Sigma_{yy.x}$ ist die Matrix der Kovarianzen zwischen $\underline{Y}$ und $\underline{X}$ und Σ_{xx} ist die Kovarianzmatrix aller Input- und Prozeßparameter.

Analog dem Verfahren mit einem Produktparameter berechnet sich λ mit Hilfe der Gleichung 3.1-11, wobei der Produktparameter beliebig gewählt werden kann, vorausgesetzt, die Toleranzen für die Produktparameter sind über die bedingte Varianz berechnet worden. Ansonsten sollte das minimale λ gewählt werden, das sich aus den Anforderungs- und Potential-Toleranzen aller Produktparameter ergibt. Die Sollwerte für die Input- und Steuerungs-parameter berechnen sich wie beim Verfahren mit einem Produktparameter über einfache Regressionsgleichungen. Der Unterschied liegt in der Anzahl der Freiheitsgrade der χ^2-Verteilung. Es gilt

$$T_j = M_j \pm \lambda \cdot \sqrt{\chi^2_{(m+1),0.9973} \cdot \sigma^2_{j/n-j}}, \qquad \text{(Gleichung 3.1-13)}$$

wobei $\sigma^2_{j/n-j}$ der bedingten Varianz des j-ten Input- bzw. Prozeßparameters entspricht. Der Wert der χ^2-Verteilung wird auf der Basis von $(m+1)$ Freiheits-graden ermittelt, da von einer bedingten Betrachtung des j-ten Input- bzw. Prozeßparameters und allen m Produktparametern ausgegangen wird.

3.1.3 Elliptische Tolerierung

Bei einer zweidimensionalen Betrachtung der univariaten Toleranzintervalle von Produktparametern entspricht die Toleranzregion einem Rechteck und im mehrdimensionalen Fall einem Hyperkubus. Dagegen entspricht die Prozeß-region (Ist-Zustand der Produktparameter) bei angenommener elliptisch umrissener Verteilung[252] im zweidimensionalen Fall einer Ellipse und im mehrdimensionalen Fall einem Hyperellipsoid. Sind die Produktparameter $\underline{Y}^T = (Y_1,...,Y_m)$ z.B. m-dimensional normalverteilt, d.h. $\underline{Y} \sim N_m(\underline{\mu},\Sigma)$ mit $\Sigma > 0$, dann ist

---

[252] Vgl. Anhang A.2

$$(\underline{Y}_i - \underline{\mu}_y)^T \Sigma_{yy}^{-1} (\underline{Y}_i - \underline{\mu}_y) = c \qquad \text{(Gleichung 3.1-14)}$$

die Gleichung eines Hyperellipsoids. Somit stimmen die Form der Prozeß-region und die Form der Toleranzregion nicht überein. Zur Beseitigung dieses Problems wurde vom Verfasser die elliptische Tolerierung entwickelt. Dabei wird auf der Basis einer rechteckigen Toleranzregion eine elliptische Toleranz-region für die Produktparameter abgeleitet. Für einen Soll-Ist-Vergleich im Rahmen von multivariaten Prozeßfähigkeiten wird der Inhalt der Toleranz-region mit dem Inhalt der Prozeßregion verglichen.[253]

Grundsätzlich lassen sich mehrere Möglichkeiten der elliptischen Tolerierung unterscheiden. Die Unterschiede sollen anhand des zweidimensionalen standardisierten Falles vorgestellt werden. Grundsätzlich kann die elliptische Darstellung der Toleranzregion durch einen Kreis (unabhängiger Fall) oder durch eine Ellipse (abhängiger Fall) erfolgen. Eine weitere Unterscheidung kann zwischen einer geometrischen und einer statistischen Toleranzbe-grenzung getroffen werden. Bei der geometrischen Toleranzbegrenzung wird der Kreis bzw. die Ellipse so gewählt, daß diese genau in die rechteckige Toleranzregion passen. Somit begrenzt das Toleranzrechteck den Toleranz-kreis bzw. die Toleranzellipse. Dagegen wird bei der statistischen Toleranz-begrenzung der Toleranzkreis bzw. die Toleranzellipse auf der Basis einer Wahrscheinlichkeitsaussage festgelegt. Somit bedingt eine statistische Wahrscheinlichkeit die elliptische Toleranzregion. Die unterschiedlichen Möglichkeiten sind in Abbildung 3.1-7 zusammengefaßt.

Für den zweidimensionalen Fall der unabhängigen Toleranzellipse bei geometrischen Toleranzbegrenzung berechnet sich die Fläche F eines Kreises mit

$$F = \pi \cdot \prod_{j=1}^{2} \left(\frac{T_{oj} - T_{uj}}{2} \right),$$

im dreidimensionalen Fall das Volumen V einer Kugel mit

$$V = \frac{4}{3} \pi \cdot \prod_{j=1}^{3} \left(\frac{T_{oj} - T_{uj}}{2} \right).$$

Der Radius des Kreises bzw. der Kugel entspricht dabei der jeweiligen Hälfte des Toleranzintervalls der Produktparameter.

---

[253] Vgl. Kapitel 3.2.3

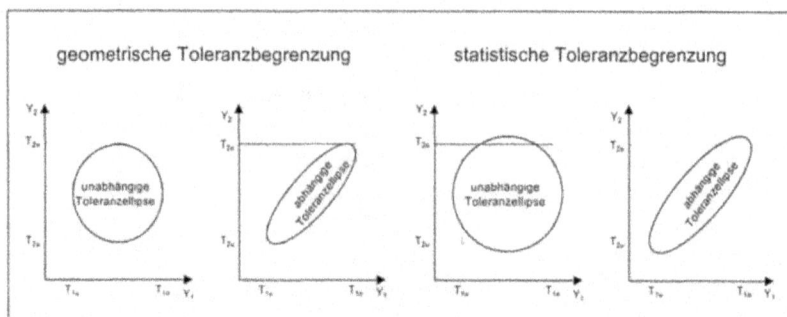

geometrische Toleranzbegrenzung   statistische Toleranzbegrenzung

Abbildung 3.1-7: Möglichkeiten der elliptischen Tolerierung

Statistisch betrachtet ergibt sich für eine Kugel dasselbe Volumen als $(1-\alpha)$ Prozent Wertebereich einer theoretisch hypothetischen Kovarianzmatrix Σ^{th}. Entsprechend der 3σ-Regel für die einzelnen Parameter ergibt sich der 99,73 %-ige Wertebereich einer kugelförmigen Wahrscheinlichkeitsregion mit

$$V = \left|\Sigma^{th}\right|^{1/2} \cdot \left(\pi \cdot \chi^2_{1,0.9973}\right)^{3/2} \cdot \left[\Gamma(3/2 + 1)\right]^{-1}$$

$$= \left[\prod_{j=1}^{3}\left(\frac{T_{oj} - T_{uj}}{6}\right)^2\right]^{1/2} \cdot (\pi 9)^{3/2} \cdot \left[\Gamma(3/2 + 1)\right]^{-1}, \quad \text{(Gleichung 3.1-15)}$$

$$= \frac{4}{3}\pi \cdot \prod_{j=1}^{3}\left(\frac{T_{oj} - T_{uj}}{2}\right),$$

wobei Γ der Gammafunktion und $\chi^2_{1,0.9973}$ dem 0.9973-Quantil der χ^2-Verteilung mit einem Freiheitsgrad entspricht. Dadurch, daß bei der geometrischen Toleranzbetrachtung lediglich ein Freiheitsgrad zur Berechnung des Volumens verwendet wird, beinhaltet die Toleranzhyperkugel im standardisierten Fall weniger als 99,73 Prozent aller Werte der theoretisch hypothetischen Kovarianzmatrix Σ^{th}. Allerdings paßt die Toleranzhyperkugel dadurch geometrisch genau in das Toleranzhyperquadrat. Die Nebendiagonalelemente von Σ^{th} sind aufgrund der Unabhängigkeitsannahme der Produktparameter bei der Berechnung der Toleranzkugel gleich Null. Die hypothetischen Varianzen auf der Hauptdiagonale von Σ^{th} berechnen sich mit

$$\left(\sigma_j^{th}\right)^2 = \left(\frac{T_{oj} - T_{uj}}{6}\right)^2,$$

wobei T_{oj} und T_{uj} die obere und untere Toleranzgrenze des j-ten Produktparameters sind, mit $j = 1, ..., m$. Somit entspricht σ_j^{th} der hypothetischen Standardabweichung, die entsprechend der 3σ-Regel genau sechs mal in das Toleranzintervall des j-ten Parameters paßt. Allgemein gilt bei der geometrischen Toleranzbetrachtung für jedes beliebige Hyperellipsoid[254]

$$\left|\Sigma^{th}\right|^{1/2} \cdot \left(\pi \cdot \chi_{1,0.9973}^2\right)^{m/2} \cdot \left[\Gamma(m/2+1)\right]^{-1}. \qquad \text{(Gleichung 3.1-16)}$$

Um bei der statistischen Toleranzbetrachtung den tatsächlichen 99,73 %-igen Wertebereich für die elliptische Toleranzregion zu erhalten, muß das Volumen des Toleranzhyperellipsoids mit m Freiheitsgraden berechnet werden, d.h. [255]

$$V = \left|\Sigma^{th}\right|^{1/2} \cdot \left(\pi \cdot \chi_{m,0.9973}^2\right)^{m/2} \cdot \left[\Gamma(m/2+1)\right]^{-1}. \text{(Gleichung 3.1-17)}$$

Soll die Abhängigkeitsstruktur der m Parameter ebenfalls berücksichtigt werden, so muß die theoretisch hypothetische Kovarianzmatrix Σ^{th} für die Korrelationsmatrix $\underline{R}$ wie folgt berechnet werden:[256]

$$\Sigma^{th} = \text{diag}\left(\frac{\underline{T}_o - \underline{T}_u}{6}\right) \cdot \underline{R} \cdot \text{diag}\left(\frac{\underline{T}_o - \underline{T}_u}{6}\right), \qquad \text{(Gleichung 3.1-18)}$$

wobei $\underline{T}_o$ dem Vektor der oberen und $\underline{T}_u$ dem Vektor der unteren Toleranzgrenzen entspricht. Damit ergibt sich durch diag(...) eine theoretisch hypothetische Matrix, deren Hauptdiagonalelemente dem sechsten Teil der Toleranzintervalle aller Parameter entspricht und deren Nebendiagonalelemente gleich Null sind. Genau wie bei der unabhängigen Betrachtung passen die theoretischen Standardabweichungen σ_j^{th} entsprechend der 3σ-Regel genau sechs mal in das Toleranzintervall des j-ten Produktparameters. Zusätzlich wird die Abhängigkeitsstruktur der m Parameter berücksichtigt.

---

[254] Vgl. Kotz, S. und N. L. Johnson [Capability Indices], S. 184
[255] Vgl. Taam, W., P. Subbaiah und J. W. Liddy [Multivariate Capability], S. 342 ff.
[256] Vgl. Jahn, W. [Prozesse], S. 444

3.2 Nachweis der Erfüllung von Anforderungen

Eine der zentralen Aufgaben eines Prozeßverantwortlichen im Rahmen der Statistischen Prozeßanalyse ist der Nachweis der Erfüllung aller Anforderungen, die durch seine internen oder externen Kunden definiert werden. Dazu wird das Kundenanforderungsprofil (KAP) im Rahmen der Spezifizierung zunächst durch die Festlegung von Produktparametern operationalisiert. Für die Produktparameter werden anschließend im Rahmen der Tolerierung Sollvorgaben in Form von Sollwerten und Toleranzintervallen berechnet. Der Nachweis, ob und wie das Ergebnis eines Prozesses den Sollvorgaben der Produktparameter entspricht, erfolgt mit Hilfe so genannter Prozeßfähigkeiten. Entsprechen die Produktparameter nicht ihren Anforderungen, so muß der Prozeß verbessert werden.

In diesem Abschnitt werden verschiedene Methoden und Verfahren zum Nachweis der Erfüllung der Kundenanforderungen vorgestellt. Der Nachweis erfolgt mit sogenannten Fähigkeiten. In der Arbeit werden lediglich Fähigkeiten für (multivariat) normalverteilte Produktparameter vorgestellt. Auf Fähigkeiten für andere Verteilungen wird lediglich verwiesen. Nach einigen Grundlagen werden zunächst univariate und anschließend multivariate Fähigkeiten vorgestellt. In Ergänzung zu den bestehenden Methoden wurde vom Verfasser eine multivariate Fähigkeit entwickelt.

3.2.1 Grundlagen von Fähigkeitsuntersuchungen

Der Nachweis der Erfüllung von Anforderungen erfolgt über einen Soll-Ist-Vergleich. Die Prozeßfähigkeit ist ein Soll-Ist-Vergleich[257] zwischen der Anforderung an einen Produktparameter und der Verteilung des Produktparameters, die dessen aktuellen Zustand beschreibt. Der Vergleich erfolgt durch die Division des Ist-Zustandes durch den Sollzustand. Im univariaten Fall entspricht der Soll-Zustand dem Toleranzintervall $[T_o - T_u]$. Der Ist-Zustand ist die Breite der Verteilung des Produktparameters, dargestellt durch $[\mu \pm 3\sigma]$ und geschätzt durch $[\overline{Y} \pm 3s]$. Entspricht der Erwartungswert (Mittelwert) nicht dem Sollwert des Produktparameters, so wird diese

---

[257] Vgl. Jahn, W. [Prozesse], S. 440, Veevers, A. [Viability], S. 545

Abweichung je nach Fähigkeitsindex durch einen Korrekturfaktor berücksichtigt.

Im multivariaten Fall der gemeinsamen Betrachtung mehrerer Produktparameter existieren ebenfalls mehrere Fähigkeitsindizes. Eine mögliche Unterscheidung dieser Indizes ist die Betrachtung der Form der Toleranzregion zur Berechnung der multivariaten Fähigkeiten. Zum einen gehen die univariaten Toleranzen im zweidimensionalen Fall als Rechteck bzw. im höherdimensionalen Fall als Hyperkubus in den Fähigkeitsindex ein. Zum anderen wird die rechteckige Toleranzregion durch eine elliptische Toleranzregion ersetzt.[258]

Prozeßfähigkeiten lassen sich, wie bereits erwähnt, in Anforderungs- und in Potential-Fähigkeiten untergliedern. Potential-Fähigkeiten beschreiben das inhärente Potential eines Prozesses, Produkte oder Dienstleistungen so zu produzieren, daß diese die vorgegebenen Anforderungen erfüllen.[259] Das Ziel von potentialorientierten Fähigkeiten ist somit das „Können" von Prozessen zu quantifizieren. Folgende Fälle lassen sich unterscheiden.

- Ist eine Potential-Fähigkeit gleich Eins, so wird das Potential des Prozesses voll ausgeschöpft.

- Ist eine Potential-Fähigkeit kleiner Eins, so hat der Prozeß noch Verbesserungspotential und kann weiter verbessert werden.

- Ist eine Potential-Fähigkeit größer Eins, besitzt der Prozeß nicht das Potential, den Kundenanforderungen zu genügen.

Anforderungsorientierte Prozeßfähigkeiten beschreiben dagegen den tatsächlichen Grad der Erfüllung der Anforderungen an die Produktparameter.[260] Methodisch unterscheiden sich potentialorientierte und anforderungsorientierte Fähigkeiten nicht. Der Unterschied ergibt sich durch die Art und Weise der Berechnung der Toleranzen.[261] Wird im Folgenden lediglich von „Toleranzen" gesprochen, so sind damit Anforderungs-Toleranzen gemeint. Analog beschreibt der Begriff „Fähigkeit" grundsätzlich eine Anforderungs-Fähigkeit. Auf die Berechnung von Potential-Fähigkeiten wird gesondert hingewiesen.

---

[258] Vgl. Chen, H. [Multivariate Process], S. 749
[259] Vgl. Jahn, W. [Prozesse], S. 440
[260] Vgl. Chen, H. [Multivariate Process], S. 749, Wierda, S. [Multivariate Process], S. 342
[261] Vgl. Kapitel 3.1.1

In diesem Kapitel werden Fähigkeiten für normalverteilte Produktparameter vorgestellt. Fähigkeiten für andere univariate Verteilungen sind der Literatur zu entnehmen.[262] Zunächst werden verschiedene univariate Prozeßfähigkeiten vorgestellt, anschließend multivariate Prozeßfähigkeiten.

3.2.2 Univariate Prozeßfähigkeiten

Mit Hilfe von univariaten Prozeßfähigkeiten wird ein Soll-Ist-Vergleich ausschließlich für einen Produktparameter durchgeführt. Zunächst werden die klassischen univariaten Prozeßfähigkeiten vorgestellt. Weitere univariate Fähigkeiten werden anschließend hinzugefügt, bevor ein Vergleich der vorgestellten Fähigkeiten das Kapitel abschließt. Für die Berechnung aller folgenden univariaten Fähigkeiten wird davon ausgegangen, daß der Produktparameter Y normalverteilt ist, d.h. $Y \sim N(\mu, \sigma)$, wobei μ dem Erwartungswert und σ der Standardabweichung der Grundgesamtheit des Produktparameters entspricht.

3.2.2.1 Klassische univariate Fähigkeitsindizes

Im univariaten Fall der sogenannten einfachen Prozeßfähigkeit C_p werden die Kundenanforderungen an einen Produktparameter, quantifiziert durch das Toleranzintervall, mit der Breite der Verteilung des Produktparameters verglichen. Nach der 3σ-Regel gilt, daß bei Normalverteilung von Y im Intervall $[\mu - 3\sigma, \mu + 3\sigma]$ ca. 99,73 % aller Werte der Grundgesamtheit liegen.[263] Grafisch ist dieser Zusammenhang in Abbildung 3.2-1 dargestellt. Abbildung 3.2-1 zeigt die Breite der Verteilung des Produktparameters Y und das dazugehörende Toleranzintervall sowie die Abweichung zwischen dem Sollwert M und dem Erwartungswert μ.

Die einfache Prozeßfähigkeit C_p berechnet sich bei symmetrisch um den Sollwert angeordneten Toleranzgrenzen als Verhältnis zwischen der Toleranzbreite und der Breite der Verteilung zu[264]

---

[262] Vgl. Kotz, S. und N. L. Johnson [Capability Indices], S. 78 ff. und S. 135 ff., Jahn, W. [Prozesse], S. 441 f., Jahn, W. [Calculation], S. 24 ff.
[263] Vgl. Alt, F. B. und N. D. Smith [Process Control], S. 333 ff.
[264] Vgl. DGQ [SPC 2], S. 23 ff.

$$C_p = \frac{\text{Toleranzbreite}}{\text{Breite der Verteilung}} = \frac{T_o - T_u}{6\sigma}. \text{(Gleichung 3.2-1)}$$

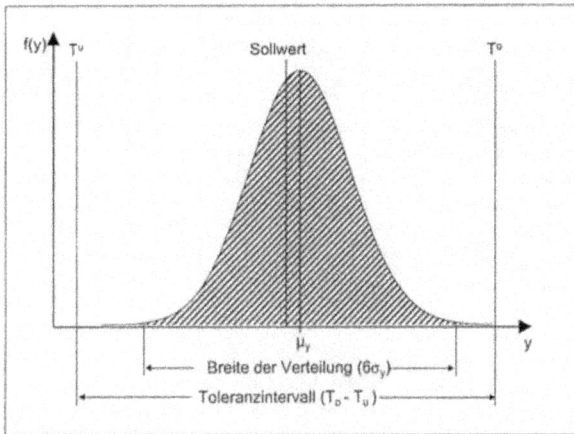

Abbildung 3.2-1: Toleranzintervall und Breite einer Verteilung

Ein $C_p < 1$ bedeutet, daß die Verteilung des Produktparameters breiter als das Toleranzintervall ist, d.h. die Anforderungen an den Produktparameter werden nicht erfüllt. Bei einem $C_p > 1$ ist das Toleranzintervall breiter als die Verteilung. Dennoch können hierbei Fehler auftreten, da eine systematische Abweichung des Erwartungswertes vom Sollwert nicht berücksichtigt wird. Systematische Abweichung entstehen, wenn der Sollwert eines Parameters nicht eingehalten werden kann, z.B. durch eine falsche Einstellung einer Maschine oder durch eine fehlerhafte Planung eines Prozesses. In diesem Fall wird die einfache Prozeßfähigkeit mit dem Korrekturfaktor k korrigiert. Es gilt

$$k = \frac{|M - \mu|}{(T_o - T_u)/2}. \quad \text{(Gleichung 3.2-2)}$$

Daraus berechnet sich die korrigierte Prozeßfähigkeit C_{pk} mit

$$C_{pk} = C_p(1 - k). \quad \text{(Gleichung 3.2-3)}$$

Alternativ und zusätzlich bei nicht symmetrischen Toleranzgrenzen gilt[265]

---

[265] Vgl. Farnum, N. R. [Modern Quality], S. 223 ff.

$$C_{pk} = \min \left\{ \frac{T_o - \mu}{3\sigma}, \frac{\mu - T_u}{3\sigma} \right\}$$

$$= \min \left\{ C_{pk}^o, C_{pk}^u \right\}$$

Die korrigierte Prozeßfähigkeit C_{pk} entspricht dem Minimum der beiden einseitigen korrigierten Prozeßfähigkeiten C_{pk}^o und C_{pk}^u. Bei einseitigen Fähigkeiten wird jeweils nur eine Hälfte der Verteilung mit der entsprechenden oberen oder unteren Toleranzhälfte verglichen. Es gilt[266]

$$C_p^o = \frac{T_o - M}{3\sigma},$$

$$C_p^u = \frac{M - T_u}{3\sigma},$$

wobei C_p^o der einfachen oberen und C_p^u der einfachen unteren Prozeßfähigkeit entspricht. Die Korrektur der einseitigen Prozeßfähigkeiten kann ebenfalls über einen Korrekturfaktor erfolgen. Es gilt

$$k^o = \frac{\mu - M}{T_o - M},$$

$$k^u = \frac{\mu - T_u}{M - T_u}.$$

Somit gilt bei symmetrischer Anordnung der Toleranzgrenzen um den Sollwert[267]

$$C_{pk}^o = C_p^o (1 - k^o) = \frac{T_o - \mu}{3\sigma},$$

$$C_{pk}^u = C_p^u (1 - k^u) = \frac{\mu - T_u}{3\sigma}.$$

Stimmen Erwartungswert und Sollwert genau überein, so sind die einfache und die korrigierte Prozeßfähigkeit gleich. Je größer C_{pk}, desto höher ist der

---

[266] Vgl. Jahn, W. [Prozesse], S. 442
[267] Vgl. Montgomery, D. C. und G. C. Runger [Applied Statistics], S. 855 f.

prozentuale Anteil aller Werte des Produktparameters innerhalb des Toleranzintervalls. Gilt $C_p = C_{pk} = 1$, so liegen 99,73 Prozent aller Werte der Grundgesamtheit des Produktparameters innerhalb des Toleranzintervalls. Je größer der Unterschied zwischen C_p und C_{pk}, desto größer die Differenz zwischen Sollwert und Erwartungswert. Bei $C_{pk} = 0$ liegt der Erwartungswert genau auf der oberen oder unteren Toleranzgrenze, so daß 50 Prozent der Werte des Produktparameters außerhalb des Toleranzintervalls liegen. Überschreitet der Erwartungswert eine Toleranzgrenze wird C_{pk} negativ. Die Interpretation der einseitigen Prozeßfähigkeiten C_p^o und C_p^u erfolgt analog, wobei jeweils nur die obere bzw. die untere Toleranzgrenze relevant ist. Die Werte der einfachen und korrigierten Prozeßfähigkeiten C_p und C_{pk} sowie deren Konsequenzen für die Steuerung und Regelung von Prozessen sind in Abbildung 3.2-2 zusammengefaßt.

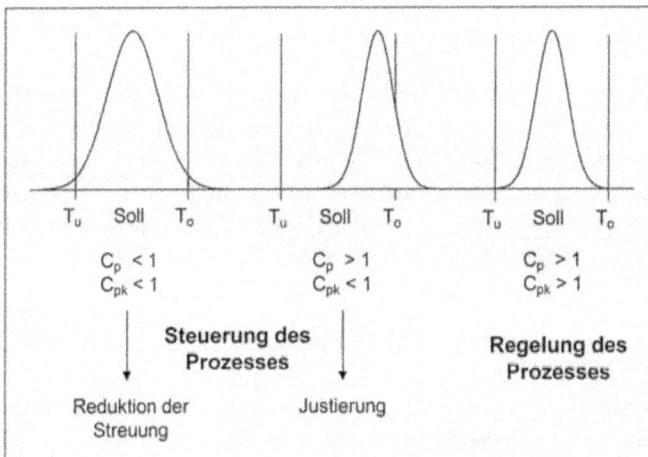

Abbildung 3.2-2: Entscheidungen auf der Basis von Prozeßfähigkeiten[268]

Gilt $C_p < 1$ und $C_{pk} < 1$, wo muß der Prozeß durch eine Reduktion der Streuung des Produktparameters verbessert werden. Gilt $C_p > 1$ aber $C_{pk} < 1$, so paßt die Breite der Verteilung grundsätzlich in das Toleranzintervall. Allerdings weicht der Erwartungswert vom Sollwert ab. Somit muß eine Verbesserung des Prozesses durch eine Justierung des Produktparameters

---

[268] Quelle: Jahn, W. [Prozesse], S. 442

erfolgen. Gilt $C_p > 1$ und $C_{pk} > 1$, so wird der Prozeß als „fähig" bezeichnet. Über die Regelung des Prozesses soll anschließend gewährleistet werden, daß der Prozeß über die Zeit stabil bleibt und somit weiterhin fähig ist. Damit sind alle möglichen Ausprägungen der einfachen und korrigierten Prozeß-fähigkeiten interpretiert, da C_{pk} nie größer als C_p sein kann.

Da der Erwartungswert μ und die Standardabweichung der Grundgesamtheit σ unbekannt sind, werden diese bei der Berechnung der vorgestellten Prozeß-fähigkeiten durch ihre Schätzwerte $\overline{Y}$ und s ersetzt. Die Streuung von $\overline{Y}$ und s wird bei der Berechnung und bei der Interpretation der Prozeßfähigkeiten nicht berücksichtigt. Die Aussagen, die mit Hilfe der Prozeßfähigkeiten gemacht werden, gelten nur für die unbekannte Grundgesamtheit des Produktparameters exakt, für die Schätzungen von C_p und C_{pk} nur näherungsweise.[269]

3.2.2.2 Andere univariate Fähigkeiten

Um eine bessere Beurteilung der Erfüllung der Anforderungen an einen Produktparameter zu erreichen, wurden weitere univariate Fähigkeiten entwickelt, die auf der Basis der einfachen Prozeßfähigkeit C_p eine alternative Korrektur vornehmen. Dabei soll u.a. der Zusammenhang zwischen dem Ausschuß, d.h. des Anteils der Werte für einen Produktparameter außerhalb des Toleranzintervalls und dem Wert für den Prozeßfähigkeitsindex deutlicher und nachvollziehbarer werden.

Ein wichtiger korrigierter Prozeßfähigkeitsindex ist der sogenannte C_{pm}. Die Korrektur bei der Berechnung des C_{pm} erfolgt durch die Division der einfachen Prozeßfähigkeit C_p durch einen Faktor D. Dieser Faktor berücksichtigt die standardisierte quadrierte Differenz zwischen dem Erwartungswert und dem Sollwert. Damit soll die Abweichung zwischen dem Sollwert und dem Erwartungswert eines Produktparameters, zumindest bei einer geringen Abweichung, genauer berücksichtigt werden. Es gilt[270]

---

[269] Vgl. Kotz, S. und N. L. Johnson [Capability Indices], S. 43 ff.
[270] Vgl. Subbaiah, P. und W. Taam [Inference], S. 540

$$C_{pm} = \frac{T_o - T_u}{6\sigma_T} = \frac{T_o - T_u}{6\sqrt{\sigma^2 + (\mu - M)^2}}$$

(Gleichung 3.2-4)

$$= \frac{C_p}{\sqrt{1 + \left(\frac{\mu - M}{\sigma}\right)^2}} = \frac{C_p}{D}.$$

σ_T entspricht der Wurzel der mittleren quadratischen Abweichung des Produktparameters Y vom Sollwert M.[271]

Im Gegensatz zu der korrigierten Prozeßfähigkeit C_{pk} kann der C_{pm} nicht negativ werden. Je größer der Faktor D wird, desto kleiner wird der C_{pm} und desto größer ist der Anteil von Produkten, die außerhalb des Toleranzintervalls liegen. Der C_{pm} kann nochmals korrigiert werden. Allgemein gilt[272]

$$C_{pmk} = \frac{\min\{(T_o - \mu), (\mu - T_u)\}}{3\sqrt{\sigma^2 + (\mu - M)^2}} = \min\{C_{pm}^o, C_{pm}^u\}, \quad \text{(Gleichung 3.2-5)}$$

wobei C_{pm}^o und C_{pm}^u die obere und untere einseitige Prozeßfähigkeit des C_{pm} sind. Diese berechnen sich mit

$$C_{pm}^o = \frac{T_o - M}{3\sigma_T},$$

$$C_{pm}^u = \frac{M - T_u}{3\sigma_T}.$$

Sind die Toleranzgrenzen symmetrisch um den Sollwert angeordnet, gilt analog der Korrektur des C_p durch den Korrekturfaktor k

$$C_{pmk} = C_{pm}(1 - k). \quad \text{(Gleichung 3.2-6)}$$

Die Anwendung des C_{mpk} wird nur empfohlen, wenn der Sollwert innerhalb des Toleranzintervalls liegt.[273] Ist die Abweichung zwischen dem Sollwert und dem Erwartungswert größer, kann mit dem C_{pk} eine bessere Aussage getroffen werden, da dieser Index dann negativ wird. Zur Schätzung des C_{pm} und des

---

[271] Vgl. Fink, J. und J. Wolff [Process Capability], S. 209, Kotz, S. und N. L. Johnson [Capability Indices], S. 89

[272] Vgl. Pearn, W. L., S. Kotz und N. L. Johnson [Capability Indices], S. 218

[273] Vgl. Jessenberger, J. und C. Weihs [Multivariate Analogue], S. 5

C_{pmk} werden μ und σ durch ihre Schätzwerte $\overline{Y}$ und s ersetzt, die aus einer Stichprobe von N Prozeßrealisationen berechnet werden. Für den Korrektur-faktor D erfolgt eine weitere Anpassung mit[274]

$$\hat{D} = \sqrt{1 + \frac{N}{N-1} \cdot \left(\frac{\overline{Y} - M}{s}\right)^2} \, . \qquad \text{(Gleichung 3.2-7)}$$

Eine andere Korrektur der einfachen Prozeßfähigkeit C_p erfolgt durch den sogenannten Index C_{pq}. Es gilt[275]

$$C_{pq} = C_p \left[1 - \frac{1}{2} \cdot \left(\frac{\mu - M}{\sigma}\right)^2\right] . \qquad \text{(Gleichung 3.2-8)}$$

Der C_{pq} ist wie der C_{pk}, der C_{pm} und der C_{pmk} stets kleiner als der C_p. Er wird Null, wenn die quadrierte standardisierte Differenz zwischen dem Erwartungs-wert und dem Sollwert eines Produktparameters genau den Wert Zwei annimmt. Diese Aussage gilt unabhängig von der Breite des Toleranz-intervalls. Deshalb wird der Einsatz dieser Fähigkeit nur empfohlen, wenn die Differenz zwischen Erwartungswert und Sollwert bezogen auf die Kovarianz des Produktparameters gering ist.[276] Zur Schätzung des C_{pq} werden μ und σ durch ihre Schätzwerte $\overline{Y}$ und s ersetzt.

Ein alternativer Index zur Prozeßbeurteilung wurde von Veevers[277] entwickelt. Dieser sogenannte Viabilitätsindex V_r[278] läßt sich ebenfalls aus der einfachen Prozeßfähigkeit C_p ableiten. Es gilt

$$V_r = 1 - \frac{1}{C_p}$$

$$\text{(Gleichung 3.2-9)}$$

$$= \frac{w}{T_o - T_u},$$

---

[274] Vgl. Subbbaiah, P. und W. Taam [Inference], S. 543 ff.

[275] Vgl. Gupta, A. K. und S. Kotz [New process capability], S. 215 ff.

[276] Vgl. Gupta, A. K. und S. Kotz [New process capability], S. 223 f.

[277] Vgl. Veevers, A. [Viability], S.548 ff.

[278] Der Begriff Viabilitätsindex ergibt sich aus der Originalbezeichnung "Viability", der ebenfalls "Fähigkeit" bedeutet.

wobei w als Opportunitätsintervall definiert ist, in dem sich der Erwartungswert der Verteilung des Produktparameters bewegen kann, ohne daß bei angenommener Normalverteilung mehr als 0,27 Prozent der Werte außerhalb der Toleranzgrenzen liegen. Das Opportunitätsintervall berechnet sich mit[279]

$$w = T_o - T_u - 6\sigma.$$

Ist der Prozeß nicht fähig, so ist das 6σ-Intervall größer als das Toleranz-intervall, w wird negativ und somit auch der Index V_r. Bei $V_r = 0$ gilt $C_p = 1$. Je größer die einfache Prozeßfähigkeit C_p, desto größer ist der V_r. Zur Schätzung des V_r werden μ und σ ebenfalls durch ihre Schätzwerte $\overline{Y}$ und s ersetzt.

3.2.2.3 Vergleich univariater Fähigkeiten

Alle vorgestellten univariaten Prozeßfähigkeiten ergeben bei gleichen Situationen unterschiedliche Werte und müssen deshalb unterschiedlich interpretiert werden. Deshalb sollen in diesem Abschnitt die verschiedenen Indizes verglichen werden. Da alle bisher vorgestellten Fähigkeiten auf der einfachen Prozeßfähigkeit C_p basieren, ist insbesondere die Berücksichtigung der Differenz zwischen dem Erwartungswert und dem Sollwert von Bedeutung. Dazu wird in Abbildung 3.2-3 die Entwicklung der Werte für die korrigierten Prozeßfähigkeiten C_{pk}, C_{pm}, C_{pmk} und C_{pq} in Abhängigkeit der standardisierten Abweichung des Erwartungswertes vom Sollwert berücksichtigt. Bei dem folgenden Vergleich wird davon ausgegangen, daß $C_p = 1$ gilt.

Abbildung 3.2-3 zeigt die unterschiedlichen Entwicklungen der korrigierten Prozeßfähigkeiten in Abhängigkeit der standardisierten Abweichungen zwischen dem Erwartungswert und dem Sollwert. Als Referenz soll die klassische Korrektur des C_p über den Korrekturfaktor k definiert werden. Beim C_{pk} wird die Differenz zwischen dem Erwartungswert und dem Sollwert linear berücksichtigt. Beträgt die Differenz 3σ, so gilt $C_{pk} = 0$, bei einer Differenz von 6σ gilt $C_{pk} = -1$.

---

[279] Vgl. Veevers, A. [Viability], S. 549

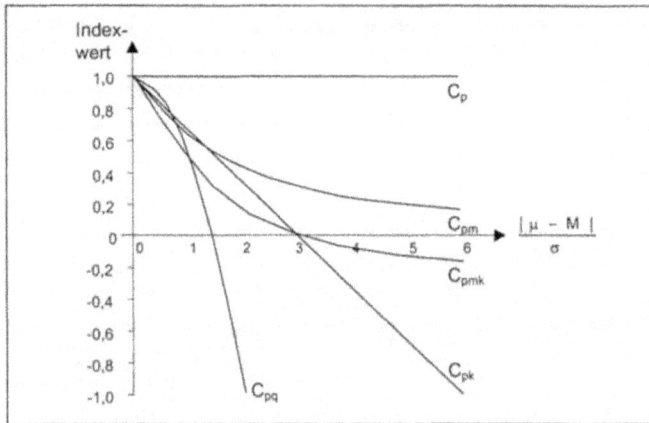

Abbildung 3.2-3: Entwicklung ausgewählter univariater Prozeßfähigkeiten

Eine alternative Korrektur erfolgt bei der Berechnung des C_{pm}. Hierbei wird die Differenz zwischen dem Erwartungswert und Sollwert über eine quadratische Korrektur berücksichtigt. Der C_{pm} wird dabei nie negativ. Beträgt die Differenz zwischen dem Erwartungswert und Sollwert 3σ, so gilt $C_{pm} = 0,313$, bei einer Differenz von 6σ gilt $C_{pm} = 0,163$. Der C_{mpk} wird bei einer Differenz zwischen dem Erwartungswert und dem Sollwert von 3σ analog dem C_{pk} gleich Null aber aufgrund der quadratischen Differenzberücksichtigung bei einer Differenz von 6σ gilt $C_{pmk} = -0,163$. Der C_{pq} wird sehr schnell sehr klein bzw. negativ. Bei einer Differenz zwischen dem Erwartungswert und dem Sollwert von 3σ beträgt der $C_{pq} = -3,5$, bei einer Differenz von 6σ gilt $C_{pq} = -17$. Der Viabilitätsindex V_r wird bei diesem Vergleich nicht berücksichtigt, da bei $C_p = 1$ $V_r = 0$ ist und sich dieser Index somit nicht unmittelbar mit den anderen Indizes vergleichen läßt.

Eine eindeutige Empfehlung zur Verwendung eines bestimmten korrigierten Prozeßfähigkeitsindex soll nicht getroffen werden. In der betrieblichen Praxis hat sich neben dem C_p der C_{pk} durchgesetzt,[280] da sich aufgrund der Werte dieser beiden Indizes die Art der Prozeßverbesserung einfach feststellen läßt.[281] Ebenfalls von Bedeutung ist der C_{pm}, der eine Abweichung zwischen dem Erwartungswert und dem Sollwert in quadratischer Form berücksichtigt.

---

[280] Vgl. Bernecker, K. [SPC 3], S. 22 ff., VDA [Qualitätsmanagement], S. 134 ff.
[281] Vgl. Abbildung 3.2-2

3.2.3 Multivariate Prozeßfähigkeiten

Ein Produkt wird im Normalfall durch mehr als einen, nicht unabhängigen Produktparameter beschrieben. Werden lediglich univariate Prozeßfähigkeiten zur Beurteilung der Erfüllung der Anforderungen an die einzelnen Produktparameter berechnet, so kann die Situation auftreten, daß einige Produktparameter ihren Anforderungen genügen, andere dagegen nicht. Eine Entscheidung, ob dann ein Produkt seinen Anforderungen genügt, ist bei dieser Konstellation nicht eindeutig möglich. Dies ist darauf zurückzuführen, daß

- die korrigierten Prozeßfähigkeiten der Produktparameter $C_{pk,j}$, $j = 1, \ldots, m$ keine Halbordnung von Vektoren sind,

- die Abhängigkeitsstruktur der Produktparameter unberücksichtigt bleibt und

- die Irrtumswahrscheinlichkeit $(1-\alpha)$ für m Produktparameter nicht berücksichtigt wird.

Multivariate Prozeßfähigkeiten als Element der Statistischen Prozeßanalyse ermöglichen dagegen eine Beurteilung der simultanen Erfüllung aller relevanten Anforderungen an ein Produkt mittels eines Indizes. Dabei werden neben der Abhängigkeitsstruktur der Produktparameter auch die Differenz zwischen dem Vektor der Erwartungswerte und dem Vektor der Sollwerte für alle Produktparameter, die ein Produkt beschreiben, berücksichtigt.[282] Im folgenden wird davon ausgegangen, daß alle Produktparameter multivariat normalverteilt sind. Diese Einschränkung soll analog der Einschränkung bei der Berechnung von Sollvorgaben durch die hohe praktische Relevanz der Normalverteilung gerechtfertigt werden.

Ein reiner Flächenvergleich zwischen der Toleranzregion und der Prozeßregion als Erweiterung des univariaten Vergleichs zwischen dem Toleranzintervall und der Breite der Verteilung ist, wie bereits erwähnt, aufgrund der unterschiedlichen Formen problematisch (vgl. Abbildung 3.2-4). Aus diesem Grund wurden verschiedene Ansätze entwickelt, die dieses Problem lösen sollen. Im folgenden soll zwischen multivariaten Fähigkeiten auf der Basis von rechteckigen und elliptischen Toleranzregionen unterschieden werden. Basieren die Berechnungen einer multivariaten Fähigkeit auf dem Vektor der einzelnen Toleranzintervalle aller Produktparameter, wird von multivariaten

---

282 Vgl. Kotz, S. und N. L. Johnson [Capability Indices], S. 180 ff.

Fähigkeiten auf der Basis rechteckiger Toleranzregionen gesprochen. Wird dagegen im Rahmen der elliptischen Tolerierung[283] die Toleranzregion durch den Inhalt einer Ellipse bzw. eines Hyperellipsoids beschrieben, wird von multivariaten Fähigkeiten auf der Basis elliptischer Toleranzregionen gesprochen.

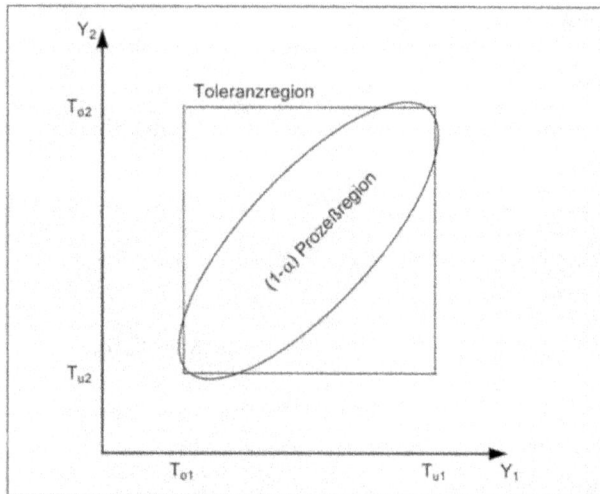

Abbildung 3.2-4: Prozeß- und Toleranzregion im zweidimensionalen Fall

Bei den folgenden Methoden zur Berechnung von multivariaten Fähigkeiten wird davon ausgegangen, daß alle m Produktparameter m-dimensional multivariat normalverteilt sind, d.h. $\underline{Y}^T \sim N_m(\underline{\mu}, \Sigma_{yy})$, wobei $\underline{\mu}^T = (\mu_1, ..., \mu_m)$ der Vektor der Erwartungswerte und Σ_{yy} die Kovarianzmatrix aller Produktparameter ist. Der Vektor der Toleranzintervalle $\underline{T}^T = (T_1, ..., T_m)$ ergibt sich als Differenz zwischen den oberen und den unteren Toleranzgrenzen für alle Produktparameter, d.h. $T_j = T_{oj} - T_{uj}$, j = 1, ..., m. Alle Toleranzen seien des weiteren symmetrisch um die Sollwerte $\underline{M}^T = (M_1, ..., M_m)$ angeordnet.

---

[283] Vgl. Kapitel 3.1.3

3.2.3.1 Multivariate Fähigkeiten auf der Basis rechteckiger Toleranz-regionen

In diesem Kapitel werden drei multivariate Prozeßfähigkeiten ausführlich vorgestellt, die sich auf der Basis rechteckiger Toleranzregionen berechnen. Hierbei handelt es sich um die Produktfähigkeiten nach Jahn,[284] den multivariaten Prozeßfähigkeitsvektor noch Shahriari, Hubele und Lawrence[285] sowie den multivariaten Prozeßfähigkeitsindex nach Veevers.[286] Lediglich verwiesen werden soll dagegen auf die multivariaten Prozeßfähigkeitsindizes von Chen[287] und Wierda,[288] die aufgrund ihrer komplexen Berechnungen, verbunden mit einem sehr hohen Rechenaufwand, für eine größere Anzahl von Produktparametern nicht anwendbar sind.

Die Produktfähigkeiten PC_p und PC_{pk} nach Jahn können als multivariate Erweiterungen der klassischen univariaten Prozeßfähigkeiten C_p und C_{pk} betrachtet werden, da analog den univariaten Prozeßfähigkeiten C_p und C_{pk} die einfache Produktfähigkeit PC_p über einen multivariaten Korrekturfaktor K zur Produktfähigkeit PC_{pk} korrigiert wird. Die einfache Produktfähigkeit PC_p berechnet sich nach der Beziehung[289]

$$PC_p = \sqrt{\frac{1}{36 \cdot m}(\underline{T}_o - \underline{T}_u)^T \Sigma_{yy}^{-1}(\underline{T}_o - \underline{T}_u)}.$$ (Gleichung 3.2-10)

Zur Berechnung der korrigierten Prozeßfähigkeit PC_{pk} wird zunächst der Korrekturfaktor

$$K = \frac{\sqrt{(\underline{\mu} - \underline{M})^T \left(\Sigma_{yy}^{th}\right)^{-1}(\underline{\mu} - \underline{M})}}{\sqrt{(\underline{T}_o - \underline{M})^T \left(\Sigma_{yy}^{th}\right)^{-1}(\underline{T}_o - \underline{M})}}$$ (Gleichung 3.2-10)

berechnet, wobei Σ_{yy}^{th} die theoretisch hypothetische Kovarianzmatrix ist.[290] Die korrigierte Produktfähigkeit ergibt sich wie im univariaten Fall mit

$$PC_{pk} = PC_p(1 - K).$$ (Gleichung 3.2-11)

---

[284] Vgl. Jahn, W. [Prozesse], S. 442 ff.
[285] Vgl. Wang u.a. [Multivariate Capability], S. 265
[286] Vgl. Veevers, A. [Viability], S. 545 ff.
[287] Vgl. Chen, H. [Multivariate Process], S. 749 ff.
[288] Vgl. Wierda, S. [Multivariate Process], S. 342 ff.
[289] Vgl. Jahn, W. [Prozesse], S. 444 f.
[290] Vgl. Gleichung 3.1-18

Im bivariaten Fall läßt sich die einfache Produktfähigkeit auch in Abhängigkeit der beiden univariaten Prozeßfähigkeiten $C_{p.j}$, $j = 1, 2$ darstellen. Es gilt

$$PC_p = \sqrt{\frac{(C_{p.1})^2 + (C_{p.2})^2 - 2 \cdot C_{p.1} \cdot C_{p.2} \cdot r_{12}}{2(1 - r_{12})(1 + r_{12})}}.$$

Sind beide Produktparameter unabhängig (Korrelationskoeffizient $r_{12} = 0$), so ist der PC_p die Wurzel aus den quadrierten Mittelwerten der beiden univariaten einfachen Prozeßfähigkeiten. Für den Sonderfall $\Sigma = \underline{R}$ und $C_{p.j} = 1$ läßt sich die einfache Produktfähigkeit grafisch interpretieren. In diesem Fall gilt

$$PC_p = \sqrt{\frac{1}{1 + r_{12}}},$$

wobei $(1 + r_{12}) = \lambda_1$, d.h. der größere der beiden Eigenwerte von $\underline{R}_{yy}$ ist. Der PC_p entspricht in diesem Fall somit dem Verhältnis Eins zur Länge der 1. Hauptachse der Prozeßellipse. In Abbildung 3.2-5 ist dieser Zusammenhang dargestellt.

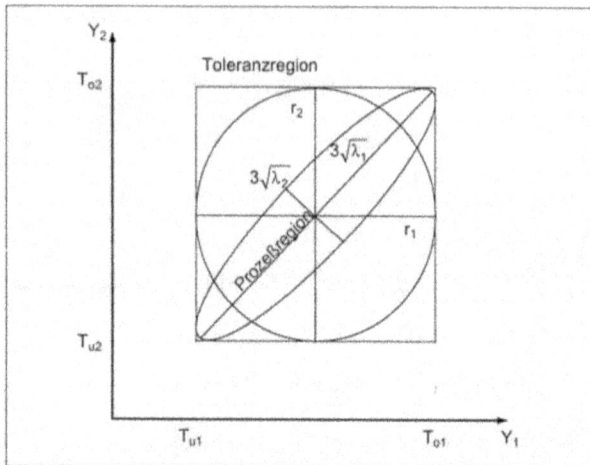

Abbildung 3.2-5: Grafische Interpretation der einfachen Produktfähigkeit

In der Abbildung 3.2-5 entspricht $3\sqrt{\lambda_j}$ der Länge der beiden Hauptachsen der Prozeßellipse und $r_1 = r_2$ dem Radius des Kreises, der genau in das Toleranzquadrat paßt.

Die Produktfähigkeiten werden analog den univariaten Prozeßfähigkeiten C_p und C_{pk} interpretiert. Bei Unabhängigkeit der m Produktparameter und $C_{p,j} = 1$, $j = 1, ..., m$, gilt $C_{p,j} = PC_p$. Bei der Berechnung des Korrekturfaktors K wird die Abhängigkeitsstruktur der Produktparameter berücksichtigt. Entfernt sich der Erwartungswertvektor der Produktparameter vom Sollwertvektor, wird K größer, wobei die Abhängigkeitsstruktur der Produktparameter berücksichtigt wird. Liegt der Erwartungswertvektor außerhalb der durch den Korrekturfaktor definierten Toleranzregion, so wird der PC_{pk} negativ. Bei einem hohen Grad an Multikollinearität[291] kann der PC_p sehr klein werden. In diesem Fall sollten die Toleranzen der Produktparameter überprüft werden. Auf der Basis der Werte der beiden Indizes PC_p und PC_{pk} können analog dem univariaten Fall Aussagen über die Notwendigkeit der Steuerung und Regelung eines Prozesses getroffen werden. Abbildung 3.2-6 zeigt den Zusammenhang für den zweidimensionalen Fall.

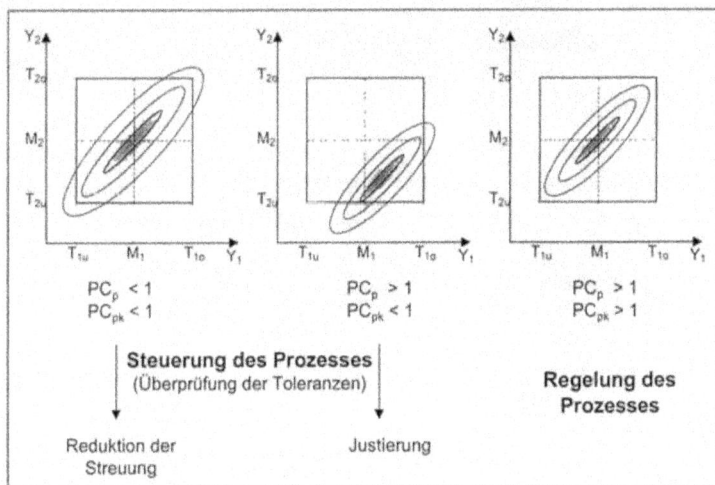

Abbildung 3.2-6: Entscheidungen auf der Basis von Produktfähigkeiten

---

[291] Vgl. Kapitel 3.3.1.5

Bei bestimmten Fragestellungen kann jeweils nur die obere oder untere Toleranzgrenze für die Beurteilung der Produktparameter relevant sein. So kann z.B. bei der Beurteilung des Produktes eines Geschäftsprozesses durch die beiden Produktparameter Prozeßkosten und Prozeßdauer[292] nur die jeweils obere Toleranzgrenze von Bedeutung sein, da geringere Kosten und eine kürzere Bearbeitungszeit nicht als Fehler anzusehen ist. Die einseitigen Produktfähigkeiten berechnen sich mit

$$PC_p^o = \sqrt{\frac{1}{9 \cdot m}(\underline{T}_o - \underline{M})^T \Sigma_{yy}^{-1}(\underline{T}_o - \underline{M})},$$

$$PC_p^u = \sqrt{\frac{1}{9 \cdot m}(\underline{M} - \underline{T}_u)^T \Sigma_{yy}^{-1}(\underline{M} - \underline{T}_u)}.$$

Die korrigierten einseitigen Produktfähigkeiten berechnen sich anlog dem zweiseitigen Fall, wobei sich die theoretisch hypothetische Kovarianzmatrix mit

$$\Sigma_{yy}^{th} = diag\left(\frac{\underline{T}_o - \underline{M}}{3}\right) \cdot \underline{\underline{R}}_{yy} \cdot diag\left(\frac{\underline{T}_o - \underline{M}}{3}\right)$$

oder

$$\Sigma_{yy}^{th} = diag\left(\frac{\underline{M} - \underline{T}_u}{3}\right) \cdot \underline{\underline{R}}_{yy} \cdot diag\left(\frac{\underline{M} - \underline{T}_u}{3}\right)$$

berechnet. Weiterhin muß bei der Berechnung des Korrekturfaktors berücksichtigt werden, ob der Erwartungswertvektor oberhalb oder unterhalb des Sollwertvektors liegt. Dies erfolgt mit Hilfe der Summe der standardisierten Abweichung zwischen den Erwartungswerten und den Sollwerten. Es gilt[293]

$$K = \begin{cases} +K & \text{für} \quad \sum_{j=1}^{m}\frac{\mu_j - M_j}{\sigma_j} \geq 0 \quad \text{bei } PC_p^o \text{ und } \sum_{j=1}^{m}\frac{\mu_j - M_j}{\sigma_j} \leq 0 \quad \text{bei } PC_p^u \\ -K & \text{für} \quad \sum_{j=1}^{m}\frac{\mu_j - M_j}{\sigma_j} \leq 0 \quad \text{bei } PC_p^o \text{ und } \sum_{j=1}^{m}\frac{\mu_j - M_j}{\sigma_j} \geq 0 \quad \text{bei } PC_p^u. \end{cases}$$

---

[292] Vgl. Kaufmann, L. [Komplexitäts-Index], S. 212 f.
[293] Vgl. Braun [Kennzahlen], S. 16

Liegt z.B. der Erwartungswertvektor bei der oberen einseitigen Produktfähigkeit PC_p^o unterhalb des Sollwertvektors, so wird der Korrekturfaktor K negativ, was zu einer Erhöhung der korrigierten einseitigen Produktfähigkeit führt. Die Interpretation der einseitigen Produktfähigkeiten erfolgt analog dem univariaten Fall. Zur Berechnung der Produktfähigkeiten werden die Erwartungswerte μ_j und die Kovarianzmatrix Σ_{yy} durch ihre Schätzwerte $\overline{Y}_j$ bzw. $\underline{S}_{yy}$ ersetzt.

Beim multivariaten Prozeßfähigkeitsvektor (C_{pM}, PV, LI) nach Shahriari, Hubbele und Lawrence wird im standardisierten Fall das Hyperellipsoid der Prozeßregion durch einen Hyperquader (modifizierte Prozeßregion) eingeschlossen, der seinerseits mit der Toleranzregion in Beziehung gesetzt wird. In Abbildung 3.2-7 ist dieser Zusammenhang für den zweidimensionalen Fall dargestellt.

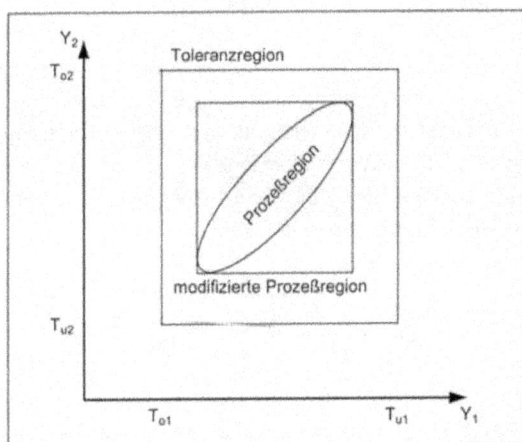

Abbildung 3.2-7: Toleranzregion und modifizierte Prozeßregion

Das erste Element des multivariaten Prozeßfähigkeitsvektors, der C_{pM} berechnet sich nach der Beziehung[294]

$$C_{pM} = \left(\frac{\text{Toleranzregion}}{\text{modifizierte Prozeßregion}} \right)^{1/m}$$

---

[294] Vgl. Wang u.a. [Multivariate Capability], S. 265 ff.

$$= \left(\frac{\prod\limits_{j=1}^{m} (T_{oj} - T_{uj})}{\prod\limits_{j=1}^{m} (T_{oj}^* - T_{uj}^*)} \right)^{1/m} . \qquad \text{(Gleichung 3.2-12)}$$

Die Grenzen der modifizierten Prozeßregion (T_{oj}^*, T_{uj}^*) lassen sich mit der Gleichung 3.1-7 berechnen. Somit werden die Grenzen der modifizierten Prozeßregion wie die potentialorientierten Toleranzen auf der Basis der Produktparameter ermittelt.[295] Dies hat zur Folge, daß der C_{pM} größer wird, je höher der Grad der Multikollinearität der Produktparameter ist, da dadurch die bedingten Varianzen einzelner Produktparameter sehr klein werden.

Das zweite Element des multivariaten Prozeßfähigkeitsvektors berücksichtigt unter Zuhilfenahme der T^2-Statistik von Hotelling[296] die Differenz zwischen dem Mittelwertvektor $\underline{Y}^T = (\bar{Y}_1, ..., \bar{Y}_m)$ und dem Sollwertvektor $\underline{M}^T = (M_1, ..., M_m)$. Es gilt

$$T^2 = N(\bar{Y} - \underline{M})^T \underline{S}_{yy}^{-1} (\bar{Y} - \underline{M}),$$

wobei $\underline{S}_{yy}$ die geschätzte Kovarianzmatrix der Produktparameter ist. Das Element PV beschreibt die Wahrscheinlichkeit, daß der Mittelwertvektor einer hypothetischen m-dimensionalen Grundgesamtheit angehört, dessen Erwartungswertvektor dem Sollwertvektor entspricht. Das Element PV berechnet sich über die T^2-Statistik zu[297]

$$PV = P\left(T^2 > \frac{m(N-1)}{N-m} F_{m,N-m} \right), \text{ (Gleichung 3.2-13)}$$

wobei $F_{m,N-m}$ der F-Verteilung mit m und $(N - m)$ Freiheitsgraden und N dem Stichprobenumfang entspricht. Je kleiner das Element PV des multivariaten Prozeßfähigkeitsvektors wird, desto weiter ist der Mittelwertvektor vom Sollwertvektor entfernt, wobei die Abhängigkeitsstruktur der Produktparameter berücksichtigt wird.

---

[295] Vgl. Kapitel 3.1.2
[296] Vgl. Anhang A.3
[297] Vgl. Wang u.a. [Multivariate Capability], S. 266 f.

Das dritte Element des Prozeßfähigkeitsvektors ist LI. Es soll den Wert 1 annehmen, wenn ein Teil der modifizierten Prozeßregion außerhalb der Toleranzregion liegt. Liegt die Prozeßregion vollständig innerhalb der Toleranzregion gilt LI = 0. Es gilt[298]

$$
LI = \begin{cases} 1 & \text{für } \max\left[1, \dfrac{\left|T_{oj}^* - T_{uj}\right|}{T_{oj} - T_{uj}}, \dfrac{\left|T_{oj} - T_{uj}^*\right|}{T_{oj} - T_{uj}}\right] > 1 \\[4mm] 0 & \text{für } \max\left[1, \dfrac{\left|T_{oj}^* - T_{uj}\right|}{T_{oj} - T_{uj}}, \dfrac{\left|T_{oj} - T_{uj}^*\right|}{T_{oj} - T_{uj}}\right] = 1. \end{cases}
$$

(Gleichung 3.2-14)

Der multivariate Prozeßfähigkeitsvektor wird immer als Gesamtheit inter-pretiert. Das Element C_{pM} entspricht einem Flächenvergleich, wobei aus dem Ergebnis die m-te Wurzel gezogen wird. Bei $C_{pM} = 1$ entspricht die Fläche der modifizierten Prozeßregion der Fläche der Toleranzregion. Problematisch wird die Interpretation, wenn der Mittelwertvektor vom Sollwertvektor abweicht oder, wenn die modifizierte Prozeßregion die Toleranzregion überschreitet, da in diesem Fall keine konkrete Aussage zur Beurteilung der Erfüllung der Anforderungen an ein Produkt durch einen Fähigkeitsindex möglich ist. Ein Vorteil ist allerdings die klare Aussage, wenn ein Produktparameter seine Toleranzgrenzen überschreitet, d. h. wenn LI = 1 gilt.

Die Berechnung eines einseitigen multivariaten Prozeßfähigkeitsvektors ist ebenfalls möglich. Für die einseitigen Fähigkeiten gilt[299]

$$
C_{pM}^o = \left(\frac{\prod\limits_{j=1}^{m}(T_{oj} - M_j)}{\prod\limits_{j=1}^{m}(T_{oj}^* - \mu_j)} \right)^{1/m},
$$

$$
C_{pM}^o = \left(\frac{\prod\limits_{j=1}^{m}(M_j - T_{uj})}{\prod\limits_{j=1}^{m}(\mu_j - T_{uj}^*)} \right)^{1/m}.
$$

---

[298] Vgl. Kotz, S. und N. L. Johnson [Capability Indices], S. 196
[299] Vgl. Braun [Kennzahlen], S. 16

Die Berechnung der Grenzen der korrigierten Prozeßregion erfolgt auf der Basis des zweiseitigen Falls, wobei nur die benötigten Grenzen berechnet werden. Bei der Berechnung des PV im Falle der einseitigen Toleranzbetrachtung muß ebenfalls berücksichtigt werden, ob der Erwartungswertvektor oberhalb oder unterhalb des Sollwertvektors liegt. Dies geschieht analog den einseitigen Produktfähigkeiten mit Hilfe der Summe der standardisierten Abweichungen zwischen den Erwartungswerten und den Sollwerten. Es gilt

$$
PV = \begin{cases} PV & \text{für} \quad \sum_{j=1}^{m} \frac{\mu_j - M_j}{\sigma_j} \geq 0 \quad \text{bei } C_{pM}^o \quad \text{und} \quad \sum_{j=1}^{m} \frac{\mu_j - M_j}{\sigma_j} \leq 0 \quad \text{bei } C_{pM}^u \\[3mm] 1 & \text{für} \quad \sum_{j=1}^{m} \frac{\mu_j - M_j}{\sigma_j} \leq 0 \quad \text{bei } C_{pM}^o \quad \text{und} \quad \sum_{j=1}^{m} \frac{\mu_j - M_j}{\sigma_j} \geq 0 \quad \text{bei } C_{pM}^u. \end{cases}
$$

Das Element PV kann nie größer Eins werden, da es sich dabei um eine Wahrscheinlichkeitsaussage handelt. Dies schränkt die Interpretationsmöglichkeiten des einseitigen multivariaten Prozeßfähigkeitsvektors ein.

Das Element LI muß ebenfalls an die einseitige Aussage angepaßt werden. Es gilt

$$
LI = \begin{cases} 1 & \text{für} \quad \max\left[1, \frac{\left|T_{oj}^* - \mu_j\right|}{T_{oj} - M_j}, \frac{\left|\mu_j - T_{uj}^*\right|}{M_j - T_{uj}}\right] > 1 \\[3mm] 0 & \text{für} \quad \max\left[1, \frac{\left|T_{oj}^* - \mu_j\right|}{T_{oj} - M_j}, \frac{\left|\mu_j - T_{uj}^*\right|}{M_j - T_{uj}}\right] = 1, \end{cases}
$$

wobei Elemente dieser Gleichung, die bei der einseitigen Betrachtung nicht vorkommen, nicht berücksichtigt werden.

Eine Erweiterung des Viabilitätsindex V_r auf den multivariaten Fall ist ebenfalls möglich.[300] Der multivariate Viabilitätsindex V_{rm} nach Veevers basiert auf der Annahme eines unabhängigen mehrdimensionalen Opportunitätsintervalls, dem sogenannten Opportunitätsfenster. Das Opportunitätsfenster liegt innerhalb der Toleranzregion, so daß keine der univariaten Prozeßfähigkeiten

---

[300] Vgl. Veevers, A. [Viability], S. 550 ff.

$C_{p.j}$, $j = 1, ..., m$ außerhalb seiner Toleranzen liegt. Die Abbildung 3.2-8 zeigt diesen Zusammenhang für den zweidimensionalen Fall.

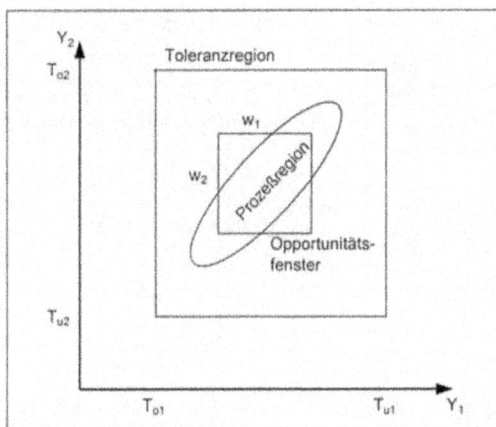

Abbildung 3.2-8: Toleranzregion und Opportunitätsfenster

w_1 und w_2 begrenzen dabei das Opportunitätsfenster. Allgemein ist der multivariate Variabilitätsindex definiert mit

$$V_{rm} = \frac{\text{Volumen des Opportunitätsfensters}}{\text{Volumen des Toleranzregion}}$$

(Gleichung 3.2-15)

$$= \frac{\prod\limits_{j=1}^{m}\left(T_{oj} - T_{uj} - w_j\right)}{\prod\limits_{j=1}^{m}\left(T_{oj} - T_{uj}\right)} = \prod\limits_{j=1}^{m} V_{r.j},$$

wobei hierbei davon ausgegangen werden muß, daß $V_{r.j} \geq 0$ gilt. Ist zumindest ein univariates $V_{r.j}$ negativ, so gilt

$$V_{rm} = 1 - \prod\limits_{j=1}^{m}\left(1 - V_{r.j}\right)^{I_j}$$ (Gleichung 3.2-16)

mit

$$I_j = \begin{cases} 0 & \text{für} \quad V_{r.j} \geq 0 \\ 1 & \text{für} \quad V_{r.j} < 0. \end{cases} \qquad \text{(Gleichung 3.2-17)}$$

Dies bedeutet, daß negative Variabilitätsindizes immer mit Eins in die Formel eingehen und somit das Ergebnis des V_{rm} nicht beeinflussen. Analog dem univariaten Fall steht der V_{rm} mit einer multivariaten Prozeßfähigkeit C_{pm} in Beziehung. Für diese multivariate Prozeßfähigkeit gilt bei $C_{p.j} \geq 1$[301]

$$C_{pm} = \frac{\prod_{j=1}^{m} C_{p.j}}{\prod_{j=1}^{m} C_{p.j} - \prod_{j=1}^{m}(C_{p.j} - 1)}. \qquad \text{(Gleichung 3.2-18)}$$

Ist zumindest ein $C_{p.j} < 1$ gilt

$$C_{pm} = \prod_{j=1}^{m} (C_{p.j})^{I_j} \qquad \text{(Gleichung 3.2-19)}$$

mit

$$I_j = \begin{cases} 0 & \text{für} \quad C_{p.j} \geq 0 \\ 1 & \text{für} \quad C_{p.j} < 0. \end{cases} \qquad \text{(Gleichung 3.2-20)}$$

Somit wird der C_{pm} in diesem Fall nur durch das Produkt der univariaten Fähigkeiten berechnet, die kleiner Eins sind. Eine einseitige Berechnung des C_{pm} ist ebenfalls denkbar. Dazu müssen lediglich die zweiseitigen univariaten Fähigkeiten $C_{p.j}$ durch die einseitigen Fähigkeiten $C_{p.j}^o$ bzw. $C_{p.j}^u$ ersetzt werden.

Die beiden Indizes V_{rm} und C_{pm} berücksichtigen nicht Abweichung zwischen dem Erwartungswertvektor und dem Sollwertvektor und können somit nur eine unvollständige Interpretation des Prozeßergebnisses liefern. Des weiteren wird die Abhängigkeit zwischen den Produktparametern nicht berücksichtigt. Der Prozeßfähigkeitsvektor (C_{pM}, PV, LI) muß ebenfalls kritisch beurteilt werden. Zwar kann das Element C_{pM} als potentialorientierter Fähigkeitsindex inter-

---

[301] Vgl. Veevers, A. [Viability], S. 555

pretiert werden, doch fällt eine Interpretation des Vektors schwer, insbesondere, wenn das PV klein und LI =1 gilt. Dagegen ist die klare Aussage des Vektors bei einer Überschreitung einer Toleranzgrenze durch einen beliebigen Produktparameter (LI = 1) positiv zu bewerten. In diesem Fall ist davon auszugehen, daß zumindest ein Produktparameter seine potentialorientierten Toleranzen nicht genügt. Die Interpretationsmöglichkeiten der Produktfähigkeiten PC_p und PC_{pk} sind ebenfalls positiv zu bewerten. Insbesondere die Anlehnung der Interpretation an die univariaten Prozeßfähigkeiten C_p und C_{pk} spricht für diese Indizes.

3.2.3.2 Multivariate Fähigkeiten auf der Basis elliptischer Toleranzregionen

In der betrieblichen Praxis liegen die Toleranzen für die Produktparameter eines Produktes im Normalfall als Toleranzintervalle für die einzelnen Produktparameter vor.[302] Sollen aber multivariate Prozeßfähigkeiten auf der Basis elliptischer Toleranzen berechnet werden, so müssen entweder elliptische Toleranzen vorliegen oder es muß zunächst aus den einzelnen Toleranzintervallen der Produktparameter eine elliptische Toleranzregion berechnet werden.[303]

Erste Ansätze von Chan und Spring[304] sowie von Pearn[305] bereiten insbesondere bei der Berechnung und Interpretation Schwierigkeiten[306] und werden nicht dargestellt. In diesem Abschnitt werden zwei unterschiedliche Ansätze zur Berechnung von multivariaten Fähigkeiten auf der Basis einer elliptischen Toleranzregion vorgestellt: Ein eigener Ansatz des Autors zur Berechnung der elliptischen Prozeßfähigkeiten EC_p und EC_{pk},[307] sowie der Ansatz von Taam, Subbaiah und Liddy[308] zur Berechnung der multivariaten Prozeßfähigkeit MC_{pm}.

---

[302] Vgl. Boyles, R. A. [Capability Analysis], S. 91
[303] Vgl. Kapitel 3.1.3
[304] Vgl. Chan, L. K., S. W. Cheng und F. A. Spring [New Process Capability], S. 162 ff.
[305] Vgl. Pearn, W. L., S. Kotz und N. L. Johnson [Capability Indices], S. 226 ff.
[306] Vgl. Kotz, S. und N. L. Johnson [Capability Indices], S. 186 f., Pearn, W. L., S. Kotz und N. L. Johnson [Capability Indices], S. 226 ff.
[307] EC ist die Abkürzung für Elliptical Capability
[308] Vgl. Taam, W., P. Subbaiah und J. W. Liddy [Multivariate Capability], S. 342 ff.

Bei der Berechnung der elliptischen Prozeßfähigkeiten EC_p und EC_{pk} wird davon ausgegangen, daß die modifizierte Toleranzregion einem Hyperellipsoid entspricht, das auf der Basis der Toleranzintervalle der Produktparameter, unter Berücksichtigung deren Abhängigkeitsstruktur, berechnet wird. Allgemein wird ein Volumenvergleich zwischen der modifizierten Prozeßregion und der Toleranzregion durchgeführt. Es gilt

$$EC_p = \left(\frac{\text{Volumen der elliptischen Toleranzregion}}{\text{Volumen der elliptischen Prozeßregion}} \right)^{1/m}$$

$$= \left(\frac{V_{Tol.}}{V_{Proz.}} \right)^{1/m}.$$

Das Volumen der elliptischen Prozeßregion ergibt sich aus der Beziehung[309]

$$V_{Proz.} = (\underline{Y}_i - \underline{\mu})^T \Sigma_{yy}^{-1} (\underline{Y}_i - \underline{\mu}) \leq \chi^2_{m,0.9973}$$

(Gleichung 3.2-21)

$$= |\Sigma_{yy}|^{1/2} \cdot \left(\pi \cdot \chi^2_{m,0.9973} \right)^{m/2} \cdot \left[\Gamma(m/2 + 1) \right]^{-1},$$

wobei Σ_{yy} die Kovarianzmatrix der m Produktparameter ist und $\chi^2_{m,0.9973}$ dem 0.9973 Quantil der χ^2-Verteilung mit m Freiheitsgraden entspricht. $\Gamma(m/2+1)$ ist der Funktionswert der Gammafunktion,[310] abhängig von der Anzahl der Produktparameter.

Das Volumen $V_{Tol.}$ der modifizierten Toleranzregion berechnet sich über die theoretisch hypothetische Kovarianzmatrix Σ_{yy}^{th} [311] mit

$$V_{Tol.} = (\underline{I}_o - \underline{I}_u)^T \left(\Sigma_{yy}^{th} \right)^{-1} (\underline{I}_o - \underline{I}_u)$$

(Gleichung 3.2-22)

$$= |\Sigma_{yy}^{th}| \cdot \left(\pi \cdot \chi^2_{m,0.9973} \right)^{m/2} \cdot \left[\Gamma(m/2 + 1) \right]^{-1}.$$

[309] Vgl. Taam, W., P. Subbaiah und J. W. Liddy [Mutivariate Capability], S. 342
[310] Vgl. Hartung, J. und B. Elpert [Statistik], S. 152 f.
[311] Vgl. Gleichung 3.1-18

Damit berechnet sich die einfache elliptische Prozeßfähigkeit über die Beziehung

$$EC_p = \left(\frac{\left|\Sigma_{yy}^{th}\right|^{1/2} \cdot \left(\pi \cdot \chi_{m,0.9973}^2\right)^{m/2} \cdot \left[\Gamma(m/2+1)\right]^{-1}}{\left|\Sigma_{yy}\right|^{1/2} \cdot \left(\pi \cdot \chi_{m,0.9973}^2\right)^{m/2} \cdot \left[\Gamma(m/2+1)\right]^{-1}} \right)^{1/m}$$

(Gleichung 3.2-23)

$$= \left(\frac{\left|\Sigma_{yy}^{th}\right|}{\left|\Sigma_{yy}\right|} \right)^{\frac{1}{2m}} = \left(\prod_{j=1}^{m} C_{p,j} \right)^{1/m},$$

wobei $C_{p,j}$, $j = 1, ..., m$ die einfachen Prozeßfähigkeiten der univariaten Betrachtung sind. Die einfache elliptische Prozeßfähigkeit EC_p entspricht somit der m-ten Wurzel des Produktes der univariaten einfachen Prozeßfähigkeiten. Grafisch ist der Zusammenhang zwischen der Prozeßregion und der modifizierten Toleranzregion für den zweidimensionalen Fall in Abbildung 3.2-9 dargestellt.

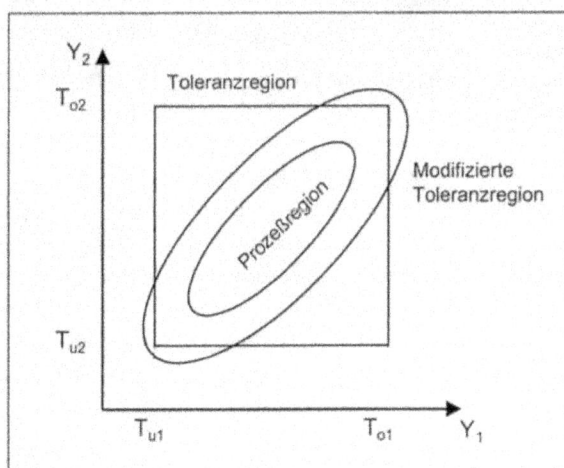

Abbildung 3.2-9: Prozeßregion und modifizierte Toleranzregion

Die einfache elliptische Prozeßfähigkeit EC_p ist analog der univariaten Prozeßfähigkeit C_p zu interpretieren und berücksichtigt ebenfalls nicht die

Lage des Erwartungswertvektors $\underline{\mu}^T = (\mu_1, ..., \mu_m)$ bezüglich des Sollwertvektors $\underline{M}^T = (M_1, ..., M_m)$. Somit muß ebenfalls ein Korrekturfaktor berechnet werden. Es gilt

$$K_E = \sqrt{\frac{(\underline{\mu} - \underline{M})^T \left(\Sigma_{yy}^{th}\right)^{-1} (\underline{\mu} - \underline{M})}{\chi^2_{m,\,0.9973}}} \; . \quad \text{(Gleichung 3.2-24)}$$

Die korrigierte elliptische Prozeßfähigkeit EC_{pk} berechnet sich nach

$$EC_{pk} = EC_p (1 - K_E). \quad \quad \text{(Gleichung 3.2-25)}$$

Der Korrekturfaktor K_E wird Eins, wenn der Erwartungswertvektor genau auf der Hülle des Toleranzhyperellipsoids liegt. In diesem Fall wird die korrigierte elliptische Prozeßfähigkeit Null. Liegt der Erwartungswertvektor außerhalb des Toleranzhyperellipsoids, gilt $EC_{pk} < 0$. Die Interpretation der elliptischen Prozeßfähigkeiten EC_p und EC_{pk} erfolgt analog den Produktfähigkeiten. Außerdem gilt $EC_p = 1$, wenn alle $C_{p,j} = 1$ sind. Somit können die elliptischen Fähigkeiten als die multivariaten elliptischen Erweiterungen der univariaten Prozeßfähigkeiten C_p und C_{pk} betrachtet werden. Zur Berechnung der elliptischen Fähigkeiten EC_p und EC_{pk} werden die Erwartungswerte μ_j und die Kovarianzmatrix Σ_{yy} durch ihre Schätzwerte $\overline{Y}_j$ bzw. $\underline{S}_{yy}$ ersetzt.

Die multivariaten Prozeßfähigkeiten MC_p und MC_{pm} nach Taam, Subbaiah und Liddy[312] können als multivariate Erweiterungen der univariaten Prozeßfähigkeiten C_p und C_{pm} verstanden werden. Es wird hierbei angenommen, daß die rechteckige Toleranzregion durch eine elliptische Toleranzregion ersetzt wird, die im standardisierten Fall genau in den Toleranzhyperquader paßt, wobei von einer unabhängigen Toleranzregion ausgegangen wird. Somit handelt es sich bei der modifizierten Toleranzregion um ein unabhängiges Toleranzellipsoid bei einer geometrischen Toleranzbetrachtung.[313] Im zweidimensionalen Fall, bei standardisierten Produktparametern, wird somit das Toleranzquadrat durch einen Toleranzkreis ersetzt (vgl. Abbildung 3.2-10).

---

[312] Vgl. Taam, W., P. Subbaiah und J. W. Liddy [Mutivariate Capability], S. 342 ff.
[313] Vgl. Abbildung 3.1-7

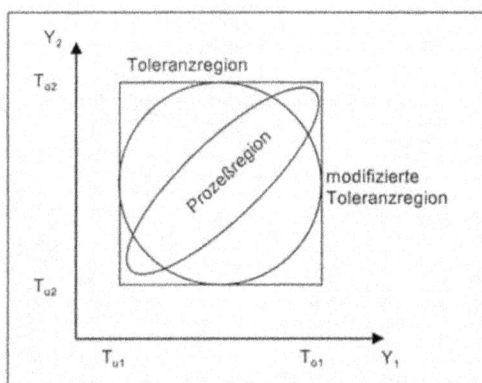

Abbildung 3.2-10: Prozeßregion und geometrische Toleranzregion

Die Fläche der modifizierten Toleranzregion $V_{Tol.}^{*}$ berechnet sich im zwei-dimensionalen Fall zu[314]

$$V_{Tol.}^{*} = \pi \cdot \left(\frac{T_{o1} - T_{u1}}{2} \right) \cdot \left(\frac{T_{o2} - T_{u2}}{2} \right).$$

Allgemein erfolgt die Berechnung des Volumens der modifizierten Toleranz-region $V_{Tol.}$ nach der Gleichung 3.1-16, wobei bei der Berechnung der theoretisch hypothetischen Kovarianzmatrix Σ_{yy}^{th} von unabhängigen Produkt-parametern ausgegangen wird. Das Volumen der Prozeßregion V_{Proz} berechnet sich wie bei der elliptischen Prozeßfähigkeit EC_p. Für die multi-variate Erweiterung des C_p durch den MC_p bei der unabhängigen geo-metrischen elliptischen Tolerierung gilt somit

$$MC_p = \frac{\left| \Sigma_{yy}^{th} \right|^{1/2} \cdot \left(\pi \cdot \chi_{1, 0.9973}^{2} \right)^{m/2} \cdot \left[\Gamma(m/2 + 1) \right]^{-1}}{\left| \Sigma_{yy} \right|^{1/2} \cdot \left(\pi \cdot \chi_{m, 0.9973}^{2} \right)^{m/2} \cdot \left[\Gamma(m/2 + 1) \right]^{-1}}$$

(Gleichung 3.2-26)

$$= \frac{\left| \Sigma_{yy}^{th} \right|^{1/2} \cdot \left(\pi \cdot 9 \right)^{m/2}}{\left| \Sigma_{yy} \right|^{1/2} \cdot \left(\pi \cdot \chi_{m, 0.9973}^{2} \right)^{m/2}}.$$

Die Abweichung zwischen dem Erwartungswertvektor und dem Sollwertvektor wird in quadratischer Form durch einen Faktor D berücksichtigt. Es gilt[315]

---

[314] Vgl. Kotz, S. und N. L. Johnson [Capability Indices], S. 187 f.

$$D = \sqrt{1 + (\underline{\mu} - \underline{M})^T \Sigma^{-1} (\underline{\mu} - \underline{M})}.$$ (Gleichung 3.2-27)

Damit läßt sich die multivariate korrigierte Prozeßfähigkeit MC_{pm} nach der Beziehung[316]

$$MC_{pm} = \frac{MC_p}{D}$$

(Gleichung 3.2-28)

$$= \frac{V_{Tol.}}{V_{Proz.}} \cdot \frac{1}{\sqrt{1 + (\underline{\mu} - \underline{M})^T \Sigma_{yy}^{-1} (\underline{\mu} - \underline{M})}}$$

berechnen. Bei der Schätzung der multivariaten Prozeßfähigkeit MC_p werden die Erwartungswerte μ_j, j = 1, ..., m und die Kovarianzmatrix Σ_{yy} durch ihre Schätzwerte $\overline{Y}_j$ bzw. $\underline{S}_{yy}$ ersetzt. Die Schätzung des Faktors D erfolgt durch[317]

$$\hat{D} = \sqrt{1 + \frac{N}{N-1} (\underline{\overline{Y}} - \underline{M})^T \underline{S}_{yy}^{-1} (\underline{\overline{Y}} - \underline{M})},$$ (Gleichung 3.2-29)

wobei N dem Stichprobenumfang entspricht.

Eine wichtige Eigenschaft des multivariaten Prozeßfähigkeitsindex MC_p besteht darin, daß bei einem hohen Grad an Multikollinearität die Determinante von Σ_{yy} sehr klein wird und somit der Index sehr groß. Zudem ist der Wert der multivariaten Fähigkeit MC_p von der Anzahl der Produktparameter abhängig, da das Volumen der Prozeßregion durch das Quantil der χ^2-Verteilung mit m Freiheitsgraden definiert ist, die modifizierte Toleranzregion wird hingegen immer nur durch einem Freiheitsgrad definiert. Würden sowohl im Nenner als auch im Zähler des MC_p die gleichen Freiheitsgrade für die χ^2-Verteilung benutzt und die theoretisch hypothetische Kovarianzmatrix unter Berücksichtigung der Abhängigkeit der Produktparameter berechnet, so wären der MC_p und der EC_p gleich. Aufgrund der genannten Probleme der multivariaten Prozeßfähigkeiten MC_p und MC_{pm} und angesichts der einfachen Interpretation der elliptischen Prozeßfähigkeiten EC_p und EC_{pk} in Analogie zu den univariaten Prozeßfähigkeiten C_p und C_{pk}, sollen diese empfohlen werden, wenn von elliptischen Toleranzregionen ausgegangen wird.

---

[315] Vgl. Taam, W., P. Subbaiah und J. W. Liddy [Mutivariate Capability], S. 342
[316] Vgl. Karl, D. P., J. Morisette und W. Taam [Applications], S. 655
[317] Vgl. Taam, W., P. Subbaiah und J. W. Liddy [Mutivariate Capability], S. 343

3.3 Steuerung und Regelung von Prozessen

Werden die Anforderungen an die Produktparameter nicht erfüllt, d.h. die anforderungsorientierten Fähigkeiten sind kleiner Eins, so muß der Prozeß verbessert werden. Der Prozeßverantwortliche hat in diesem Fall die Aufgabe, den Prozeß so zu steuern und regeln, daß alle relevanten Produktparameter ihren Anforderungen genügen. Im Rahmen der Statistischen Prozeßanalyse erfolgt dies mittels eines Ursache-Wirkungs-Modells. Dabei sollen die Input- und Prozeßparameter als Ursachen so bestimmt werden, daß die Produktparameter innerhalb der Toleranzregion liegen. Genügen alle Produktparameter ihren Anforderungen, so wird geprüft, ob der Prozeß über die Zeit stabil bleibt und somit die Produktparameter weiterhin innerhalb ihrer Toleranzen liegen. Dies erfolgt im Rahmen der Regelung der Prozesse mit Hilfe der Regelkartentechnik. Die Regelkartentechnik ist eine Methodik, die vorwiegend im technischen Bereich verwendet wird, da dort, insbesondere bei Massen- oder Serienfertigung, große Stichprobenumfänge auftreten. Für die Regelung von Geschäftsprozessen ist die Regelkartentechnik von geringerer Bedeutung. Deshalb werden nur ausgewählte univariate und multivariate Regelkarten vorgestellt.

3.3.1 Das Modell für die Prozeßsteuerung

Die Steuerung von Prozessen im Rahmen der Statistischen Prozeßanalyse erfolgt über Prozeßgleichungen, die mit Hilfe der multiplen Regressions-analyse mit stochastischen Input- und Prozeßparametern gewonnen werden. Ein Schwerpunkt im Rahmen der Prozeßsteuerung ist die Auswahl der wesentlichen Input- und Prozeßparameter, da durch eine Reduzierung der Input- und Prozeßparameter eine sensiblere Steuerung von Prozessen möglich und die Datenflut eingedämmt wird.

Das Kapitel wird durch die Ziele und durch ausgewählte Grundlagen der Steuerung von Prozessen eingeleitet, bevor verschiedene Modelle für verschiedene Fragestellungen der Prozeßsteuerung eingeführt und diskutiert werden. Die statistische Realisierung der Modelle und einige Hinweise auf die Prüfung der Modellschätzungen folgen.

3.3.1.1 Ziele und Grundlagen der Prozeßsteuerung

Die Prozeßsteuerung ist das zentrale Element der Statistischen Prozeßanalyse. Werden die Anforderungen an ein materielles oder immaterielles
Produkt nicht eingehalten, d.h. sind die univariaten oder multivariaten
Prozeßfähigkeiten kleiner Eins, muß ein Prozeß oder das gesamte Prozeßnetzwerk verbessert werden. In diesem Fall muß der Prozeßverantwortliche
den Prozeß so beeinflussen, daß simultan alle relevanten Anforderungen
erfüllt werden. Konkret lassen sich folgende Ziele der Statistischen Prozeßanalyse im Rahmen der Prozeßsteuerung definieren:

- Ermittlung der Abhängigkeitsstrukturen zwischen den Input-, Prozeß- und
  Produktparametern.

- Darstellung der Produktparameter in Abhängigkeit von den Input- und
  Prozeßparametern in Form einer Prozeßgleichung, mit der ein Prozeß so
  gesteuert werden kann, daß die Produktparameter innerhalb der Toleranzregion liegen.

- Auswahl der wesentlichen Input- und Prozeßparameter, um
  - die ausgewählten Input- und Prozeßparameter sensibel steuern zu
    können,
  - mit den ausgewählten Input- und Prozeßparametern die effektivste
    Beeinflussung der Produktparameter zu erreichen,
  - den Aufwand für Beschaffung und Auswertung der Daten zu senken,
  - den Grad an Multikollinearität zu senken und
  - die Transparenz des Prozesses zu erhöhen.

- Ermittlung eines Maßes für die Beherrschbarkeit (Bestimmtheitsmaß) des
  Prozesses, das Auskunft über die Erklärung der Streuung der Produktparameter durch die Input- und Prozeßparameter gibt.

- Ableitung von Steuerungs- und Regelungsintervallen für die Input- und
  Prozeßparameter, wobei die Steuerungs- und Regelungsintervalle für die
  Inputparameter eines Prozesses den Toleranzen für die Produktparameter
  der Vorläuferprozesse entsprechen.

- Unterstützung von Prozeß- und Produktentwicklungen durch Kenntnisse
  über die Prozeßstruktur und die Vorläuferprodukte der internen Lieferanten.

Zur Erreichung dieser Ziele wird aus den Daten für die Input-, Prozeß- und Produktparameter eine Prozeßgleichung und eine Kostengleichung berechnet. In der Prozeßgleichung werden ein oder alle Produktparameter $\underline{Y}^T = (Y_1, ..., Y_m)$ in Abhängigkeit der Input- und Produktparameter $\underline{X}^T = (X_1, ..., X_n)$ dargestellt, d.h.

$$Y = f(\underline{X}) + E_{y/x} \text{ bzw.}$$

$$\underline{Y} = f(\underline{X}) + \underline{E}_{y/x}.$$

Die Kostengleichung, als Spezialfall der Prozeßgleichung, stellt nur den Produktparameter Prozeßkosten in Abhängigkeit von den Input- und Prozeß-kosten dar. Sie dient insbesondere zur Erklärung und Beeinflussung der Prozeßkosten. Grundsätzlich stehen mehrere Modelle zur Berechnung der Prozeß- und Kostengleichung zur Verfügung: das Modell mit deterministischen Input- und Prozeßparametern und das Modell mit stochastischen Input- und Prozeßparametern. Darüber hinaus kann hinsichtlich der Art der Datener-fassung zur Berechnung der unbekannten Modellparameter unterschieden werden. Abbildung 3.3-1 zeigt den Zusammenhang zwischen Datenerfassung und Modellauswahl.

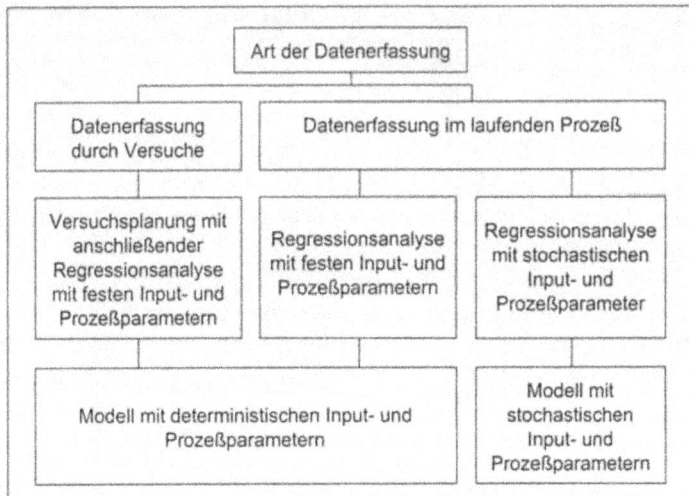

Abbildung 3.3-1: Datenerfassung und Modellauswahl

Der Schwerpunkt dieser Arbeit liegt entsprechend den praktischen Gegebenheiten auf dem Modell mit stochastischen Input- und Prozeßparametern.
Dennoch soll zunächst das Modell mit deterministischen Prozeßparametern
kurz eingeführt werden, um die Unterschiede zum Modell mit stochastischen
Input- und Prozeßparametern zu verdeutlichen.

Das Modell mit deterministischen Input- und Prozeßparameter läßt sich
grundsätzlich durch die Regressionsanalyse beschreiben. Bei diesem Modell
sind die Input- und Prozeßparameter $X_1,...,X_n$ feste Einstellgrößen, die nicht
vom Zufall beeinflußt werden. Der Produktparameter Y ist vom Zufall
abhängig[318] und sei normalverteilt mit $Y \sim N(\beta_{y.x}^T \underline{X}, \sigma^2)$. Im linearen Fall mit
zwei Prozeßparametern gilt

$$E(Y) = \beta_0 + \beta_{y1.2}X_1 + \beta_{y2.1}X_2$$
$$= \beta_0 + \underline{\beta}_{y.x}^T \underline{X}$$

mit $\underline{X}^T = (X_1, X_2)$. $\underline{\beta}_{y.x}$ entspricht dem Regressionskoeffizienten des j-ten
Prozeßparameters, j = 1,2. $\sigma^2 = var(E_{y.x})$ ist die Varianz des nicht erklärbaren
Rests, wobei $E_{y.x}$ unabhängig von $\underline{X}$ ist.[319] Damit lautet das Modell

$$Y = \beta_0 + \beta_{y1.2}X_1 + \beta_{y2.1}X_2 + E_{y.x_1,x_2}$$
$$= \beta_0 + \underline{\beta}_{y.x}^T \underline{X} + E_{y.x}. \qquad \text{(Gleichung 3.3-1)}$$

Sowohl β_0, $\underline{\beta}_{y.x}^T$ und $E_{y.x}$ sind unbekannt und müssen berechnet werden. Nach
der Methode der Kleinsten Quadrate von Gauß, werden aus gemessenen
Werten für die Input-, Prozeß- und Produktparameter die unbekannten
Regressionskoeffizienten β_0, $\underline{\beta}_{y.x}^T$ und der unbekannte Fehler $E_{y.x}$ geschätzt.[320]

Eine zweite Möglichkeit zur Ermittlung der Daten zur Berechnung einer
Prozeßgleichung bietet die statistische Versuchsplanung (DOE: design of
experiments). Das Prinzip der Versuchsplanung soll in der folgenden
Darstellung für einen Produkt- und zwei Prozeßparameter erläutert werden. Im

---

[318] Vgl. Schneeweiß, H. [Ökonometrie], S. 29 ff.
[319] Vgl. Rao, C. R. und H. Toutenburg [Linear Modells], S. 23 ff.
[320] Vgl. Schneeweiß, H. [Ökonometrie], S. 41 ff.

Rahmen der Planung der Versuche werden zunächst die Niveaus für die Prozeßparameter festgelegt. Durch die Festlegung der unteren [$x_1(-)$, $x_2(-)$] und der oberen Niveaus [$x_1(+)$, $x_2(+)$] für die beiden Prozeßparameter soll die Streuung des Produktparameters Y erfaßt werden. In diesem Fall handelt es sich um einen Versuchsplan mit zwei Niveaueinstellungen (Faktorstufen) für die Prozeßparameter. Als unteres Niveau werden in der Regel die bisherigen Einstellungen verwendet. Das obere Niveau soll die Richtung der möglichen Verbesserung der Produktparameter signalisieren. Es ist anzuraten, die Differenz zwischen dem unteren und oberen Niveau groß genug zu wählen, um Veränderungen der Produktparameter beobachten (messen) zu können. Die Festlegung der Niveaus obliegt den Prozeßexperten.[321]

Der Versuchsplan ergibt sich beim vollständigen Versuch durch alle Kombinationen beider Niveaus der Prozeßparameter.[322] Für zwei Prozeßparameter ist der Versuchsplan in Tabelle 3.3-1 dargestellt.

Versuchs Nr.	X_1	X_2	X_1X_2	Y
1	-	-	+	y_1
2	+	-	-	y_2
3	-	+	-	y_3
4	+	+	+	y_4

Tabelle 3.3-1: Versuchsplan für zwei Prozeßparameter

Mit den festgelegten Einstellungen der Niveaus für die Prozeßparameter werden die Versuche durchgeführt, d.h. der Prozeß wird realisiert. Der Produktparameter Y wird nach den Versuchen gemessen und in die Ergebnisspalte (Y) eingetragen. Es sind mindestens vier Versuche notwendig, um den Produktparameter in Abhängigkeit von den zwei Prozeßparametern durch eine lineare Funktion darstellen zu können.

Die Auswertung der Versuche erfolgt durch die Ermittlung der Regressionskoeffizienten für die Hauptwirkungen (b_{yj}), j = 1,2, die Wechselwirkung (b_{12}) sowie durch die Berechnung des Absolutglieds (b_0). Zur Ermittlung der Haupt-

---

[321] Vgl. VDA [Qualitätsmanagement], S. 82 ff.
[322] Vgl. Franzkowski, R. [Versuchsmethodik], S. 508 ff.

und Wechselwirkungen werden die Werte des Produktparameters Y mit den Versuchen der Spalten (X_1), (X_2) und $(X_1 X_2)$ addiert. Es gilt

$$b_0 = \frac{y_1 + y_2 + y_3 + y_4}{4},$$

$$b_{y1} = \frac{-y_1 + y_2 - y_3 + y_4}{4},$$

$$b_{y2} = \frac{-y_1 - y_2 + y_3 + y_4}{4},$$

$$b_{12} = \frac{y_1 - y_2 - y_3 + y_4}{4}.$$

Die Methode zur Berechnung dieser Prozeßgleichung ist die Regressionsanalyse. Aus den Haupt- und Wechselwirkungen ergeben sich die Koeffizienten der Prozeßgleichung mit der Form

$$y = b_0 + b_{y1} X_1 + b_{y2} X_2 + b_{12} X_1 X_2. \qquad \text{(Gleichung 3.3-2)}$$

Allgemein gilt bei der Betrachtung von zwei Niveaus für jeden der n Input- und Prozeßparameter, daß 2^n Versuche durchzuführen sind. Für n = 10 ergeben sich 1024 Versuche. Aus den im Beispiel durchgeführten vier Versuchen kann das Maß für die Beherrschbarkeit des Prozesses nicht berechnet werden, d.h. die Streuung des Produktparameters um die Prozeßgleichung ist nicht berechenbar. Um dieses Maß zu ermitteln sind zusätzliche Versuche notwendig.

In der Praxis wird die Versuchsplanung vorwiegend im Bereich der Produktentwicklung und der Verbesserung von Produktionsprozessen angewendet.[323] Das Modell mit deterministischen Input- und Prozeßparametern ist in der Betriebswirtschaft weit verbreitet,[324] betrachtet aber lediglich den Produktparameter als Zufallsgröße. Bei Geschäftsprozessen ist die Versuchsplanung und das Regressionsmodell mit deterministischen Input- und Prozeßparameter aber nur bedingt anwendbar, da die Inputparameter stets und die Prozeßparameter in der Regel ebenfalls zufällige Größen sind. Des weiteren muß von

---

[323] Vgl. VDA [Qualitätsmanagement], S. 84
[324] Vgl. Lardaro, L. [Applied Econometrics], S. 6 ff.

einer großen Anzahl von Input- und Prozeßparametern ausgegangen werden. Deshalb wird im Rahmen der Statistischen Prozeßanalyse der Schwerpunkt auf das Modell mit stochastischen Input- und Prozeßparametern gelegt.

3.3.1.2 Modell mit stochastischen Input- und Prozeßparametern

Das wichtigste Element der Statistischen Prozeßanalyse ist das Modell mit stochastischen Input- und Prozeßparametern zur Steuerung von Prozessen. Dieses Modell ist die Verallgemeinerung des Regressionsmodells mit deterministischen Input- und Prozeßparametern. Beim stochastischen Modell wird - im Gegensatz zum deterministischen Modell – davon ausgegangen, daß alle Input-, Prozeß- und Produktparameter Zufallsgrößen sind, die elliptisch umrissen verteilt sind.[325]

Das Modell wird in verschiedenen Ausprägungen für unterschiedliche Fragestellungen vorgestellt. Zunächst wird von einem Produktparameter ausgegangen, der gesteuert werden soll. Die Erweiterung des Modells für m Produktparameter erfolgt im Anschluß. Beim standardisierten Modell werden für die Berechnungen alle Parameter des Modells normiert, so daß sie standardnormalverteilt sind. Das standardisierte Modell sollte insbesondere dann verwendet werden, wenn die Parameter elliptisch umrissen, aber nicht normalverteilt sind, da in diesem Fall die bedingte Varianz der Produktparameter von den Input- und Prozeßparametern abhängen.[326] Schließlich wird das prozeßbegleitende Modell vorgestellt, das insbesondere für Prozeßverknüpfungen im Prozeßnetzwerk von Bedeutung ist.

3.3.1.2.1   Univariat multiples Modell

Das univariate multiple lineare Modell mit stochastischen Input- und Prozeßparametern geht von einem Produktparameter und n Input- und Prozeßparametern aus. Es wird vor allem zur Berechnung der Kostengleichung eines Prozesses verwendet, d.h. speziell zur Steuerung der Prozeßkosten. Allgemein wird mit dem univariaten multiplen Modell ein spezieller Produktparameter in Abhängigkeit von allen Input- und Prozeßparametern dargestellt.

---

[325] Vgl. Anhang A.2
[326] Vgl. Anderson, T. W. und K. T. Fang [Elliptically Contoured], S. 1 ff.

Zur Vereinfachung werden für das Modell die Produkt-, Prozeß- und Input-parameter zu einem Vektor $(Y, \underline{X}^T)$ von zufälligen Parametern zusammen-gefaßt, wobei Y dem Produktparameter und $\underline{X}^T = (X_1, \dots, X_n)$ dem Vektor der Input- und Prozeßparameter entspricht. Der Vektor $(Y, \underline{X}^T) \sim N_{n+1}(\underline{\mu}, \Sigma)$.

$$\underline{\mu}^T = (\mu_y, \underline{\mu}_x^T)$$

definiert den Erwartungswertvektor aller Parameter, wobei $\underline{\mu}_x^T = (\mu_1, \dots, \mu_n)$ den Erwartungswerten der Input- und Prozeßparameter und μ_y dem Erwartungs-wert des Produktparameters entspricht. Die Kovarianzmatrix

$$\Sigma = \begin{pmatrix} \sigma_y^2 & \underline{\sigma}_{y.x}^T \\ \underline{\sigma}_{x.y} & \Sigma_{xx} \end{pmatrix}$$

sei positiv definit. σ_y^2 ist die Varianz des Produktparameters Y und

$$\underline{\sigma}_{y.x}^T = (\sigma_{y1}, \dots, \sigma_{yn})$$

repräsentiert den Vektor der Kovarianzen zwischen dem Produktparameter Y und allen Input- und Prozeßparametern.

$$\Sigma_{xx} = \begin{pmatrix} \sigma_1^2 & \cdots & \sigma_{1n} \\ \vdots & \ddots & \vdots \\ \sigma_{n1} & \cdots & \sigma_n^2 \end{pmatrix}$$

bildet die Kovarianzmatrix der Input- und Prozeßparameter. Unter diesen Voraussetzungen lautet das univariate multiple lineare Modell mit stochasti-schen Input- und Prozeßparametern[327]

$$Y = \beta_0 + \underline{\beta}_{yj/n-j}^T \underline{X} + E_{y/x} \quad \text{(Gleichung 3.3-3)}$$

mit

$$\underline{\beta}_{yj/n-j}^T = \underline{\sigma}_{y.x}^T \Sigma_{xx}^{-1}, \qquad \text{(Gleichung 3.3-4)}$$

$$\beta_0 = \mu_y - \underline{\beta}_{yj/n-j}^T \cdot \underline{\mu}_x. \qquad \text{(Gleichung 3.3-5)}$$

---

[327] Vgl. Jahn, W. [Criterion], S. 1632 ff.

β_0 entspricht dem Absolutglied der Regressionsgleichung. $\beta_{yj/n-j}^T$ ist der partielle Regressionskoeffizient des j-ten Input- oder Prozeßparameters, der angibt, wie sich Y ändert, wenn sich X_j um eine Einheit ändert, unter der Bedingung, daß alle anderen Input- und Prozeßparameter $\underline{X}_{n-j}^T = (X_1, ..., X_{(j-1)}, X_{(j+1)}, ..., X_n)$ konstant gehalten werden. Der Fehlerterm $E_{y/x} = E(Y/\underline{X})$ ist normalverteilt mit dem Erwartungswert Null und der bedingten Varianz[328]

$$\sigma_{y/x}^2 = \sigma_y^2 \left(1 - P_{y/x}^2\right) \qquad \text{(Gleichung 3.3-6)}$$

wobei

$$P_{y/x}^2 = \frac{\underline{\sigma}_{y.x}^T \Sigma_{xx}^{-1} \underline{\sigma}_{y.x}}{\sigma_y^2} \qquad \text{(Gleichung 3.3-7)}$$

gilt. $P_{y/x}^2$ ist das Maß für die Beherrschbarkeit (Bestimmtheitsmaß) des Prozesses. Es gibt an, wie die Streuung des Produktparameters durch die Input- und Prozeßparameter erklärt wird. Das Maß der Beherrschbarkeit hängt vom Quadrat des multiplen Korrelationskoeffizienten $P_{y/x}$ ab. $P_{y/x}^2$ ist ein Maß für die lineare Abhängigkeit zwischen dem Produktparameter Y und dem bedingten Erwartungswert $E(Y/\underline{X})$. Es gilt $0 \leq P_{y/x}^2 \leq 1$. Je mehr sich $P_{y/x}^2$ dem Wert Eins nähert, desto kleiner ist die bedingte Varianz, d.h. desto präziser kann der Produktparameter durch die Input- und Prozeßparameter gesteuert werden. Gilt $P_{y/x}^2 = 1$, wird der Produktparameter Y mit der Wahrscheinlichkeit Eins durch die lineare Prozeßgleichung erklärt, d.h. alle Punkte ($y_i, x_{i1}, ..., x_{in}$) liegen auf einer Hyperebene. In diesem Fall ist die Reststreuung $\sigma_{y/x}^2$ der Produktparameter Y gleich Null. Gilt $P_{y/x}^2 = 0$, so beeinflussen die Input- und Prozeßparameter den Produktparameter nicht. In diesem Fall gilt $\sigma_{y/x}^2 = \sigma_y^2$, d.h. die Streuung des Produktparameters Y kann durch die Prozeßgleichung nicht beeinflußt werden.

---

[328] Vgl. Muirhead, R. J. [Aspects], S. 164 f.

3.3.1.2.2   Multivariat multiples Modell

Sollen alle Produktparameter zur Beschreibung eines Produktes durch die Input- und Prozeßparameter eines Prozesses dargestellt werden, so wird das multivariate multiple Modell mit stochastischen Input- und Prozeßparametern verwendet. Somit soll in diesem Modell ein Vektor von m Produktparametern $\underline{Y}^T = (Y_1,...,Y_m)$ durch die Input- und Prozeßparameter $\underline{X}^T = (X_1,...,X_n)$ erklärt werden. Alle Parameter werden in einem Vektor $(\underline{Y}^T,\underline{X}^T)$ zusammengefaßt. Der Vektor sei (m+n)-dimensional normalverteilt, d.h. $(\underline{Y}^T,\underline{X}^T) \sim N_{m+n}(\underline{\mu},\Sigma)$, wobei

$$\underline{\mu}^T = (\underline{\mu}_y^T,\underline{\mu}_x^T)$$

sich aus dem Vektor der Erwartungswerte der Produktparameter $\underline{\mu}_y^T = (\mu_1,...,\mu_m)$ und dem Vektor der Erwartungswerte der Input- und Prozeßparameter $\underline{\mu}_x^T = (\mu_1,...,\mu_n)$ zusammensetzt. Die Kovarianzmatrix aller Parameter ist

$$\Sigma = \begin{pmatrix} \Sigma_{yy} & \Sigma_{y.x} \\ \Sigma_{x.y} & \Sigma_{xx} \end{pmatrix},$$

Σ sei positiv definit. Σ_{xx} ist die Kovarianzmatrix von $\underline{X}$, Σ_{yy} die Kovarianzmatrix von $\underline{Y}$ und $\Sigma_{y.x}$ die Kovarianzmatrix zwischen $\underline{Y}$ und $\underline{X}$. Damit lautet das multivariate multiple lineare Modell mit stochastischen Prozeßparametern[329]

$$\underline{Y} = \underline{\beta}_0 + \underline{\beta}_{yj/n-j}^T \underline{X} + \underline{E}_{y/x},\qquad \text{(Gleichung 3.3-8)}$$

wobei sich die Matrix der Regressionskoeffizienten mit

$$\underline{\beta}_{yj/n-j}^T = \Sigma_{x.y}\Sigma_{xx}^{-1},\qquad \text{(Gleichung 3.3-9)}$$

$$\underline{\beta}_0 = \underline{\mu}_y - \underline{\beta}_{yj/n-j}^T \cdot \underline{\mu}_x \qquad \text{(Gleichung 3.3-10)}$$

berechnet. Im multivariaten multiplen Modell entspricht die Matrix der Regressionskoeffizienten $(\underline{\beta}_0,\underline{\beta}_{yj/n-j})$ den Vektoren der Regressionskoeffizienten der univariaten multiplen Modelle für alle Produktparameter. Der

---

[329] Vgl. Jahn, W. [Criterion], S. 1633 ff.

Fehlerterm $\underline{E}_{y/x} = \underline{Y} - E(\underline{Y}/\underline{X})$ ist multivariat normalverteilt mit dem Erwartungs-wertvektor Null und der bedingten Kovarianzmatrix $\Sigma_{yy/x}$. Die bedingte Kovarianzmatrix berechnet sich nach der Beziehung

$$\Sigma_{yy/x} = \Sigma_{yy} - \Sigma_{y.x}\Sigma_{xx}^{-1}\Sigma_{x.y}$$

(Gleichung 3.3-11)

$$= \Sigma_{yy} - \underline{\beta}_{yj/n-j}^{T}\Sigma_{xx}\underline{\beta}_{yj/n-j}.$$

Des weiteren ist $\underline{E}_{y/x}$ unabhängig von $\underline{X}$.[330] Zur Berechnung des Maßes für die Beherrschbarkeit des Prozesses mit den Prozeßgleichungen wird die Abhängigkeit der Produktparameter $\underline{Y}$ von allen n Input- und Prozeß-parametern benötigt. Diese Abhängigkeit wird durch den multivariaten multiplen Korrelationskoeffizienten $\tau_{y/x}^{2}$ ausgedrückt. Der multivariate multiple Korrelationskoeffizient ist ein Maß für den Grad der linearen Abhängigkeit zwischen den Produktparametern $\underline{Y}$ und dem bedingten Erwartungswert $E(\underline{Y}/\underline{X})$. Es gilt $0 \leq \tau_{y/x}^{2} \leq 1$. Der multivariate multiple Korrelationskoeffizient ist definiert mit

$$\tau_{y/x}^{2} = 1 - \frac{\left|\Sigma_{yy/x}\right|}{\left|\Sigma_{yy}\right|}$$ (Gleichung 3.3.12)

Wenn sich $\tau_{y/x}^{2}$ dem Wert eins nähert, erklären die Input- und Prozeß-parameter die Streuung aller Produktparameter gut. Damit ist $\tau_{y/x}^{2}$ das Maß für die Beherrschbarkeit des Prozesses, d.h. $\tau^{2}{}_{y/x}$ gibt an, wie die Streuung der Produktparameter $\underline{Y}$ durch die Steuerung mit der Prozeßgleichung reduziert werden kann, vorausgesetzt, die Input- und Prozeßparameter sind steuerbar.

3.3.1.2.3 Standardisiertes Modell

Das standardisierte Modell wird für den multivariaten multiplen Fall eingeführt. Es ist ein Spezialfall des multivariaten multiplen Modells und wird angewendet, wenn der Vektor $(\underline{Y}^{T}, \underline{X}^{T})$ eine elliptisch umrissene Verteilung hat. Des weiteren sind Berechnungen mit dem standardisierten Modell bei einem hohen Grad an Multikollinearität zu bevorzugen, da die Rechengenauigkeit durch die Verwendung von standardisierten Werten steigt. Insbesondere stark unter-

---

[330] Vgl. Muirhead, R. J. [Aspects], S. 429 ff.

schiedliche Werte für die Varianzen der Input-, Prozeß- und Produktparameter können die Rundungsgenauigkeit negativ beeinflussen. Dieses Problem tritt beim standardisierten Modell abgeschwächt auf.

Hat der Vektor $(\underline{Y}^T, \underline{X}^T)$ eine elliptisch umrissene Verteilung, d.h. $(\underline{Y}, \underline{X}) \sim E_{m+n}(\underline{\mu}, \Sigma)$, dann ist $E(\underline{Y}/\underline{X})$ ebenfalls eine lineare Funktion in $\underline{X}$, aber die bedingte Kovarianzmatrix $\Sigma_{yy/x}$ ist abhängig von den Input- und Prozeß- parametern $\underline{X}$.[331] Diese Abhängigkeit kann durch ein standardisiertes Modell beseitigt werden. Das standardisierte multivariate multiple lineare Modell lautet unter der Voraussetzung, daß alle Parameter standardisiert sind, d.h. $(\underline{Y}^T, \underline{X}^T) \sim N_{m+n}(\underline{0}, \underline{R})$

$$\underline{Y} = \underline{\beta}^{*T}_{yj/n-j} \operatorname{diag}(\Sigma_{xx})^{-1}(\underline{X} - \underline{\mu}_x) + \underline{E}^{*}_{y/x} \quad \text{(Gleichung 3.3-13)}$$

mit

$$\underline{\beta}^{*T}_{yj/n-j} = \underline{R}_{y.x} \cdot \underline{R}^{-1}_{xx}, \quad \text{(Gleichung 3.3-14)}$$

wobei sich $\underline{R}_{y.x}$ und $\underline{R}_{xx}$ analog der Zerlegung der Kovarianzmatrix im nichtstandardisierten Modell ergeben. Beim standardisierten Modell entfällt das Absolutglied. Der Fehlerterm $\underline{E}^{*}_{y/x} = Y - E(Y,\underline{X})$ ist normalverteilt mit dem Erwartungswert Null und der bedingten Korrelationsmatrix $\underline{R}_{yy/x}$, d.h. $\underline{E}^{*}_{y/x} \sim N_m(\underline{0}, \underline{R}_{yy/x})$. Die bedingte Korrelationsmatrix berechnet sich analog dem nicht-standardisierten Fall zu[332]

$$\underline{R}_{yy/x} = \underline{R}_{yy} - \underline{R}_{y.x}\underline{R}^{-1}_{xx}\underline{R}_{x.y}$$

$$\text{(Gleichung 3.3-15)}$$

$$= \underline{R}_{yy} - \underline{\beta}^{*T}_{yj/n-j}\underline{R}_{xx}\underline{\beta}^{*}_{yj/n-j}.$$

Des weiteren ist $\underline{E}^{*}_{y/x}$ unabhängig von $\underline{X}$. Das Maß der Beherrschbarkeit berechnet sich mit

$$\tau^2_{y/x} = 1 - \frac{\left|\underline{R}_{yy/x}\right|}{\left|\underline{R}_{yy}\right|}. \quad \text{(Gleichung 3.3-16)}$$

---

[331] Vgl. Muirhead, R. J. [Aspects], S. 34 ff.
[332] Vgl. Morrison, D. F. [Multivariate], S. 107

Die Kovarianzmatrix Σ und die Korrelationsmatrix $\underline{\underline{R}}$ hängen über die Beziehung

$$|\Sigma| = \prod_{j=1}^{n+1} \sigma_j^2 |\underline{\underline{R}}| \qquad \text{(Gleichung 3.3-17)}$$

zusammen.[333] Wenn mit $\underline{\underline{R}}$ anstelle von Σ gerechnet wird, müssen zu einer wertmäßigen Interpretation der Wirkung der einzelnen Input- und Prozeß- parameter die Regressionskoeffizienten wieder in den Ursprungsraum (Anschauungsraum) zurück transformiert werden. Das geschieht z.b. für den Regressionskoeffizienten des j-ten Prozeßparameter durch

$$\beta_{yj/n-j} = \beta^*_{yj/n-j} \frac{\sigma_y}{\sigma_j}, \qquad \text{(Gleichung 3.3-18)}$$

wobei $\beta^*_{yj/n-j}$ die Regressionskoeffizienten des standardisierten Modells und $\beta_{yj/n-j}$ die Regressionskoeffizienten des normalen Modells sind. Anschließend berechnet sich das Absolutglied β_0 analog dem nicht-standardisierten Modell.

3.3.1.2.4 Prozeßbegleitendes Modell

Im Prozeßnetzwerk arbeitet letztlich jeder Prozeß unter der Bedingung der Vorläuferprozesse, da die Produktparameter der Vorläuferprozesse gleich- zeitig die Inputparameter des aktuellen Prozesses sind. Daraus folgt, daß ein Prozeß über dessen Prozeßparameter unter der Bedingung der Input- parameter gesteuert werden muß, um die Produktparameter so zu beein- flussen, daß diese ihren Anforderungen genügen. Diese spezielle Frage- stellung wird durch das prozeßbegleitende Modell berücksichtigt. Das prozeßbegleitende Modell soll für das multivariate multiple lineare Modell eingeführt werden.

Der Vektor der Produkt- Input- und Prozeßparameter sei multivariat normal- verteilt, d.h. $(\underline{Y}^T, \underline{X}_h^T, \underline{X}_k^T) \sim N_{n+m}(\underline{\mu}, \Sigma)$. Dabei wirken die Prozeßparameter $\underline{X}_k^T = (X_{h+1}, ..., X_n)$ auf die Produktparameter $\underline{Y}$, unter der Bedingung, daß die Inputparameter $\underline{X}_h^T = (X_1, ..., X_h)$ konstant sind. Es gilt $k + h = n$. Der Erwartungswertvektor für die Parameter $(\underline{Y}^T, \underline{X}_h^T, \underline{X}_k^T)$ wird mit

---

[333] Vgl. Morrison, D. F. [Multivariate], S. 84 ff.

$$\underline{\mu}^T = (\underline{\mu}_m^T, \underline{\mu}_h^T, \underline{\mu}_k^T)$$

zerlegt, wobei $\underline{\mu}_y^T = (\mu_1, ..., \mu_m)$ dem Erwartungswertvektor der Produktparameter und $\underline{\mu}_h^T = (\mu_1, ..., \mu_h)$ bzw. $\underline{\mu}_k^T = (\mu_{h+1}, ..., \mu_n)$ den entsprechenden Erwartungswerten der Input- und Prozeßparameter entspricht. Die Zerlegung der Kovarianzmatrix erfolgt mit

$$\Sigma = \begin{pmatrix} \Sigma_{yy} & \Sigma_{y.h} & \Sigma_{y.k} \\ \Sigma_{h.y} & \Sigma_{hh} & \Sigma_{h.k} \\ \Sigma_{k.y} & \Sigma_{k.h} & \Sigma_{kk} \end{pmatrix}$$

$$= \begin{pmatrix} \Sigma_{yy} & \Sigma_{y.hk} \\ \Sigma_{y.kh} & \Sigma_{hk} \end{pmatrix},$$

wobei

$$\Sigma_{y.hk} = (\Sigma_{y.h}, \Sigma_{y.k})$$

und

$$\Sigma_{hk} = \begin{pmatrix} \Sigma_{hh} & \Sigma_{h.k} \\ \Sigma_{k.h} & \Sigma_{kk} \end{pmatrix}$$

gelten. Σ sei positiv definit. Das prozeßbegleitende Modell lautet[334]

$$\underline{Y} = \underline{\beta}_{y/k}^T \underline{X}_k + \underline{\beta}_{y.k/h}^T (\underline{X}_h - \underline{\beta}_{h/k}^T \underline{X}_k) + \underline{E}_{y/hk}. \qquad \text{(Gleichung 3.3-19)}$$

$\underline{\beta}_{y/k}$ ist der Matrix der Regressionskoeffizienten der Prozeßparameter, die auf die Produktparameter $\underline{Y}$ wirken, ohne die Berücksichtigung der Wirkung der Inputparameter $\underline{X}_k$. Es gilt analog dem nicht prozeßbegleitenden Modell

$$\underline{\beta}_{y/k}^T = \Sigma_{y.k} \cdot \Sigma_{kk}^{-1}. \qquad \text{(Gleichung 3.3-20)}$$

Die Wirkung der Input- und Prozeßparameter $\underline{X}_k$ muß aber um den Einfluß von $\underline{X}_h$ korrigiert werden. Dies erfolgt durch die Korrektur der Wirkung von $\underline{X}_h$ um die Wirkung von $\underline{X}_k$ mit

---

[334] Vgl. Jahn, W. [Criterion], S. 1639 ff.

$$\underline{\beta}^T_{h/k} = \Sigma_{h.k} \cdot \Sigma^{-1}_{kk} \quad \text{(Gleichung 3.3-21)}$$

und

$$\underline{\beta}^T_{y.k/h} = \Sigma_{y.k/h} \cdot \Sigma^{-1}_{kk/h} \quad \text{(Gleichung 3.3-22)}$$

mit

$$\Sigma_{y.k/h} = \Sigma_{y.k} - \Sigma_{y.h}\Sigma^{-1}_{hh}\Sigma_{h.k} \quad \text{(Gleichung 3.3-23)}$$

und

$$\Sigma_{kk/h} = \Sigma_{kk} - \Sigma_{h.k}\Sigma^{-1}_{hh}\Sigma_{k.h} . \quad \text{(Gleichung 3.3-24)}$$

Der Fehlerterm $\overset{*}{\underline{E}}_{y/hk}$ ist unabhängig von $(\underline{X}_h, \underline{X}_k)$ und normalverteilt mit dem Erwartungswertvektor Null und der bedingten Kovarianzmatrix

$$\Sigma_{yy/hk} = \Sigma_{yy} - \underline{\Sigma}_{y.h}\Sigma^{-1}_{hh}\Sigma_{h.y} - \underline{\beta}^T_{y.k/h}\Sigma^{-1}_{hh/k}\underline{\beta}_{y.k/h}, \quad \text{(Gleichung 3.3-25)}$$

d.h. $\overset{*}{\underline{E}}_{y/hk} \sim N_{m+n}(\underline{0}, \Sigma_{yy/hk})$, wobei

$$\Sigma_{hh/k} = \Sigma_{hh} - \Sigma_{h.k}\Sigma^{-1}_{kk}\Sigma_{k.h} . \quad \text{(Gleichung 3.3-26)}$$

Das Maß der Beherrschbarkeit für das Modell ist

$$\tau^2_{y/hk} = 1 - \frac{|\Sigma_{yy/hk}|}{|\Sigma_{yy}|} . \quad \text{(Gleichung 3.3-27)}$$

Es gibt analog den anderen Modellen an, wie gut die Streuung der Produktparameter durch die Input- und Prozeßparameter erklärt werden kann, allerdings unter der Bedingung, daß die Prozeßparameter unter der Bedingung der Inputparameter auf die Produktparameter wirken. Da durch diese Bedingung die Einflußmöglichkeiten auf die Produktparameter geringer sind als beim unbedingten Modell, wird auch das Maß der Beherrschbarkeit geringer.

3.3.1.3 Statistische Realisierung

Die Modellparameter in den vorgestellten Modellen sind unbekannt und sollen im Rahmen der Statistischen Prozeßanalyse bestimmt werden. Dies erfolgt mit Hilfe der Maximum Likelihood Schätzfunktion (MLSF)[335] aus den Daten, die als Beobachtungen der Prozeßrealisierungen erhoben werden. Da alle Parameter gemeinsam normalverteilt sind, liefert die MLSF die besten Schätzungen. Ein wesentliches Ziel der Statistischen Prozeßanalyse, die Vorhersage mit den statistischen Modellen, wird ebenfalls in diesem Abschnitt behandelt.

3.3.1.3.1 Schätzung der unbekannten Modellparameter

Die Schätzung der unbekannten Modellparameter wird für das multivariate multiple Modell eingeführt. In diesem Modell sind die Modellparameter β_0, $\underline{\beta}_{yj/n-j}$ und $\Sigma_{yy/x}$ unbekannt. Diese Modellparameter können nur bestimmt werden, wenn man eine Stichprobe für die Input-, Prozeß- und Produktparameter beobachtet, d.h. die Parameter zuordenbar mißt. Die Werte für die Parameter sind im laufenden Prozeß zu ermitteln. Dabei ist darauf zu achten, daß die „Geschichten" der Produkte lückenlos aufgezeichnet werden. Für die Stichprobe vom Umfang N der Input-, Prozeß- und Produktparameter bedeutet dies,

- die Daten müssen einander zuordenbar sein,

- die Wertesätze müssen vollständig sein,

- die Daten müssen so genau wie möglich gemessen werden und

- die Daten müssen an genügend vielen Produkten ermittelt werden. Der Stichprobenumfang N soll genügend groß sein, d.h. für multiple Modelle muß mindestens $N > n + 30$ gelten.

Die letzte Forderung ergibt sich aus dem Umstand, daß die Regressions-koeffizienten im Modell mit stochastischen Prozeßparametern nicht normal-verteilt sind. Somit sollten parametrische Tests zur Prüfung der Regressions-koeffizienten, die auf der Annahme der Normalverteilung basieren, nach dem

---

[335] Vgl. Schneeweiß, H. [Ökonometrie], S. 53 ff.

zentralen Grenzwertsatz[336] erst bei einem Stichprobenumfang von N > n + 30 durchgeführt werden.

Die erhobenen Werte für die Input-, Prozeß- und Produktparameter werden in eine Datenmatrix (vgl. Tabelle 3.3-2) übertragen.

	Produktparameter				Input- und Prozeßparameter			
Nr.	Y_1	Y_2	...	Y_m	X_1	X_2	...	X_n
1	y_{11}	y_{12}	...	y_{1m}	x_{11}	x_{12}	...	x_{1n}
...	...	...	...	...	...	...	...	...
N	y_{N1}	y_{N2}	...	y_{Nm}	x_{N1}	x_{N2}	...	x_{Nn}

Tabelle 3.3-2: Datenmatrix

Die Datenmatrix enthält alle N Wertesätze für die Produktparameter $\underline{Y}^T = (Y_1,...,Y_m)$ und die Input- und Prozeßparameter $\underline{X}^T = (X_1,...,X_n)$. Die Primärdaten werden matriziell durch

$$\underline{Z} = (\underline{X},\underline{Y})$$

dargestellt. Nach der MLSF ergibt sich hieraus eine Schätzung des Vektors der Erwartungswerte

$$\overline{\underline{Z}}^T = (\overline{\underline{Y}}^T, \overline{\underline{X}}^T) = (\overline{Y}_1,,...,\overline{Y}_m\overline{X}_1,...,\overline{X}_n),$$

also dem Vektor der arithmetischen Mittelwerte für den Produkt- und die Input- und Prozeßparameter. Ebenfalls mit der MLSF erhält man[337]

$$\underline{A} = \sum_{i=1}^{N}(\underline{Z}_i - \overline{\underline{Z}})(\underline{Z}_i - \overline{\underline{Z}})^T . \quad \text{(Gleichung 3.3-28)}$$

die Summe der dyadischen Produkte der Abweichungen der Einzelwertvektoren vom Vektor der Mittelwerte als Schätzung für die Kovarianzmatrix. Mit der Normierung

$$\underline{S} = \frac{1}{N-1}\underline{A}$$

[336] Vgl. Müller, H. [Wahrscheinlichkeitsrechnung], S. 507 ff.
[337] Vgl. Anderson, T. W. [Introduction], S. 60 ff.

ist $\underline{\underline{S}}$ die MLSF für Σ (beste lineare erwartungstreue Schätzfunktion). $\underline{\underline{S}}$ wird anlog zu Σ zerlegt, d.h.

$$\underline{\underline{S}} = \begin{pmatrix} \underline{\underline{S}}_{yy} & \underline{\underline{S}}_{y.x} \\ \underline{\underline{S}}_{x.y} & \underline{\underline{S}}_{xx} \end{pmatrix}.$$

Mit den Elementen von $\underline{\underline{S}}$ werden nach dem Lemma von Zehna[338] die Regressionskoeffizienten $\underline{\beta}_{yj/n-j}$ und die bedingte Kovarianzmatrix $\Sigma_{yy/x}$ geschätzt. Daraus folgt die MLSF für $\underline{\beta}_{yj/n-j}$ mit

$$\underline{\underline{b}}^T_{yj/n-j} = \underline{\underline{S}}_{y.x}\underline{\underline{S}}^{-1}_{xx}. \quad \text{(Gleichung 3.3-29)}$$

Die Absolutglieder der m Modellgleichungen berechnen sich nach

$$\underline{b}_0 = \overline{\underline{Y}} - \underline{\underline{b}}^T_{yj/n-j}\overline{\underline{X}}. \quad \text{(Gleichung 3.3-30)}$$

$\underline{\underline{S}}_{yy/x}$ ist die MLSF für $\Sigma_{yy/x}$ und hat die Form

$$\underline{\underline{S}}_{yy/x} = \underline{\underline{S}}_{yy} - \underline{\underline{S}}_{y.x}\underline{\underline{S}}^{-1}_{xx}\underline{\underline{S}}_{x.y}$$
$$\text{(Gleichung 3.3-31)}$$
$$= \underline{\underline{S}}_{yy} - \underline{\underline{b}}^T_{y.x}\underline{\underline{A}}_{xx}\underline{\underline{b}}_{y.x}.$$

$\underline{\underline{A}}_{xx}$ erhält man durch Zerlegung der Matrix $\underline{\underline{A}}$ analog zu $\underline{\underline{S}}$. Das Maß der Beherrschbarkeit ist

$$\tau^2_{y/x} = 1 - \frac{\left|\underline{\underline{S}}_{yy/x}\right|}{\left|\underline{\underline{S}}_{yy}\right|}. \quad \text{(Gleichung 3.3-32)}$$

Damit lautet das statistische Modell[339]

$$\underline{Y} = \underline{b}_0 - \underline{\underline{b}}^T_{yj/n-j}\underline{X} + \underline{\underline{E}}_{y/x} \quad \text{(Gleichung 3.3-33)}$$

mit $\underline{\underline{E}}_{y/x} \sim N(\underline{0}, \Sigma_{yy/x} \otimes I_N)$, wobei I_N eine N-dimensionale Einheitsmatrix ist. Die Verteilung von $\underline{\underline{b}}_{yj.n-j}$ ist eine verallgemeinerte Gammaverteilung und

---

[338] Vgl. Zehna, P. W. [Invariance], S. 755 ff.
[339] Vgl. Jahn, W. [Criterion], S. 1634

unterscheidet sich von der Verteilung der Schätzfunktion aus dem Modell mit deterministischen Prozeßparametern.

3.3.1.3.2 Vorhersagen mit dem statistischen Modell

Eine Modellgleichung wird u.a. aufgestellt, um einen Prozeß zu steuern. Zur Steuerung werden Werte für die Input- und Prozeßparameter in die Gleichung eingesetzt und die Werte für die Produktparameter berechnet. In diesem Sinne ist die Vorhersage zu verstehen, obwohl es sich im Grunde um eine Extra- bzw. Interpolation handelt. Da die Werte für die Produktparameter eine Streuung besitzen, muß die Frage gestellt werden, wie genau die Vorhersage ist. Dazu werden die bedingten und unbedingten Vorhersagefehler berechnet.

a) Bedingte Vorhersagefehler

Der Vektor der Input- und Prozeßparameter, für den der (die) Produktparameter vorhergesagt werden soll(en), sei $\underline{X}_E$, wobei $\underline{X}_E$ wie $\underline{X}$ verteilt ist. Die Vorhersage von Y im univariaten Fall mit der Prozeßgleichung liefert

$$\hat{Y}_E = b_0 + \underline{b}_{yj/n-j}^T \underline{X}_E \, .$$

Die Streuung von $\hat{Y}_E$ ist ein Maß für die Genauigkeit der Vorhersage. Folglich muß die Streuung von $\hat{Y}_E$ berechnet werden. Es gilt[340]

$$E\left[\left(Y - \hat{Y}_E\right)^2 / \underline{X}, \underline{X}_E\right] = \sigma_{y/x}^2 \left\{1 + \left[\text{diag}\left(\underline{\underline{S}}_{xx}\right)\left(\underline{X}_E - \overline{\underline{X}}\right)\right]^T \underline{\underline{S}}_{xx}^{-1} \left[\text{diag}\left(\underline{\underline{S}}_{xx}\right)\left(\underline{X}_E - \overline{\underline{X}}\right)\right]\right\}.$$

Um einen praktikableren Ausdruck für den Fehler zu bekommen, der für alle möglichen $\underline{X}$ und $\underline{X}_E$ gilt, wird über die Bedingungen integriert. Dies erreicht man durch erneute Bildung des Erwartungswertes. Daraus ergibt sich der unbedingte Vorhersagefehler.

b) Unbedingter Vorhersagefehler

Der unbedingte Vorhersagefehler ist[341]

[340] Vgl. Schneeweiß, H. [Ökonometrie], S. 76 f.
[341] Vgl. Jahn, W. [Criterion], S. 1635 f.

$$E\left\{E\left[\left(Y-\hat{Y}\right)^2 / \underline{X},\underline{X}_E\right]\right\} = E\left[\left(Y-\hat{Y}\right)^2\right]$$

$$= \sigma_{y/x}^2\left(1 + \frac{n}{N-n-1}\right) \quad \text{(Gleichung 3.3-34)}$$

$$= s_{y/x}^2 \frac{N-1}{N-n-1} = \hat{U}_{N.n}.$$

Mit $\hat{Y}_E \pm \sqrt{\hat{U}_{N.n}}$ ergibt sich ein Vorhersageintervall für den Produktparameter, wenn der Vorhersagevektor $\underline{X}_E$ in die Prozeßgleichung eingesetzt wird. Dieser Fehler setzt sich aus zwei Termen zusammen:

- Der 1. Term ist die MLSF für die bedingte Varianz. Diese Größe ist eine monoton nicht wachsende Funktion der Anzahl n der Prozeßparameter, d.h. mit zunehmender Anzahl an Prozeßparametern kann diese Funktion $s_{y/x}^2(n)$ nie größer werden.

- Der 2. Term $\dfrac{N-1}{N-n-1}$ ist steigend in n.[342]

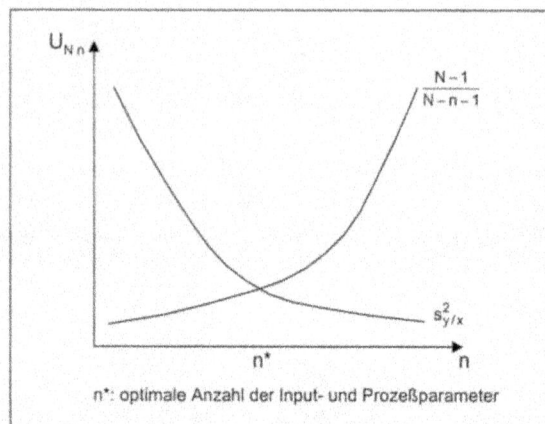

Abbildung 3.3-2: Optimale Anzahl von Input- und Prozeßparametern

---

[342] Vgl. Steerneman, A. G. M. [Choice of Variables], S. 70

Damit wird klar, daß es zwischen beiden Funktionen einen Schnittpunkt geben muß, wie in Abbildung 3.3-2 dargestellt. Aus der Abbildung folgt, daß eine Modellgleichung mit einer reduzierten Anzahl von Input- und Prozeß-parametern existiert, die den Vorhersagefehler minimiert. Das vollständige Modell kann somit untersucht werden, ob es Input- und Prozeßparameter gibt, die redundant oder unwichtig sind und somit gestrichen werden können und dabei gleichzeitig den unbedingten Vorhersagefehler verringern.[343]

3.3.1.4 Tests für Hypothesen

Es gibt verschieden Hypothesen, die im linearen Modell mit stochastischen Prozeßparametern geprüft werden können. Allgemein soll dabei geprüft werden, ob das Modell an sich sinnvoll ist und ob die Annahmen des Modells erfüllt sind. In den folgenden Abschnitten werden statistische Tests für die Prüfung der Normalverteilungshypothese und Tests für die Prüfung der Regressionskoeffizienten vorgestellt.

3.3.1.4.1   Test der Normalverteilungshypothese

Das Modell mit deterministischen Input- und Prozeßparametern ist, wie bereits festgestellt, die bedingte Version des stochastischen Modells. Im Modell mit deterministischen Prozeßparametern wird zunächst nur ein Test für die Prüfung der Hypothese, daß $Y \sim N_1(\mu, \sigma^2)$ ist, zur Verfügung gestellt. Hierfür wird der χ^2-Anpassungstest oder der Kolmogorov-Smirnov Test verwendet.[344]

Zur Prüfung der (m+n)-dimensionalen Normalverteilung des Vektors aller Input-, Prozeß- und Produktparameter $\underline{Z}^T = (\underline{Y}^T, \underline{X}^T)$ ist die einzelne Prüfung aller Parameter auf Normalverteilung nicht ausreichend. Vielmehr muß ein Test auf die multivariate Normalverteilung aller Parameter durchgeführt werden.[345] Einen Überblick über verschiedene Tests geben Müller[346] und Jobson.[347] Wenn der Test zeigt, daß der Vektor $\underline{Z}$ nicht multivariat normalverteilt ist, so kann über die Standardisierung von $\underline{Z}$ geprüft werden, ob die Parameter

---

[343] Vgl. Kapitel 3.3.1.5
[344] Vgl. Fisz, M. [Wahrscheinlichkeitsrechnung], S. 506 ff.
[345] Vgl. Beirlant, J., D. M. Mason undC. Vynckier [Goodness-of-fit], S. 119 ff., Yang, Z.-H., K.-T. Fang und J.-J. Linang [Characterization], S. 351 ff.
[346] Vgl. Müller, H. [Wahrscheinlichkeitsrechnung], S. 223
[347] Vgl. Jobson, J. D. [Applied 1 oder 2], S. 148 ff.

elliptisch umrissen sind. Ist dies ebenfalls nicht der Fall, so muß über geeignete Transformationen nachgedacht werden.[348]

3.3.1.4.2   Prüfung von Hypothesen über die Regressionskoeffizienten

Mit Hilfe von Tests über die Regressionskoeffizienten soll geprüft werden, ob das gesamte Regressionsmodell signifikant und somit sinnvoll ist und ob die einzelnen Regressionskoeffizienten signifikant sind. In diesem Abschnitt wird ein Test zur Prüfung aller Regressionskoeffizienten und ein Test für die Prüfung der einzelnen Regressionskoeffizienten vorgestellt.

a) Globaler Test für $\underline{\beta}_{y/n-j}$

Es ist sinnvoll, zunächst zu prüfen, ob die univariaten multiplen Regressionskoeffizienten einer Regressionsgleichung als Ganzes signifikant sind.[349] Damit wird gleichzeitig geprüft, ob das Maß der Beherrschbarkeit signifikant von Null verschieden ist. Dazu ist zunächst die Hypothese

$$H_0: \underline{\beta}_{y/n-j} = 0$$

gegen die Alternative

$$H_1: \underline{\beta}_{y/n-j} \neq 0$$

zu prüfen. Aus der Theorie ist bekannt, daß $\underline{\underline{S}}_{xx}$ nach Wishart verteilt ist (die Wishart-Verteilung ist die Verallgemeinerung der χ^2-Verteilung).[350] Daraus folgt, daß[351]

$$\frac{\underline{b}_{y/n-j}^T \underline{\underline{S}}_{xx} \underline{b}_{y/n-j}}{s_{y/n-j}^2} \cdot \frac{N-n}{n} = \frac{R_{y/x}^2}{1-R_{y/x}^2} \cdot \frac{N-n}{n} \qquad \text{(Gleichung 3.3-35)}$$

nach F verteilt ist, mit N-n und n Freiheitsgraden, wobei $R_{y/x}^2$ das univariate multiple Maß der Beherrschbarkeit ist. Damit wird die Prüfung der Hypothesen $H_0: \underline{\beta}_{y/n-j} = 0$ bzw. $H_0: R_{y/x}^2 = 0$ mit dem F-Test

[348] Vgl. Sen, A. und Srivastava, M. [Regression], S. 180 ff.
[349] Vgl. Backhaus, u.a. [Multivariate], S. 27 ff.
[350] Vgl. Kshirsagar, A. M. [Multivariate], S. 60 ff.
[351] Vgl. Morrison, D. F. [Multivariate], S. 108

$$F^* = \frac{R_{y/x}^2}{1-R_{y/x}^2} \cdot \frac{N-n}{n} \qquad \text{(Gleichung 3.3-36)}$$

durchgeführt. Ist $F^* > F_{N-n,n,1-\alpha}$, wird H_0 verworfen, d.h. dann beeinflussen die Prozeßparameter den (die) Produktparameter und die Regressionsanalyse ist sinnvoll.

b) Prüfung von Einzelhypothesen

Falls H_0 verworfen wird, wird geprüft, welcher der Regressionskoeffizienten $b_{yj/n-j} =: b_{yj/1,\ldots,(j-1),(j+1),\ldots,n}$ von null verschieden ist. Das impliziert eine Reihenfolge der Wirkungen der Input- und Prozeßparameter auf die Produktparameter. Durch die Zuordnung eines Testwertes zu den Regressionskoeffizienten kann eine Rangfolge gebildet werden. Die t-Statistik ist ein Maß für die Signifikanz eines Input- oder Prozeßparameters und zeigt wie stark der Erwartungswert des Produktparameters durch den entsprechenden Input- oder Prozeß-parameter beeinflußt werden kann. Zur Prüfung der Einzelhypothesen H_{0j}: $b_{yj/n-j} = 0$ kann ebenfalls der F-Test verwendet werden. Es gilt

$$F^* = \frac{b_{yj/n-j}^2(N-n)}{s_{y/x}^2 s^{jj}} \qquad \text{(Gleichung 3.3-37)}$$

ist F-verteilt mit n und N-n-1 Freiheitsgraden, wobei

$$s^{jj} = s_j^{-2}(1-R_{j/n-j}^2)^{-1}$$

das j-te Diagonalelement von $\underline{\underline{S}}_{xx}^{-1}$ und s_j die Standardabweichung des j-ten Input- oder Prozeßparameter ist. Anstelle des F-Tests kann auch der t-Test verwendet werden, da

$$\frac{b_{yj/n-j}}{\sqrt{s_{y/x}^2 s^{jj}}} \cdot \sqrt{(N-n)} \qquad \text{(Gleichung 3.3-38)}$$

t-verteilt ist.

Für das multivariate multiple lineare Modell kann der F-Test nach Anpassung verwendet werden. Allerdings muß beachtet werden, daß z.B. zur Prüfung des j-ten Produktparameters die Hypothese unter der Bedingung der vorange-gangenen (j-1) Produktparameter zu prüfen ist. Somit werden zunächst die Hypothesen für das Modell $E(Y_1/ \underline{X})$ geprüft. Zur Prüfung von Hypothesen bezüglich des nächsten Produktparameters Y_2 wird das Modell $E(Y_2/ Y_1, \underline{X})$

verwendet. Nach dieser Vorgehensweise können alle Hypothesen rekursiv geprüft werden.[352]

Eine andere Möglichkeit besteht darin, alle Produktparameter über die quadratische Form

$$(\underline{Y} - \underline{\bar{Y}})^T \underline{\underline{S}}_{yy}^{-1} (\underline{Y} - \underline{\bar{Y}})$$

zu Produkten zusammenzufassen und in Abhängigkeit von den Prozeßparametern darzustellen.

3.3.1.5 Auswahl der wesentlichen Input- und Prozeßparameter

Um einen Prozeß sensibel steuern zu können, muß die Streuung der Produktparameter eines Prozesses möglichst gut erklärt werden bzw. das Modell soll gute Vorhersagen ermöglichen. Deshalb wird bei der Modellierung eines Prozesses von dem Grundsatz des Galilei[353] „Miß was meßbar ist und mache meßbar, was nicht meßbar ist" ausgegangen. Dies bedeutet, daß zunächst viele Input- und Prozeßparameter in das Modell aufgenommen werden. Anschließend muß das vollständige Modell auf eine optimale Anzahl von Input- und Prozeßparametern reduziert werden. Dabei soll die optimale Anzahl der Input- und Prozeßparameter das Minimum des unbedingten Vorhersagefehlers ergeben.

Die optimale Anzahl der Input- und Prozeßparameter im Sinne der Abbildung 3.3-2 wird nur erreicht, wenn unwesentliche und redundante Input- und Prozeßparameter aus dem vollständigen Modell entfernt werden. Unwesentliche Input- und Prozeßparameter beeinflussen einen Produktparameter nur sehr geringfügig und haben somit keinen wesentlichen Erklärungsgehalt für die Streuung des Produktparameters und können daher aus dem Modell entfernt werden. Redundante Input- und Prozeßparameter scheinen zunächst für die Erklärung der Streuung eines Produktparameters wesentlich zu sein. Ihr Erklärungsgehalt ist jedoch in anderen Input- und Produktparametern ebenfalls enthalten, so daß bei einer Entfernung dieser Input- und Prozeßparameter aus dem Modell keine wesentliche Information verloren geht.

---

[352] Vgl. Jahn, W. [Kriterien], S. 5 ff.
[353] Vgl. o. V. [Galileo Galilei], o.S.

Redundanz tritt vor allem bei starken Abhängigkeiten zwischen den Input- und Prozeßparametern, d.h. bei Multikollinearität auf.

Eine Diskussion der Abhängigkeiten in der statistischen Prozeßanalyse kann nicht ohne eine Diskussion der Multikollinearität geführt werden. Multikollinearität ist eine Erscheinung, die in den Wirtschaftswissenschaften häufig auftritt.[354] Bei einem hohen Grad an Multikollinearität können Probleme bei der Schätzung der unbekannten Modellparameter auftreten.[355] Diese Probleme werden im folgenden Abschnitt erläutert. Ein Überblick der möglichen Verfahren zur Reduktion des Grades an Multikollinearität folgt. Schließlich wird mit dem RED-Auswahlverfahren von Jahn[356] ein Verfahren vorgestellt, das die optimale Anzahl der Input- und Prozeßparameter bestimmt. Durch die Reduktion der Anzahl der Input- und Prozeßparameter soll auch der Grad an Multikollinearität reduziert werden.

3.3.1.5.1   Das Problem der Multikollinearität

Exakte Multikollinearität liegt vor, wenn zwei oder mehr Input- oder Prozeßparameter mit der Wahrscheinlichkeit Eins linear voneinander abhängig sind. Dies hat zur Folge, daß die Kovarianzmatrix bzw. die Korrelationsmatrix nicht mehr positiv definit und somit nicht mehr invertierbar ist. Damit sind die Regressionskoeffizienten mittels KQS bzw. MLSF nicht mehr schätzbar.[357] Im folgenden soll Multikollinearität als annähernde Linearität zwischen zwei oder mehreren Prozeßparametern definiert werden[358] und funktional mit dem Grad der Multikollinearität[359]

$$\delta = |\underline{R}_{xx}^{-1}| \quad \text{(Gleichung 3.3-39)}$$

ausgedrückt werden. Diese Definition hat zur Folge, daß Multikollinearität letztlich immer vorliegt, jedoch mit unterschiedlichem Grad.[360] Im folgenden wird Multikollinearität hinsichtlich ihrer Herkunft, ihrer Wirkung und deren

---

[354] Vgl. Belsley, D. A., E. Kuh und R. E. Welsch [Diagnostics], S. 85 ff, Fomby, T., C. Hill und S. Johnson [Econometric Modells], S. 283 f., Judge, G. u. a. [Econometric], S. 610 ff., Koutsoyiannis, A. [Econometrics], S. 233 f, Schneeweiß, H. [Ökonometrie], S. 136

[355] Vgl. Sen, A. und M. Srivastava [Regression], S. 218, Belsley, D. A., E. Kuh und R. E. Welsch [Diagnostics], S. 86

[356] Vgl. Jahn, W. [Criterion], S. 1641 ff.

[357] Vgl. Koutsoyiannis, A. [Econometrics], S. 234 f.

[358] Vgl. Gunst, F. [Multicollinear], S. 2222

[359] Vgl. Jahn, W. und M. Rieldel [Dimension], S. 751

[360] Vgl. Mason, R. L. [Multicollinearity], S. 278

Identifizierung untersucht. Die Herkunft der Multikollinearität soll Anhaltspunkte über die Möglichkeiten der Handhabung bzw. Reduktion der Multikollinearität durch eine Reduktion der Anzahl der Input- und Prozeßparameter liefern. Zu unterscheiden sind:[361]

a) Populations-inhärente Multikollinearität

Diese Art der Multikollinearität liegt vor, wenn die Grundgesamtheit selbst sehr hoch multikollinear ist. In diesem Fall reagiert ein Prozeß sehr sensibel auf Änderungen der Input- und Prozeßparameter. Eine Reduktion der Anzahl der Input- und Prozeßparameter ist in diesem Fall ohne negative Folgen möglich.

b) Modell-inhärente Multikollinearität

Modell-inhärente Multikollinearität entsteht aufgrund der Modellspezifikation. Dabei ist zwischen einer exakten und einer annähernden Multikollinearität zu unterscheiden. Eine exakte Multikollinearität kann durch die Definition der Input- und Prozeßparameter bei gemischten Experimenten und bei kategorialer Regression unter Einbeziehung eines Absolutgliedes in das Modell entstehen. Weitaus bedeutender ist die annähernde Multikollinearität durch die Modellspezifikation,[362] die auftreten kann, wenn eine große Anzahl von Input- und Prozeßparametern in das Modell aufgenommen wird, oder wenn einige Input- und Prozeßparameter inhaltlich sehr ähnlich sind. Dies tritt z.B. auf, wenn ein Einfluß nicht direkt, sondern über Hilfsparameter beschrieben wird (z.B. Operationalisierung von Mitarbeiterqualifikation). Modell-inhärente Multikollinearität tritt auch bei Polynomen von Parametern auf, die häufig im Bereich der Linearisierung verwendet werden. Eine Reduktion der Anzahl der Input- und Prozeßparameter ist in diesen Fällen möglich, wobei davon ausgegangen wird, daß die Abhängigkeitsstruktur über die Zeit konstant bleibt.

c) Künstliche Multikollinearität

Diese Art der Multikollinearität wird durch die Art der Stichprobenziehung hervorgerufen. Exakte Multikollinearität tritt in diesem Zusammenhang auf, wenn die Anzahl der Input- und Prozeßparameter den Stichprobenumfang übersteigt.[363] Die exakte Multikollinearität kann beseitigt werden, wenn der Stichprobenumfang erhöht wird. Auch Ausreißer in den erhobenen Daten

---

[361] Vgl. Gunst, F. [Multicollinear], S. 2227 ff.
[362] Vgl. Gunst, F. [Multicollinear], S. 2226 f.
[363] Vgl. Mason, R. L. [Multicollinearity], S. 279

können Multikollinearität hervorrufen. Durch die Beseitigung der Ausreißer verringert sich möglicherweise die Multikollinearität.[364] Um dieses Problem zu vermeiden, sollten die erhobenen Daten auf multivariate Ausreißer untersucht werden, z. B über die T^2-Statistik von Hotelling.[365] Werden die Daten aus der Grundgesamtheit nicht zufällig, sondern systematisch nach bestimmten Eigenschaften erhoben, kann ebenfalls Multikollinearität auftreten.[366] Diese Art der Multikollinearität ist der modell-inhärenten Multikollinearität sehr ähnlich und erlaubt ebenfalls eine Reduktion der Anzahl der Input- und Prozeß-parameter.

Multikollinearität hat Auswirkungen auf die Schätzung der unbekannten Modellparameter, die als erheblich betrachtet werden, wenn die Multikolli-nearität negativen Einfluß auf die Schätzung der Modellparameter und auf die Vorhersage hat.[367] Bevor auf mögliche negative Auswirkungen der Multikolli-nearität eingegangen wird, soll eine wichtige Eigenschaft der Multikollinearität anhand der inversen Korrelationsmatrix der Input- und Prozeßparameter aufgezeigt werden. Die Elemente der Inversen von $\underset{\sim}{R}_{xx}$ sind[368]

$$
\underset{\sim}{R}_{xx}^{-1} = \begin{cases} (1 - R_{j/n-j}^2)^{-1} & \text{für alle } j \\[2em] \dfrac{-R_{jk/n-jk}}{\sqrt{(1 - R_{j/n-j}^2)(1 - R_{k/n-k}^2)}} & \text{für alle } j \text{ und } k, \, j \neq k, \end{cases}
\qquad \text{(Gleichung 3.3-40)}
$$

wobei $R_{j/n-j}^2$ die univariaten multiplen Korrelationskoeffizienten aller Input- und Prozeßparameter auf den j-ten Input- oder Prozeßparameter und $R_{jk/n-jk}$ die partiellen Korrelationskoeffizienten auf den j- und k-ten Input- oder Prozeßparameter sind. Ein großer Wert für $R_{j/n-j}^2$ bedeutet, daß der j-te Input- oder Prozeßparameter gut durch eine Linearkombination der anderen Parameter dargestellt werden kann und damit redundante Informationen enthält.[369] Somit führt eine Entfernung dieses Prozeß- und Inputparameters zu keiner starken Verringerung des Maßes der Beherrschbarkeit $R_{y/x}^2$. Damit

[364] Vgl. Gunst, F. [Multicollinear], S. 2233 ff.
[365] Vgl. Anhang A.3
[366] Vgl. Gunst, F. [Multicollinear], S. 2231
[367] Vgl. Gunst, F. [Multicollinear], S. 2247
[368] Vgl. Jahn, W. [Criterion], S. 1638
[369] Vgl. Bowerman, B und R. O'Connell [Applied Statistics], S. 840, Lardaro, L. [Applied Econometrics], S. 462 f.

zeigt sich, daß die Entfernung von Input- oder Prozeßparametern zu einer Reduktion der Multikollinearität führt, ohne daß dadurch die Aussagekraft des Modells leidet.

Eine erste Wirkung hat Multikollinearität auf die geschätzten Regressions-koeffizienten $\underline{b}_{yy/n-j}$. Diese können in ihrem Wert sehr groß werden, was bei einer geringen Änderung des Input- oder Prozeßparameters zu einer starken Änderung des Produktparameters führt.[370] Dies bedeutet, daß durch einen hohen Grad an Multikollinearität die Regressionshyperebene instabil wird.[371]

Die Vorzeichen der Input- oder Prozeßparameter können sich ebenfalls ändern.[372] Dies liegt daran, daß bei hohem Grad an Multikollinearität[373] einzelne Input- und Prozeßparameter andere Input- und Prozeßparameter so stark beeinflussen, daß sich die Vorzeichen dieser Input- oder Prozeß-parameter ändern können.[374] Anhand vom Verfasser durchgeführter Simula-tionen über den Zusammenhang zwischen dem Grad an Multikollinearität und dem Wert bzw. Vorzeichen der Regressionskoeffizienten zweier Input- oder Prozeßparameter läßt sich erkennen, daß bei steigendem Grad der Multikolli-nearität einer der beiden Regressionskoeffizienten sein Vorzeichen wechselt. Ist ein Regressionskoeffizient genau Null, so wird die Reststreuung des Modells maximal und somit das Bestimmtheitsmaß minimal. Eine weiter-führende Simulation mit drei Regressionskoeffizienten führte zu den gleichen Ergebnissen. Somit existiert ein Grad an Multikollinearität, bei dem das Bestimmtheitsmaß minimal wird.

Die Multikollinearität hat des weiteren einen Einfluß auf die Reststreuung und das Bestimmtheitsmaß. Beide Größen stehen im standardisierten Modell über

$$|\underline{R}| = \prod_{j=1}^{n+m} \sigma^2_{j/n-j}$$

miteinander in Beziehung. Der Einfluß der Multikollinearität auf die Regres-sionskoeffizienten und die Reststreuung wurde für n = 2 berechnet und für n > 2 durch Simulationen geprüft.[375] Das Ergebnis zeigte, daß die Rest-

[370] Vgl. Sen, A. und M. Srivastava [Regression], S. 221
[371] Vgl. Bowerman, B und R. O´Connell [Applied Statistics], S. 840
[372] Vgl. Bowerman, B und R. O´Connell [Applied Statistics], S. 839
[373] Vgl. Anhang B.2
[374] Vgl. Gunst, F. [Multicollinear], S. 2249 ff.
[375] Vgl. Jahn, W. und M. Riedel [Dimension], S. 751 ff.

streuung und das Bestimmtheitsmaß vom Grad der Multikollinearität abhängen. Des weiteren liegt die minimale Reststreuung (maximales Bestimmtheitsmaß) nicht unbedingt bei orthogonalen Prozeßparametern, sondern bei einem bestimmten Grad an Multikollinearität. Simulationen mit komplexeren Korrelationsstrukturen führten zu den gleichen Ergebnissen.[376]

Die Varianz der Regressionskoeffizienten wird durch Multikollinearität ebenfalls beeinflußt, da sie vom univariaten multiplen Korrelationskoeffizient $R^2_{j/n-j}$ abhängig ist.[377] Gilt $R^2_{j/n-j} = 0$, dann ist der j-te Input- oder Prozeßparameter orthogonal zu allen anderen Input- und Prozeßparametern und seine Varianz ist minimal. Je mehr sich $R^2_{j/n-j}$ dem Wert Eins nähert, desto größer wird die Varianz des j-ten Regressionskoeffizienten. Dies bedeutet, daß bei einem hohen Grad an Multikollinearität die Konfidenzintervalle des j-ten Regressionskoeffizienten groß werden und dazu führen, daß bei der Prüfung des j-ten Input- oder Prozeßparameters über die t-Statistik die empirischen t-Werte von $b_{yj/n-j}$ gering werden und somit auch die Signifikanz des Regressionskoeffizienten sinkt. Somit sind nicht signifikante t-Statistiken einzelner Regressionskoeffizienten im Verhältnis zu einer signifikanten F-Statistik bei der Prüfung des Gesamtmodells ein Hinweis auf Multikollinearität.[378] Allerdings sind große Varianzen von Regressionskoeffizienten nicht notwendigerweise auf Multikollinearität zurückzuführen.[379] Geringe t-Werte können aber auch darauf hinweisen, daß der entsprechende Input- und Prozeßparameter unwesentlich ist. Durch Multikollinearität wird die Mächtigkeit des t-Testes zur Prüfung der Signifikanz eines Input- oder Prozeßparameter negativ beeinträchtigt.[380] Diese Eigenschaft der Multikollinearität beeinflußt auch die schrittweisen Prozeduren der Variablenselektion auf Basis des F-Tests.[381]

Vorhersagen mit Hilfe der Regressionsgleichung werden durch Multikollinearität ebenfalls beeinflußt. Liegt der Vorhersagevektor der Input- und Prozeßparameter $\underline{X}_E$ innerhalb der experimentellen Region von $\underline{X}$, werden

---

[376] Vgl. Jahn, W. und M. Riedel [Dimension], S. 753
[377] Vgl. Jobson, J. D. [Applied 1 oder 2], S. 280, Lardaro, L. [Applied Econometrics], S. 445
[378] Vgl. Mason, R. L. [Multicollinearity], S. 285
[379] Vgl. Koutsoyiannis, A. [Econometrics], S. 239
[380] Vgl. Gunst, F. [Multicollinear], S. 2252 f.
[381] Vgl. Gunst, F. [Multicollinear], S. 2252 f.

Vorhersagen als sinnvoll angesehen.[382] Mit einer Wahrscheinlichkeit von $(1-\alpha)$ fällt $\underline{X}_E$ in das Innere des Konzentrationsellipsoides[383]

$$\underline{X}_E^T \Sigma_{xx}^{-1} \underline{X}_E \leq \chi_{n,1-\alpha}^2 \, .$$

Ist Σ_{xx} unbekannt und wird aus der Stichprobe mit $\underline{S}_{xx}$ geschätzt, läßt sich mit der T^2-Statistik[384] überprüfen, ob der Vorhersagevektor $\underline{X}_E$ in die experimentelle Region fällt. Liegt der Vorhersagevektor $\underline{X}_E$ außerhalb der experimentellen Region, wird eine Vorhersage bei hoher Multikollinearität als problematisch gesehen,[385] da Multikollinearität die Varianz des vorhergesagten Wertes eines Produktparameters ebenfalls stark ansteigen läßt.[386]

Multikollinearität beeinflußt darüber hinaus die Rechengenauigkeit bei der Schätzung der Regressionskoeffizienten. Ein hoher Grad an Multikollinearität führt zu kleinen Determinanten von $\underline{R}_{xx}$ bzw. $\underline{S}_{xx}$. Dadurch entstehen insbesondere bei der Berechnung von Matrixinversen Rundungsfehler.[387] Dieser Fehler läßt sich abschätzen[388] und ist somit ebenfalls ein Maß für die Beeinflussung des Modells durch Multikollinearität.

Multikollinearität kann nicht durch einen Test mit einer statistischen Sicherheit von $(1-\alpha)$ festgestellt werden. Dies liegt daran, daß Multikollinearität nicht ein klar definierter Zustand,[389] sondern ein Phänomen mit unterschiedlicher Intensität ist. Wesentlich ist deshalb erstens die Frage, ab welchem Grad Multikollinearität wesentlichen Einfluß auf die Schätzung und Vorhersage der Statistischen Prozeßanalyse hat. Diese Frage läßt sich ebenfalls nicht eindeutig beantworten. Zweitens soll festgestellt werden, welche Input- oder Prozeßparameter von der Multikollinearität betroffen ist und welche Input- und Prozeßparameter dafür verantwortlich sind. Die verschiedenen Verfahren sollen nur kurz genannt werden. Die Formeln zur Berechnung der einzelnen Größen sind im Anhang B.2 dargestellt.

Als Maße für die Multikollinearität des Modells gelten

---

[382] Vgl. Bowerman, B und R. O´Connell [Applied Statistics], S. 847 f.

[383] Vgl. Jobson, J. D. [Applied 1 oder 2], S. 157 f.

[384] Vgl. Anhang A.3

[385] Vgl. Sen, A. und M. Srivastava [Regression], S. 221 f.

[386] Vgl. Gunst, F. [Multicollinear], S. 2253 f.

[387] Vgl. Lardaro, L. [Applied Econometrics], S. 456

[388] Vgl. Jahn, W. [Multikollinearität], S. 360

[389] Vgl Belsley, D A., E. Kuh und R. E. Welsch [Diagnostics], S. 85

- der Grad der Multikollinearität δ,[390]

- der kleinste der Eigenwerte λ_j, j = 1, ..., n von $\underline{R}_{xx}$[391]

- die Konditionszahl κ_j bzw κ_{MK}.[392] und

- der mittlere Varianz-Inflations-Faktor.[393]

Je größer der Grad der Multikollinearität bzw. je kleiner der minimale Eigenwert von $\underline{R}_{xx}$, desto höher ist die Multikollinearität des Modells. κ_{MK} ist das Maximum aller Konditionszahlen κ_j, die sich aus der Struktur der Eigenwerte der Input- und Produktparameter ergeben. Multikollinearität wird als unwesentlich bezeichnet, wenn κ_j < 10 ist.[394] Gilt κ_j > 30, so gilt die Multikollinearität bezogen auf den j-ten Input- oder Prozeßparameter als wesentlich und sollte näher untersucht werden.[395] Multikollinearität wird als bedeutsam bezeichnet, wenn der mittlere Varianz-Inflations-Faktor größer Eins ist.[396] Bei diesen Aussagen handelt es sich nur um "Faustregeln". Insbesondere berücksichtigen sie nicht die Anzahl der Input- und Prozeßparameter, die aber auf alle Maße einen Einfluß haben. Der Varianz-Inflations-Faktor wird im nächsten Abschnitt eingeführt.

Wird von Multikollinearität im Regressionsmodell ausgegangen, so folgt die Bestimmung der Beiträge einzelner Input- und Prozeßparameter zur Multikollinearität, d.h. es wird untersucht, welche Input- und Prozeßparameter von Multikollinearität betroffen sind. Entsprechende Maße sind

- die Varianz-Inflations-Faktoren $VIF_j = (1 - R^2_{j/n-j})^{-1}$ [397] und

- die sogenannten Toleranzen TOL_j.

Die Toleranzen entsprechen den Inversen der VIF_j. Für VIF_j = 1 ist der j-te Input- oder Prozeßparameter orthogonal zu den anderen Input- und Prozeßparametern.[398] Je größer VIF_j ist, desto größer wird tendenziell die Varianz der Regressionskoeffizienten.[399] Ein VIF_j > 10 wird als bedeutend hinsichtlich der

---

[390] Vgl. Jahn, W. und M. Riedel [Dimension], S. 751
[391] Vgl. Judge, G. u. a. [Econometric],, S. 620 f.
[392] Vgl. Gunst, F. [Multicollinear], S. 2245
[393] Vgl. Bowerman, B und R. O'Connell [Applied Statistics], S. 842 f.
[394] Vgl. Jobson, J. D. [Applied 1], S. 281
[395] Vgl. Lardaro, L. [Applied Econometrics], S. 457, Sen, A. und M. Srivastava [Regression], S. 224
[396] Vgl. Bowerman, B und R. O'Connell [Applied Statistics], S. 843
[397] Vgl. Mason, R. L. [Multicollinearity], S. 286 f.
[398] Vgl. Sen, A. und M. Srivastava [Regression], S. 223
[399] Vgl. Fox, J. [Regression Diagnostic], S. 11 ff.

Multikollinearität des entsprechenden Input- oder Prozeßparameter eingestuft.[400]

Schließlich soll die Herkunft der Multikollinearität untersucht werden, d.h. es sollen die Input- und Prozeßparameter identifiziert werden, die den hohen Grad der Multikollinearität des Modells verursachen. Dazu können standardisierte Varianzanteile berechnet werden, die in Zusammenhang mit kleinen Eigenwerten von R_{xx} Hinweise geben, welche Input- und Prozeßparameter stark voneinander abhängig sind und somit den hohen Grad an Multikollinearität verursachen.[401]

3.3.1.5.2 Klassische Verfahren

Um den Grad an Multikollinearität zu reduzieren, stehen grundsätzlich zwei Ansätze zur Verfügung. Beim ersten Ansatz sollen aufgrund einer verzerrten Schätzung die negativen Auswirkungen der Multikollinearität auf das Modell bzw. die geschätzten Regressionskoeffizienten reduziert werden. Wichtige Verfahren hierfür sind die Principal Component Regression, die Ridge- und die Shrinkage-Schätzung.[402] Durch die Verfahren des zweiten Ansatzes wird über die Reduktion der Anzahl der Input- und Prozeßparameter der Grad an Multikollinearität verringert.

Ein Vorteil der Reduktion der Anzahl der Input- und Prozeßparameter im Rahmen der Statistischen Prozeßanalyse liegt in Kosteneinsparungen durch einen geringeren Aufwand für die Datenerhebung und -archivierung des reduzierten Modells. Des weiteren ist durch eine geringe Anzahl von Input- und Prozeßparametern eine sensiblere Steuerung des Prozesses möglich, da nicht alle Input- und Prozeßparameter gesteuert werden müssen, sondern lediglich die wesentlichen. Nicht zuletzt ist die Reduktion der Anzahl der Input- und Prozeßparameter notwendig, da bei der ersten Berechnung des vollständigen Modells bewußt eine große Anzahl von Input- und Prozeßparametern in das Modell aufgenommen wurden. Unwesentliche Input- und

---

[400] Vgl. Bowerman, B und R. O'Connell [Applied Statistics], S. 843, Gunst, F. [Multicollinear], S. 2242, Lardaro, L. [Applied Econometrics], S. 450 und 454

[401] Vgl. Fomby, T., C. Hill und S. Johnson [Econometric Modells], S. 295, Sen, A. und M. Srivastava [Regression], S. 224

[402] Vgl. Rao, C. R. und H. Toutenburg [Linear Modells], S. 61 ff.

Prozeßparameter müssen dann wieder aus dem Modell wieder entfernt werden.

Grundsätzlich sind zwei Vorgehensweisen zur Reduktion der Anzahl der Input- und Prozeßparameter denkbar. Die erste Möglichkeit besteht darin, eine gewünschte Anzahl von Input- und Prozeßparametern vorzugeben und diejenigen Input- und Prozeßparameter in das Modell aufzunehmen, die einem „Gütekriterium" genügen und somit als „bestes" Regressionsmodell gelten. Wichtige Verfahren zum Auffinden der optimalen Kombination von Input- und Prozeßparameter bei vorgegebener Anzahl von Input- und Prozeßparametern sind verschiedene Branch-and-Bound-Verfahren, sowie das sequentielle Ersetzen.[403] Auf diese Verfahren wird nicht näher eingegangen, da im Rahmen der Statistischen Prozeßanalyse keine feste Anzahl von Input- und Prozeßparametern vorgegeben werden soll. Vielmehr soll die Anzahl der Input- und Prozeßparameter gefunden werden, die eine optimale Steuerung des Prozesses erlaubt. Klassische Verfahren der Teilmengenregression sind[404]

- die vollständige Enumeration,

- die Vorwärtsselektion,

- die Rückwärtseliminierung und

- mehrstufige Verfahren.

Bei der vollständigen Enumeration werden alle Regressionen mit allen möglichen Kombinationen der Input- und Prozeßparameter berechnet. Ausgewählt wird die Teilmengenregression mit dem besten „Gütekriterium". Liegen zu Beginn der Analyse n Input- und Prozeßparameter vor, dann können $\binom{n}{1}$ Teilmengen mit (n-1) Prozeßparameter betrachtet werden. Aus dieser Menge muß die Teilmenge mit dem besten „Gütekriterium" dieser Stufe herausgefunden werden. Wenn zwei Input- und Prozeßparameter gestrichen werden sollen, gibt es $\binom{n}{2}$ Testmengen mit (n-2) Prozeßparametern, wobei wiederum die beste Teilmenge gefunden werden muß. Insgesamt sind bei der

---

[403] Vgl. Miller, A. J. [Subset Selection], S. 53 ff. und 60 ff., Furnival, G. M. u. a. [Leaps and Bounds], S. 69 ff.

[404] Vgl. Hocking, R. R. [Selection of Variables], S. 7 ff., Jobson, J. D. [Applied 1], S. 255 ff., Miller, A. J. [Subset Selection], S. 43 ff., Sen, A. und M. Srivastava [Regression], S. 238 ff.

vollständigen Enumeration $\binom{n}{1} + \binom{n}{2} + \ldots + \binom{n}{n} = 2^n - 1$ Regressionsansätze zu

lösen.[405] Hieraus ist abzulesen, daß dieses Vorgehen sehr rechenintensiv und bei einer großen Anzahl von Input- und Prozeßparametern nicht mehr anzuwenden ist.

Bei der Vorwärtsselektion wird schrittweise jeweils ein Input- oder Prozeß-parameter in das Modell aufgenommen. Als erster Input- oder Prozeß-parameter wird derjenige Parameter in das Modell aufgenommen, der am höchsten mit dem Produktparameter korreliert ist. In den weiteren Stufen wird jeweils der j-te Input- und Prozeßparameter in das Modell aufgenommen, dessen partielle Korrelation mit Y am höchsten ist, unter der Bedingung, der Input- und Prozeßparameter, die bereits in das Modell aufgenommen wurden. In jede Stufe wird für den in das Modell aufgenommenen Input- oder Prozeß-parameter die partielle F-Statistik F_j^* berechnet. Es gilt[406]

$$F_j^* = \max_j \left(\frac{RSS_p - RSS_{p+j}}{s_{y/p+j}^2} \right) > F_{to-enter}, \qquad \text{(Gleichung 3.3-41)}$$

wobei RSS (residual sums of square) der Summe der quadrierten Ab-weichungen zwischen dem geschätzten Werten $\hat{Y}_i$ und dem tatsächlichen Werten Y_i, $i = 1, \ldots, N$ (Stichprobenumfang) des Produktparameters Y entspricht. p ist die Anzahl der Input- und Prozeßparameter, die bereits in das Modell aufgenommen wurden. $s_{y/p+j}^2$ ist die bedingte Reststreuung des Modells mit den in einer bestimmten Stufe in das Modell aufgenommenen Input- oder Prozeßparametern. Liegt der Wert F_j^* unterhalb des vorgegebenen F-Wertes ($F_{to-enter}$), wird der letzte Input- oder Prozeßparameter wieder aus dem Modell entfernt und das Verfahren bricht ab. Der Wert von $F_{to-enter}$ kann beliebig festgelegt werden. Häufig wird ein Wert von $F_{to-enter} = 0,5$ ver-wendet.[407]

Das Verfahren der Rückwärtseliminierung startet mit dem vollständigen Modell und entfernt sukzessive die unwesentlichen Input- und Prozeßparameter. Bei diesem Verfahren wird analog der Vorwärtsselektion die partielle F-Statistik

---

[405] Vgl. Shibata, R. [Optimal Selection], S. 51
[406] Vgl. Hocking, R. R. [Selection of Variables], S. 8
[407] Vgl. Sen, A. und M. Srivastava [Regression], S. 241

(F_j^*) für jeden zu entfernenden Input- oder Prozeßparameter berechnet. Es gilt[408]

$$F_j^* = \min_j \left(\frac{RSS_{p-j} - RSS_p}{s_{y/p}^2} \right) < F_{to-remove} . \qquad \text{(Gleichung 3.3-42)}$$

Liegt F_j^* unterhalb des vorgegebenen F-Wertes ($F_{to-remove}$), bricht das Verfahren ab. Es werden dann keine weiteren Input- und Prozeßparameter mehr aus dem Modell entfernt. $F_{to-remove}$ kann ebenfalls beliebig festgelegt werden. Häufig wird hierfür ein Wert von 0,05 oder 0,1 ausgewählt.[409]

Das bekannteste mehrstufige Verfahren, das auf der partiellen F-Statistik basiert ist die stufenweise Regression und wird häufig mit dem Algorithmus von Efroymson durchgeführt.[410] Dieses Verfahren ist eine Kombination aus Vorwärtsselektion und Rückwärtseliminierung. Das Verfahren beginnt ebenfalls ohne Input- und Prozeßparameter. Nach und nach werden über die partiellen Korrelationen Input- und Prozeßparameter in das Modell aufgenommen. In jeder Stufe wird aber zusätzlich geprüft, ob ein anderer Input- oder Prozeßparameter, der sich bereits im Modell befindet, wieder aus dem Modell entfernt werden kann. Das Verfahren bricht ab, wenn kein zusätzlicher Input- oder Prozeßparameter mehr in das Modell aufgenommen wird (F-to-enter) und kein Input- oder Prozeßparameter aus dem Modell entfernt werden kann (F-to-remove).

Zu den schrittweisen Verfahren sind einige kritische Anmerkungen angebracht.[411] Alle Hypothesen H_{0j} bei der Aufnahme oder der Entfernung eines Input- oder Prozeßparameters werden individuell und nicht simultan (gleichzeitig) geprüft, d.h. der Fehler 1. Art wird für jede Hypothese H_{0j} festgelegt und nicht für das gesamte Modell. Werden alle H_{0j} akzeptiert, so wird nur der wichtigste Input- oder Prozeßparameter ausgewählt. Über alle anderen Prozeßparameter wird nichts ausgesagt. Des weiteren müssen die univariaten Modelle $E(Y/X_i)$ nicht korrekt sein In diesen Fällen ist die Teststatistik aber nicht zentral F-verteilt, woraus folgt, daß die Bedingungen für den F-Test nicht korrekt sind. In der k-ten Entscheidungsstufe zur Entfernung oder Aufnahme eines Input- oder Prozeßparameters werden die vorausge-

---

[408] Vgl. Hocking, R. R. [Selection of Variables], S. 8
[409] Vgl. Sen, A. und M. Srivastava [Regression], S. 241, Bowerman, B und R. O'Connell [Applied Statistics], S. 877
[410] Vgl. Miller, A. J. [Subset Selection], S. 48 ff.
[411] Vgl. Gunst, F. [Multicollinear], S. 2247 ff., Jahn, W. [Kriterien], S. 4. f., Sen, A. und M. Srivastava [Regression], S. 238 ff.

gangenen Stufen der Auswahlverfahren nicht berücksichtigt. Dies führt ebenfalls zu Fehlentscheidungen.

Um eine bessere Auswahl von Input- und Produktparametern für ein reduziertes Modell zu erreichen, wurden verschiedene Gütekriterien entwickelt.[412] Mit Hilfe dieser Kriterien soll geprüft werden, wie gut eine ausgewählte Menge von Input- und Prozeßparametern ist. Somit können die Gütekriterien auf beliebige Teilmengenregressionen angewendet werden, auch für die ermittelten Teilmengenregressionen aus den oben vorgestellten Verfahren.

Ein erstes Gütekriterium ergibt sich durch die Korrektur des Maßes der Beherrschbarkeit über die Freiheitsgrade. Für das sogenannte korrigierte Maß der Beherrschbarkeit $R^2_{adj.}$ gilt

$$R^2_{adj.} = 1 - \frac{N-1}{N-n}\left(1 - R^2_{y/x}\right). \qquad \text{(Gleichung 3.3-43)}$$

Das korrigierte Maß der Beherrschbarkeit ist von der Anzahl n der Input- und Prozeßparameter abhängig. Wird die Anzahl der Input- und Prozeßparameter verringert, so verringert sich auch das Bestimmtheitsmaß (oder bleibt im besten Falle gleich). Das korrigierte Maß der Beherrschbarkeit kann aber größer werden, da der Zähler $(N-n)$ kleiner wird. Somit kann das Maß der Beherrschbarkeit als Gütekriterium zur Beurteilung einer Teilmengenregression verwendet werden, indem das Modell ausgewählt wird, das das höchste korrigierte Maß der Beherrschbarkeit aufweist. Das Maß der Beherrschbarkeit wird maximal, wenn der Ausdruck

$$s^2_{y/x} \frac{N-n-1}{N-n}$$

minimal wird.[413]

Ein weiteres Gütekriterium ist die C-Statistik von Mallows.[414] Das C ist definiert als

---

[412] Vgl. Miller, A. J. [Subset Selection], S. 169 ff.
[413] Vgl. Miller, A. J. [Subset Selection], S. 206
[414] Vgl. Mallows, C. L. [Comments], S. 87 ff.

$$C = \frac{RSS_p}{s_{y/x}^2} - N - 2(p+1)$$

(Gleichung 3.3-44)

$$= \frac{(1-R_{y/p}^2)(N-n-1)}{(1-R_{y/x}^2)} - N - 2(p+1),$$

wobei n die Anzahl der Input- und Prozeßparameter des vollständigen Modells und p die Anzahl der Input- und Prozeßparameter des reduzierten Modells sind. $R_{y/x}^2$ ist das Maß der Beherrschbarkeit des vollständigen Modells, $R_{y/p}^2$ das Maß der Beherrschbarkeit des reduzierten Modells. Ziel ist es, das reduzierte Modell zu wählen, dessen C-Statistik am geringsten ist. Dadurch soll auch die Verzerrung der Schätzung des reduzierten Modells in Bezug auf das vollständige Modell minimiert werden.[415]

Das AIC-Kriterium von Akaike[416] kann ebenfalls als Gütekriterium für die Modellauswahl dienen. Das Ziel des AIC-Kriteriums ist es, den erwarteten Informationsgehalt des Modells zu maximieren.[417] Das AIC-Kriterium ist allgemein definiert mit[418]

$$AIC = -2(L_p - p), \quad \text{(Gleichung 3.3-45)}$$

wobei L_p die Log-Likelihood-Funktion des reduzierten Modells mit p Input- und Prozeßparametern ist. Für L_p gilt im linearen Regressionsmodell

$$L_p = -(N/2)\ln(2\pi\sigma_{y/x}^2) - \frac{1}{2\sigma_{y/x}^2} \sum_{i=1}^{N} \left(y_i - \sum_{j=1}^{n} \beta_j x_{ij} \right)^2 . \quad \text{(Gleichung 3.3-46)}$$

Für die praktische Anwendung ist der Ausdruck[419]

$$RSS_p \exp(2p/N)$$

zu minimieren. Das AIC Kriterium liefert tendenziell größere Teilmengen als das C-Kriterium von Mallows.[420]

---

[415] Vgl. Zuccaro, C. [Model Selection], S. 165
[416] Vgl. Akaike, H. [Entropy], S.27 ff.
[417] Vgl. Akaike, H. [Entropy], S. 30
[418] Vgl. Akaike, H. [Minimum AIC], S. 9
[419] Vgl. Miller, A. [Subset Selection], S. 208
[420] Vgl. Miller, A. [Subset Selection], S. 209

Lediglich die vollständige Enumeration bietet die Möglichkeit, das „beste" reduzierte Modell zu ermitteln. Alle anderen vorgestellten Verfahren zur Reduktion der Anzahl der Input- und Prozeßparameter, auch in Kombination mit verschiedenen Kriterien zum Auffinden des „besten" reduzierten Modells, garantieren nicht, das tatsächlich beste Modell zu finden. Deswegen wird im nächsten Abschnitt ein Verfahren vorgestellt, das die beste Teilmengen-regression bestimmt, wobei als „Gütekriterium" der unbedingte Vorhersage-fehler verwendet wird.

3.3.1.5.3 RED-Auswahlverfahren von Jahn

Das Red-Auswahlverfahren von Jahn[421] ist ein Verfahren zur Auswahl der „besten" Teilmengenregression. Mit Hilfe dieses Verfahrens soll im Rahmen der Statistischen Prozeßanalyse eine sensible Steuerung von Prozessen möglich werden. Eines der wichtigsten Ziele der Regressionsanalyse ist es, eine gute Vorhersage mit dem Modell treffen zu können.[422] Deshalb soll der unbedingte Vorhersagefehler

$$U_{N.n} = s_{y/x}^2 \frac{N-1}{N-n-1}$$

im Red-Auswahlverfahren minimiert werden, wobei n die Anzahl der im Modell enthaltenen Input- und Prozeßparameter und $s_{y/x}^2$ die bedingte Varianz des Modells ist. Ausgangspunkt für das Red-Auswahlverfahren ist der Zerlegungs-satz für Regressionsgleichungen von Jahn.[423] Wird der Vektor der Input- und Prozeßparameter $\underline{X}$ disjunkt in zwei Teilvektoren $\underline{X}(k)^T = (X_1,...,X_p)$ und $\underline{X}(h)^T = (X_{p+1},...,X_n)$, mit dim$[\underline{X}(k)]$ = p und dim$[\underline{X}(h)]$ = k − p, zerlegt, dann gilt für die Kovarianzmatrix des univariaten multiplen Modells

$$\Sigma = \begin{pmatrix} \sigma_y^2 & \underline{\sigma}_{y.k}^T & \underline{\sigma}_{y.h}^T \\ \underline{\sigma}_{k.y} & \Sigma_{kk} & \Sigma_{kh} \\ \underline{\sigma}_{h.y} & \Sigma_{hk} & \Sigma_{hh} \end{pmatrix}.$$

---

[421] Vgl. Jahn, W. [Criterion], S. 1631 ff.
[422] Vgl. Shibata, R. [Optimal Selection], S. 46
[423] Vgl. Jahn, W. und M. Riedel [Dimension], S. 754 ff.

Für die Regressionsgleichung gilt[424]

$$E[Y / \underline{X}(h), \underline{X}(k)] = \underline{\beta}_{y,k/h}^T \underline{X}(k) + \underline{\beta}_{y,h/k}^T \underline{X}(h)$$
$$= \underline{\beta}_{yj/n-j}^T \underline{X}$$
, (Gleichung 3.3-47)

mit

$$\underline{\beta}_{y,k/h}^T = \underline{\sigma}_{y,k/h}^T \Sigma_{kk/h}^{-1},$$ (Gleichung 3.3-48)

$$\underline{\beta}_{y,h/k}^T = \underline{\sigma}_{y,h/k}^T \Sigma_{hh/k}^{-1}.$$ (Gleichung 3.3-49)

Die bedingten Varianzen des Produktparameters und der Input- und Prozeß-parameter $\underline{X}(k)$ bzw. $\underline{X}(h)$ unter der Bedingung, daß die jeweils anderen Input- und Prozeßparameter festgehalten werden, ergeben sich durch

$$\underline{\sigma}_{y,k/h} = \underline{\sigma}_{y,k} - \Sigma_{kh}\Sigma_{hh}^{-1}\underline{\sigma}_{y,h},$$ (Gleichung 3.3-50)

$$\underline{\sigma}_{y,h/k} = \underline{\sigma}_{y,h} - \Sigma_{hk}\Sigma_{kk}^{-1}\underline{\sigma}_{y,k}.$$ (Gleichung 3.3-51)

Die bedingten Varianzmatrizen der Input- und Prozeßparameter $\underline{X}(k)$ bzw. $\underline{X}(h)$ unter der Bedingung, daß die jeweils anderen Input- und Prozeßparameter festgehalten werden, berechnen sich mit

$$\Sigma_{kk/h} = \Sigma_{kk} - \Sigma_{kh}\Sigma_{hh}^{-1}\Sigma_{hk},$$ (Gleichung 3.3-52)

$$\Sigma_{hh/k} = \Sigma_{hh} - \Sigma_{hk}\Sigma_{kk}^{-1}\Sigma_{kh}.$$ (Gleichung 3.3-53)

$\underline{\sigma}_{y,k/h}$ ist der Vektor der bedingten Kovarianzen zwischen Y und dem Teilvektor Für die bedingte Varianz des Produktparameters gilt

$$\sigma_{y/x}^2 = \sigma_{y/k,h}^2$$

$$= \sigma_{y/k}^2 - \underline{\beta}_{y,h/k}^T \Sigma_{hh/k}^{-1}\underline{\beta}_{y,h/k},$$ (Gleichung 3.3-54)

$$= \sigma_{y/k}^2 - \text{Red}_p(h).$$

Der Term $\text{Red}_p(h)$ ist der Anteil, um den sich die bedingte Varianz des Regressionsmodells mit den X(k) Input- oder Prozeßparametern verkleinert

---

[424] Vgl. Jahn, W. [Kriterien], S. 8 f.

(reduziert), wenn die Input- oder Prozeßparameter $\underline{X}(h)$ zu $\underline{X}(k)$ hinzu genommen werden oder umgekehrt, um wieviel sich die bedingte Varianz $\sigma^2_{y/x}$ vergrößert, wenn die Input- und Prozeßparameter $\underline{X}(h)$ gestrichen werden. $Red_p(h)$ ist die entscheidende Größe für das Auswahlverfahren. Da das Ziel des Verfahrens die Minimierung des unbedingten Vorhersagefehlers ist, soll dieser in Abhängigkeit des $Red_p(h)$ dargestellt werden. Es gilt[425]

$$U_{N,p} = \left(\sigma^2_{y/k} + Re\,d_p(h)\right) \cdot \left(1 + \frac{p}{N-p-1}\right). \qquad \text{(Gleichung 3.3-55)}$$

Mit $\hat{R}e\,d_p(h)$ folgt für die unverzerrte Schätzung des unbedingten Vorhersagefehlers

$$\hat{U}_{N,p} = \frac{(N-n)s^2_{y/x} + \hat{R}e\,d_p(h)}{(N-p)} \cdot \left(1 + \frac{p}{N-p-1}\right)$$

$$\text{(Gleichung 3.3-56)}$$

$$= \frac{(N-n)s^2_{y/x} + \hat{R}e\,d_p(h)}{(N-p)} \cdot \frac{N-1}{N-p-1},$$

wobei

$$\hat{R}e\,d_p(h) = \underline{b}^T_{y.h/k} \underline{\underline{A}}_{hh/k} \underline{b}_{y.h/k}$$

$$\text{(Gleichung 3.3-57)}$$

$$= (N-p)s^2_{y/k} - (N-n)s^2_{y/x},$$

mit $\underline{\underline{A}}_{hh/k} = (N-1) \cdot \underline{\underline{S}}_{hh/k}$.[426] Somit kann das $Red_p(h)$ direkt aus dem vollständigen Regressionsmodell berechnet werden. Da der Ausdruck (N-1) konstant ist, genügt eine Minimierung des Ausdrucks

$$s_p = \frac{(N-n)s^2_{y/x} + Re\,d_p(h)}{(N-p) \cdot (N-p-1)}, \qquad \text{(Gleichung 3.3-58)}$$

wobei p der Anzahl der im Modell verbleibenden Input- und Prozeßparameter entspricht. Bei der Durchführung des Red-Verfahrens wird im 1. Schritt für jeden Input- und Prozeßparameter das $Red_p(h)$ für die Entfernung des j-ten Input- oder Prozeßparameters aus dem Modell berechnet, d.h.

---

[425] Vgl. Jahn, W. [Criterion], S. 1642
[426] Vgl. Kapitel 3.3.1.3

$$\hat{R}e\,d_{n-1}(j) = \frac{b_{yj/n-j}^2}{s_{j/n-j}^2}.$$

$b_{yj/n-j}$ ist hierbei der Regressionskoeffizient des j-ten Input- oder Prozeß-parameters. $s_{j/n-j}^2$ ist die bedingte Varianz des Input- oder Prozeßparameters X_j in Abhängigkeit von allen anderen Input- und Prozeßparametern und entspricht dem j-ten Hauptdiagonalelement der Inversen von $\underline{S}_{xx}$. Aus den $Re\,d_{n-1}(j)$ wird nun eine Rangfolge der Input- und Prozeßparameter gebildet, d.h.

$$X_{[1]},...,X_{[n]},$$

wobei $X_{[1]}$ der Prozeßparameter ist, zu dem das kleinste $Re\,d_{n-1}(j)$ gehört. Um zu entscheiden, ob $X_{[1]}$ aus dem Ansatz entfernt werden kann, wird der Ausdruck

$$s_{n-1}([1]) = \frac{\hat{R}e\,d_{n-1}([1]) + (N-n)s_{y/x}^2}{(N-n-1)(N-n-2)}$$

für den Input- oder Prozeßparameter $X_{[1]}$ berechnet. Um zu entscheiden, ob $X_{[1]}$ aus dem Modell gestrichen werden kann, muß $s_{n-1}([1])$ mit s_n verglichen werden, wobei

$$s_n = \frac{s_{y/x}^2}{N-n-1}$$

sich analog der Berechnung von s_{n-p} aus dem $Re\,d_p(h)$ durch die Multiplikation mit $(N-1)$ ergibt. Gilt

$$s_{n-1}([1]) > s_n,$$

kann die Anzahl der Input- und Prozeßparameter nicht verringert werden. Gilt dagegen

$$s_{n-1}([1]) \le s_n,$$

kann $X_{[1]}$ gestrichen werden, denn der unbedingte Vorhersagefehler wird kleiner bzw. nicht größer. Im nächsten Schritt ist zu prüfen, ob $X_{[1]}$ und $X_{[2]}$ gemeinsam aus dem Modell entfernt werden können. Dazu ist

$$Re\,d_{n-2}([1],[2]) = Re\,d_{n-2}(h)$$

mit $h = ([1],[2])$ zu berechnen. Hierzu wählt man $\underline{X}^T(h) = (X_{[1]}, X_{[2]})$ und $\underline{X}^T(k) = (X_{[3]}, ..., X_{[n]})$.

Aus der vollständigen Regressionsgleichung werden dazu die Regressions-koeffizienten $b_{y[1]/n-[1]}, b_{y[2]/n-[2]}$ entnommen und damit

$$\operatorname{Red}_{n-2}([1],[2]) = \operatorname{Red}_{n-2}(h)$$

$$= \left(b_{y[1]/n-[1]}, b_{y[2]/n-[2]}\right)^T \underline{\underline{S}}^{-1}_{[1][2]/n-[1][2]} \begin{pmatrix} b_{y[1]/n-[1]} \\ b_{y[2]/n-[2]} \end{pmatrix}$$

berechnet, wobei sich $\underline{\underline{S}}_{[1][2]/n-[1][2]}$ aus den Elementen $\underline{X}(h)$ der inversen Kovarianzmatrix von $\underline{\underline{S}}_{xx}$ ergibt. Gilt nun

$$\operatorname{Red}_{n-2}([1],[2]) < \operatorname{Red}_{n-1}([3])$$

und

$$s_{n-2}([1],[2]) < s_{n-1},$$

dann können die Prozeßparameter $X_{[1]}$ und $X_{[2]}$ gestrichen werden. Gilt dagegen

$$\operatorname{Red}_{n-2}([1],[2]) \geq \operatorname{Red}_{n-1}([3]),$$

und

$$s_{n-2}([1],[2]) < s_{n-1}$$

so ist zu prüfen, ob sich mit allen 2-fach Kombinationen durch die Aufnahme von $X_{[3]}$, d.h. in diesem Fall mit $(X_{[1]}, X_{[3]})$ oder $(X_{[2]}, X_{[3]})$, ein geringeres Red_{n-2} ergibt, das kleiner als $\operatorname{Red}_{n-1}(3)$ ist. In diesem Fall wird das Verfahren fortgeführt, ansonsten ist keine weitere Reduzierung von s_{n-p} möglich und das Verfahren wird abgebrochen.

Allgemein gilt für das Red-Verfahren, daß weitere Input- und Prozeßparameter aus dem Modell gestrichen werden können, solange[427]

$$\operatorname{Red}_p(h) < \operatorname{Red}_{n-1}([n-p+1])$$

---

[427] Vgl. Jahn, W. [Criterion], S. 1644 f.

und

$$s_{p-1} < s_p$$

gilt. Sind diese beiden Bedingungen nicht erfüllt, wird das Verfahren abgebrochen und kein weiterer Input- und Prozeßparameter kann aus dem Modell gestrichen werden. Gilt dagegen

$$\text{Re}\,d_p(h) \geq \text{Re}\,d_{n-1}([n-p+1])$$

und

$$s_{p-1} < s_p$$

so ist in r weiteren Stufen (r = 1, ..., n − p − 1) zu prüfen, ob ein Red_p gefunden wird, für das

$$\text{Re}\,d_{p+r}(h-r) < \text{Re}\,d_{n-1}([n-p+r+1])$$

gilt. Ist die Bedingung erfüllt, wird das Verfahren für den nächsten Input- oder Prozeßparameter fortgeführt, ansonsten abgebrochen. In jeder der r Stufen werden dabei nach und nach die Red_{p+r} für alle Kombinationsmöglichkeiten berechnet. Für den Fall n - p = 2 gilt beispielsweise r = 1 und somit

$$\hat{\text{Re}}\,d_{p+r}(h-r) = \min\{\hat{\text{Re}}\,d_{n-2}([1],[3]), \hat{\text{Re}}\,d_{n-2}([2],[3])\}.$$

Im Extremfall müßten insgesamt $\binom{n}{p}$ Berechnungen je Reduzierungsschritt durchgeführt werden. Häufig ist aber nach wenigen Schritten das Ende des Verfahrens erreicht.[428] Der Vergleich mit den vorgestellten klassischen Verfahren zeigt, daß das Red-Verfahren besser ist,[429] da erstens in jedem Fall die optimale Anzahl der Input- und Prozeßparameter gefunden wird und dies zweitens durch einen relativ geringen Rechenaufwand.

Das Red-Verfahren für das multivariate multiple Modell erfolgt analog, wobei der multivariate Vorhersagefehler $MU_{N.n}$ sich dabei aus dem Mittelwert der univariaten Vorhersagefehler ergibt. Das multivariate Red_p (Mred_p) ist dabei der Mittelwert der univariaten Red_p.[430] Durch eine Erweiterung des Red-Verfahrens kann der Grad an Multikollinearität verringert werden, wenn die

---

[428] Vgl. Jahn, W. [Kriterien], S. 12
[429] Vgl. Jahn, W. [Criterion], S. 1645
[430] Vgl. Fritsche, J. [Regressionsanalyse], S. 47 ff.

Multikollinearität im reduzierten Fall immer noch als zu hoch angesehen wird.[431]

3.3.2 Regelung von Prozessen

Sind die univariaten, nach Bonferroni korrigierten[432] Prozeßfähigkeiten aller Produktparameter eines Prozesses und / oder die multivariate Prozeßfähigkeit größer Eins, dann genügen alle Produktparameter ihren Anforderungen. In diesem Fall soll eine Kontrolle der fähigen Prozesse mit der Regelkarten-technik erfolgen. Dabei wird geprüft, ob die Produktparameter über die Zeit stabil bleiben (μ_j und σ_j sind konstant). Ist dies der Fall, bleibt der Prozeß weiterhin fähig. Die Regelung eines Prozesses wird notwendig, wenn ein oder mehrere Produktparameter ihre Lage oder ihre Streuung ändern. Eine Regelung des Prozesses erfolgt dann über die Beeinflussung von Input- und Produktparametern.[433] Somit muß die Abhängigkeitsstruktur eines Prozesses bekannt sein, damit eine bewußte Beeinflussung der Input- und Prozeß-parameter zur Steuerung der Produktparameter möglich ist.

3.3.2.1 Grundlagen und Ziele

Die Regelung von Prozessen im Rahmen der Statistischen Prozeßregelung (SPC)[434] erfolgt mit Hilfe der Regelkartentechnik. Durch verschiedene Verfahren der Regelkartentechnik soll geprüft werden, ob der Prozeß über die Zeit stabil verläuft, d.h. ob die Produktparameter unter statistischer Kontrolle sind und damit mit der Wahrscheinlichkeit von $(1-\alpha)$ innerhalb berechneter Grenzen liegen.[435] Bei angenommener Normalverteilung der Produkt-parameter werden im univariaten Fall für jeden Produktparameter separate Regelkarten geführt. Dagegen ist im multivariaten Fall meist nur eine Regelkarte für den Mittelwertvektor und die Kovarianzmatrix aller Produkt-parameter notwendig.

---

[431] Vgl. Jahn, W. [Criterion], S. 1645 ff.
[432] Vgl. Fahrmeir, L. und A. Hamerle [Multivariate], S. 82
[433] Vgl. Gohout, W. [Prozeßanalyse], S. 5 ff.
[434] SPC: Statistical Process Control
[435] Vgl. Rinne, H. und H.-J. Mittag [Qualitätssicherung], S. 331

Alle Regelkarten sind nach dem gleichen Prinzip aufgebaut. Für univariate Regelkarten wird eine Mittellinie M sowie eine obere (OEG) und untere Eingriffsgrenze (UEG) berechnet und in die Regelkarte eingezeichnet. Zu einer sensibleren Interpretation können zusätzlich noch eine obere (OWG) und untere Warngrenze (UWG) berechnet werden.[436] In die Regelkarte werden in vorgegebenen Zeitabständen statistische Maßzahlen, wie z.B. der Mittelwert aus einer kleinen Stichprobe eingezeichnet. In Abbildung 3.3-3 sind mehrere Mittelwerte in eine Regelkarte eingezeichnet.

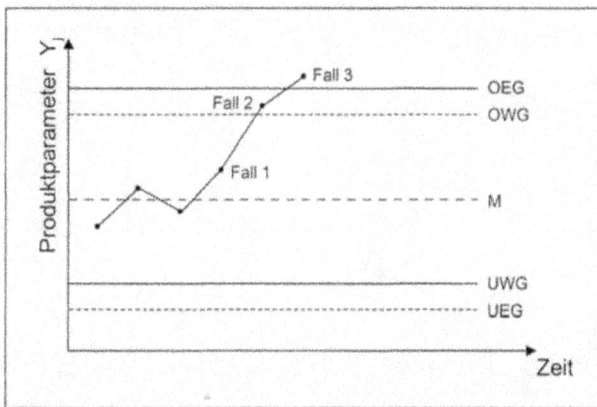

Abbildung 3.3-3: Aufbau und Interpretation von Regelkarten

Liegt der Mittelwert innerhalb der Warngrenzen (Fall 1), wird davon ausgegangen, daß der Prozeß weiterhin unter statistischer Kontrolle ist. Tritt dagegen ein Wert auf, der zwischen einer Warn- und einer Eingriffsgrenze liegt (Fall 2), so sollte durch die Entnahme von weiteren Stichproben aus dem Prozeß geprüft werden, ob sich der Prozeß geändert hat. Fällt ein Stichprobenwert außerhalb die Eingriffsgrenzen (Fall 3), so wird davon ausgegangen, daß sich der Prozeß geändert hat. Somit muß der Prozeß über die Prozeßgleichung nachgeregelt werden. Ein wichtiges Ziel der Regelkartentechnik ist es, möglichst frühzeitig Änderungen eines Prozesses festzustellen. Deshalb muß eine Regelkarte auch auf bestimmte Muster, wie z.B. einen Trend oder einen Drift der Mittelwerte untersucht werden.[437] Für die Berechnung der Warn- und Eingriffsgrenzen der Regelkarten stehen grund-

[436] Vgl. Bernecker, K. [SPC 3], S. 13 ff.
[437] Vgl. Bernecker, K. [SPC 3], S. 15 ff, Farnum, N. R. [Modern Quality], S. 171 ff.

sätzlich zwei Möglichkeiten zur Verfügung. Entweder werden sie über eine große Vorlaufstichprobe (N ≥ 50) oder über k kleine Stichproben berechnet. Meist wird bei den kleinen Stichproben von einem Stichprobenumfang von N = 5 ausgegangen.[438]

Bevor in den nächsten Kapiteln einige ausgewählte univariate und multivariate Regelkarten vorgestellt werden, soll ein Überblick über das Gebiet der Regelkartentechnik gegeben werden. Grundsätzlich lassen sich univariate und multivariate Regelkarten unterscheiden (vgl. Abbildung 3.3-4).

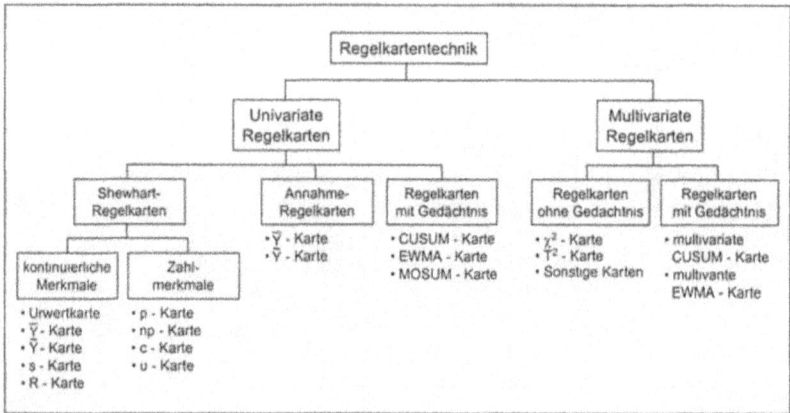

Abbildung 3.3-4: Ansätze der Regelkartentechnik im Überblick[439]

Die Shewhart-Regelkarten können sowohl für kontinuierliche als auch für Zählmerkmale geführt werden. In die Urwertkarte, als erste Möglichkeit der kontinuierlichen Shewhart-Karte, werden die Urwerte direkt in die Karte eingetragen. Bei den weiteren Karten in diesem Bereich erfolgt eine statistische Aufbereitung der Daten bezogen auf die Lage eines Produktparameters über den Mittelwert ($\bar{Y}$-Karte) oder den Median ($\tilde{Y}$-Karte). Die Streuung eines Produktparameters kann dagegen über die Standardabweichung (s-Karte) oder die Spannweite (R-Karte) geprüft werden. Meist werden die Regelkarten zur Überprüfung der Lage und der Streuung eines Produktparameters als Doppelkarte mit je einer Karte für die Lage und einer Karte für die Streuung

---

[438] Vgl. DGQ [SPC 2], S. 14 ff.
[439] In Anlehnung DGQ [SPC 2], S. 28 und Farnum, N. R. [Modern Quality], S. 165

geführt.[440] Für Zählmerkmale lassen sich ebenfalls mehrere Regelkarten unterscheiden. Bei der p-Karte wird der Anteil fehlerhafter Einheiten je Stichprobe geprüft, bei der np-Karte die Anzahl fehlerhafter Einheiten je Stichprobe. Dagegen soll mittels der c-Karte die Fehlerzahl je Stichprobe und mittels der u-Karte die Fehlerzahl je Einheit geprüft werden.[441]

Mit Hilfe von Annahme-Regelkarten wird nicht geprüft, ob ein Prozeß über die Zeit stabil ist, sondern ob der Prozeß innerhalb den vorgegebenen Toleranzgrenzen verläuft. Dabei wird von einer bekannten und konstanten Standardabweichung eines Produktparameters ausgegangen. Die Lage des Produktparameters (Mittelwert $\bar{Y}$ oder Median $\tilde{Y}$) darf aber innerhalb berechneter Grenzen variieren, so daß nur eine gewünschte Fehlerwahrscheinlichkeit auftritt.[442]

Bei Regelkarten mit Gedächtnis findet eine Gewichtung der Stichproben statt. Dabei werden aktuelle Stichproben mit einem höheren Gewicht versehen als ältere Stichproben. Dadurch sollen Änderungen im Prozeß schneller erkannt werden. Die CUSUM-Karte[443] wird als Regelkarte mit gleichmäßigem Langzeitgedächtnis bezeichnet, da die Abweichungen der Meßwerte eines Produktparameters über die Zeit aufaddiert werden.[444] Die EWMA-Karte[445] gilt dagegen als Regelkarte mit eingeschränktem Langzeitgedächtnis, aber gutem Kurzzeitgedächtnis, da durch die exponentielle Gewichtung der Meßwerte eines Produktparameters aktuelle Meßwerte ein höheres Gewicht erhalten.[446] Die MOSUM-Karte[447] ist eine Regelkarte mit gleichmäßigem Kurzzeitgedächtnis.[448] Durch die Verwendung von gleitenden Durchschnitten gehen immer nur eine bestimmte Anzahl von Stichproben in die Prüfgröße dieser Karte ein.[449]

Die multivariate CUSUM- und EWMA-Karte sind die multivariaten Erweiterungen der univariaten CUSUM- und EWMA-Karte, d.h. in die Be-

---

[440] Vgl. Rinne, H. und H.-J. Mittag [Qualitätssicherung], S. 338 f.
[441] Vgl. Wänke, M und M. Paasch [SPC-Aufgabe], S. 424 ff.
[442] Vgl. DGQ [SPC 2], S. 69 ff.
[443] CUSUM: Cumulative Sum
[444] Vgl. Hermle, F. und H. B. Ribbecke [KUSUM], S. 143 ff.
[445] EWMA: Exponentially Weighted Moving Average
[446] Vgl. Gan, F. F. [EWMA], S. 181 ff.
[447] MOSUM: Moving Sum
[448] Vgl. Bauer, P. und P. Hackl [MOSUMS], S. 431 ff.
[449] Vgl. Gohout, G. [Prozeßanalyse], S. 38 ff.

rechnung der jeweiligen Prüfgröße gehen mehrere Produktparameter ein.[450] Die χ^2- und T^2-Karten werden im Rahmen der ausgewählten multivariaten Regelkarten ausführlich erläutert. In der Literatur werden eine Vielzahl von weiteren Ansätzen der multivariaten Prozeßregelung diskutiert. Mit Hilfe von sogenannten Hauptkomponenten-Techniken soll die Anzahl der zu kontrollierenden Produktparameter auf wenige aggregierte Parameter (Hauptkomponenten) reduziert werden, die ihrerseits kontrolliert werden.[451] Multivariate Erweiterungen der s-Regelkarte zur Prüfung der Kovarianzmatrix mehrerer Produktparameter wurden ebenfalls entwickelt.[452] Andere Ansätze versuchen im Rahmen der Regelung von Prozessen einen Zusammenhang zwischen den Produktparametern und den Input- und Prozeßparametern herzustellen, um eine sensible Steuerung der Prozesse zu ermöglichen.[453] Bezüglich weiteren Ansätze der multivariaten statistischen Prozeßregelung wird auf die Literatur verwiesen.[454]

Im folgenden werden als Beispiel univariater Shewhart-Regelkarten für kontinuierliche Produktparameter die $\bar{Y}$- und die s-Karte vorgestellt. Anschließend werden verschiedene multivariate Regelkarten eingeführt, wobei alle vorgestellten Instrumente davon ausgehen, daß die Warn- und Eingriffsgrenzen über eine Vorlaufstichprobe ermittelt werden.

3.3.2.2 Ausgewählte univariate Regelkarten

Univariate Qualitätsregelkarten werden meist als sogenannte Doppelkarten geführt, d.h. auf einer Karte wird ein Maß für die Lage des Produktparameters und ein Maß für die Streuung des Produktparameters geführt. Die Lage wird durch den Mittelwert $\bar{Y}$ oder durch den Median $\tilde{Y}$ geprüft, die Streuung durch die Standardabweichung s oder durch die Spannweite R. Im folgenden werden

---

[450] Vgl. Kim, E.-S. [CUSUM-Karte], S. 182 ff., Chua, M.-K. und D. C. Mongomery [Investigation], S. 38 ff.

[451] Vgl. Sparks, S. [Quality Control], 381 ff, Jackson, J. E. [Quality Control], S. 2669 ff., Runger, G. C. und F. B. Alt [Choosing], S. 909 ff.

[452] Vgl. Alt, F. B. und Smith, N. D. [Process Control],S. 333 ff., Aparısı, F. u. a. [Statistical Properties], S. 2671 ff.

[453] Vgl. Kourti, T. u.a. [Multivariate SPC], S. 409 ff., Hawkins, D. M. [Multivariate Quality], S. 61 ff.

[454] Vgl. Adams, B. M. [Control Web], S. 533 ff., Collani, E. von [Framework], S. 69 ff, Boyles, R. A. [Multivariate Process], S. 40 ff., Jackson, J. E. [Quality Control], S. 2680 ff, Alt, F. B. und Smith, N. D. [Process Control], S. 333 ff., Timm, N. H. [Finite Intersection], S. 233 ff.

lediglich die Mittelwertkarte und die Standardabweichungskarte behandelt. Zusammen ergibt sich als Doppelkarte die sogenannte $\overline{Y}$-s-Karte.

Die Mittelwertkarte ($\overline{Y}$-Karte) dient der Überwachung der Lage eines Produktparameters über die Zeit. Der Produktparameter sei normalverteilt. Aus einer Vorlaufstichprobe wird der Mittelwert des Produktparameters mit

$$\overline{Y} = \frac{1}{N}\sum_{i=1}^{N} Y_i$$

geschätzt, sowie die Standardabweichung

$$s = \sqrt{\frac{1}{N-1}\sum_{i=1}^{N}(Y_i - \overline{Y})^2}\ .$$

Aus Gründen der Vereinfachung des Sprachgebrauchs der Regelkarten-technik werden die aus der Stichprobe berechneten statistischen Maßzahlen mit den tatsächlichen Werten der Grundgesamtheit gleichgesetzt, d.h. $\mu = \overline{Y}$ und $s = \sigma$. Aus der Normalverteilungsannahme ergibt sich für die Eingriffs-grenzen der Mittelwertkarten

$$OEG/UEG = \mu \pm z_{1-\alpha/2}\sigma_{\overline{Y}}, \qquad \text{(Gleichung 3.3-59)}$$

wobei $z_{1-\alpha/2}$ dem $(1-\alpha/2)$-Quantil der Standardnormalverteilung entspricht und

$$\sigma_{\overline{Y}} = \frac{\sigma}{\sqrt{N}}$$

die Standardabweichung des Erwartungswertes μ ist. Für α, den Fehler 1. Art, wird meist ein Wert von 0,01 gewählt.[455] Somit liegen bei einem normal-verteilten Produktparameter 1 % der Mittelwerte, die in die Mittelwertkarte eingetragen werden, außerhalb der Eingriffsgrenze, wobei meist N = 5 gewählt wird. Für die Warngrenzen gilt

$$OWG/UEG = \mu \pm z_{0.95}\sigma_{\overline{Y}}, \qquad \text{(Gleichung 3.3-60)}$$

d.h. der Fehler 1. Art beträgt bei den Warngrenzen 5 %. Für die Mittellinie gilt M = μ. M liegt genau in der Mitte der Warn- und Eingriffsgrenzen. Dies ist auf die Symmetrie der Normalverteilung zurückzuführen.

Die Standardabweichungskarte (s-Karte) dient der Prüfung der Streuung des Produktparameters. Dazu wird für jede Stichprobe, z.B. vom Umfang N = 5 die

---

[455] Vgl. Gohout, G. [Prozeßanalyse], S. 26 und S. 34

Standardabweichung in die Regelkarte eingetragen. Da die Varianzen von normalverteilten Zufallsgrößen χ^2-verteilt mit N-1 Freiheitsgraden sind, folgt für die Berechnung der Eingriffsgrenzen[456]

$$OEG = \sqrt{\frac{\chi^2_{N-1,\,0.995} \cdot \sigma^2}{N-1}},$$

(Gleichung 3.3-61)

$$UEG = \sqrt{\frac{\chi^2_{N-1,\,0.005} \cdot \sigma^2}{N-1}}$$

und der Warngrenzen

$$OWG = \sqrt{\frac{\chi^2_{N-1,\,0.975} \cdot \sigma^2}{N-1}},$$

(Gleichung 3.3-62)

$$UWG = \sqrt{\frac{\chi^2_{N-1,\,0.025} \cdot \sigma^2}{N-1}}.$$

Für die Mittellinie der s-Karte gilt $M = \sigma$. Die Wahrscheinlichkeitsaussagen der Mittelwertkarten gelten analog für die Standardabweichungskarte.

Zur Prüfung eines Prozesses muß im univariaten Fall für alle m Produktparameter in diesem Falle eine $\overline{Y}$-s-Karte geführt werden. In festen Zeitabständen werden dann Stichproben vom Umfang N = 5 aus dem Prozeß entnommen. Aus den Stichproben werden der Mittelwert und die Standardabweichung berechnet und in die Regelkarten eingetragen. Anhand der Werte der statistischen Maßzahlen oder anhand eines erkennbaren Musters (z.B. Trend) wird geprüft, ob der Prozeß weiterhin unter statistischer Kontrolle ist, d.h. der Mittelwert und die Standardabweichung konstant bleiben.

3.3.2.3 Ausgewählte multivariate Regelkarten

Das Produkt als Ergebnis eines Prozesses wird in der Regel durch mehrere, nicht unabhängige Produktparameter beschrieben. Bei einer univariaten Betrachtung der einzelnen Produktparameter im Rahmen der Statistischen Prozeßregelung (SPC) müssen für alle Produktparameter Y_j separate

---

[456] Vgl. Graebig, K. [Formelsammlung], S. 59

Regelkarten geführt werden. Dies bedeutet erstens einen hohen Aufwand und zweitens wird die Abhängigkeitsstruktur der Produktparameter nicht berücksichtigt, was zu falschen Interpretationen der Regelkarten führen kann, da für Vektoren keine Halbordnung existiert. Mit multivariaten Regelkarten sollen alle Produktparameter eines Prozesses, unter Berücksichtigung ihrer Abhängigkeitsstruktur, durch eine Regelkarte (oder Doppelkarte) über die Zeit geprüft werden.[457] In diesem Abschnitt werden die χ^2- und die T^2-Regelkarte vorgestellt.[458]

Bei der χ^2-Regelkarte wird bei der Berechnung der Eingriffs- und Warngrenzen davon ausgegangen, daß die Erwartungswerte $\underline{\mu}^T = (\mu_1,...,\mu_m)$ und die Kovarianzmatrix Σ_{yy} bekannt sind. Die quadratische Form[459]

$$N(\overline{\underline{Y}} - \underline{\mu})^T \Sigma_{yy}^{-1}(\overline{\underline{Y}} - \underline{\mu})$$

ist χ^2-verteilt mit m Freiheitsgraden, wobei $\overline{\underline{Y}}^T = (\overline{Y}_1,...,\overline{Y}_m)$ dem Vektor der Mittelwerte entspricht, die aus Stichproben vom Umfang N geschätzt wurden. Somit können im Rahmen der multivariaten statistischen Prozeßregelung die über die quadratische Form berechneten Werte in eine Regelkarte eingetragen werden. Die Warn- und Eingriffsgrenze der χ^2-Regelkarte berechnen sich als Quantil der χ^2-Verteilung mit m Freiheitsgraden und $\alpha = 0,05$ bzw. 0,01. Liegt ein Wert über der Warngrenze, so sollte über erneute Stichproben geprüft werden, ob der Prozeß weiterhin stabil ist. Liegt ein Wert oberhalb der Eingriffsgrenze, so muß über die einzelnen Produktparameter geprüft werden, warum die Eingriffsgrenzen überschritten wurden.[460]

Bei der T^2-Regelkarte wird von einer geschätzten Kovarianzmatrix $\underline{\underline{S}}_{yy}$ ausgegangen. Dabei wird bei der Berechnung der Prüfgröße und den entsprechenden Warn- und Eingriffsgrenzen zwischen einem Stichprobenumfang von N = 1 und N > 1 unterschieden werden. Die Prüfgröße für die T^2-Regelkarte bei einem Stichprobenumfang von N > 1 berechnet sich zu[461]

$$T^2 = N(\overline{\underline{Y}} - \underline{\mu})^T \underline{\underline{S}}_{yy}^{-1}(\overline{\underline{Y}} - \underline{\mu}).$$

---

[457] Vgl. Kourti, T. u.a. [Multivariate SPC], S. 409 ff.
[458] Vgl. Runger, C. R. und F. B. Alt [Contributors], S. 2203 ff.
[459] Vgl. Jobson, J. D. [Applied 2], S. 158
[460] Vgl. Alwan, L. C. [Process Analysis], S. 646 ff.
[461] Vgl. Anhang A.3

Die obere Warn- und Eingriffsgrenze der T^2-Regelkarte ergibt sich aus der F-Verteilung mit[462]

$$OWG = \frac{m(k-1)(N-1)}{k(N-1)-p+1} F_{m,(NK-k-m+1),0.05},$$

(Gleichung 3.3-63)

$$OEG = \frac{m(k-1)(N-1)}{k(N-1)-p+1} F_{m,(NK-k-m+1),0.01},$$

wobei k der Anzahl der Stichproben mit dem Umfang N und m der Anzahl der Produktparameter entspricht. Wird zusätzlich davon ausgegangen, daß der Erwartungswertvektor der Produktparameter ebenfalls unbekannt ist, dann berechnen sich die Warn- und Eingriffsgrenzen über die Betaverteilung B mit[463]

$$OWG = \frac{(Nk-1)(k-1)}{n} B_{(m/2),(Nk-m-1),0.05},$$

(Gleichung 3.3-64)

$$OEG = \frac{(Nk-1)(k-1)}{n} B_{(m/2),(Nk-m-1),0.01},$$

wobei sich die Prüfgröße zu

$$T^2 = N(\overline{Y} - \overline{\overline{Y}})^T \underline{\underline{S}}_{yy}^{-1}(\overline{Y}_i - \overline{\overline{Y}})$$

berechnet. Dabei entspricht $\overline{Y}$ dem Vektor der Mittelwerte der Stichproben vom Umfang N und $\overline{\overline{Y}}$ dem Vektor der Gesamtmittelwerte aller k Stichproben.

Die Prüfgröße für die T^2-Regelkarte bei einem Stichprobenumfang von N = 1 berechnet sich mit

$$T^2 = (\underline{Y} - \underline{\mu})^T \underline{\underline{S}}_{yy}^{-1}(\underline{Y} - \underline{\mu}).$$

Die entsprechenden Warn- und Eingriffsgrenzen sind[464]

[462] Vgl. Fuchs, C. und R. S. Kenett [Multivariate Quality], S. 54
[463] Vgl. Fuchs, C. und R. S. Kenett [Multivariate Quality], S. 56 f.
[464] Vgl. Alwan, L. C. [Process Analysis], S. 659 ff.

$$OWG = \frac{(N-1)^2[m/(N-m-1)] \cdot F_{m,(N-m-1),0.05}}{N+[Nm/(N-m-1)] \cdot F_{m,(N-m-1),0.05}},$$

(Gleichung 3.3-65)

$$OEG = \frac{(N-1)^2[m/(N-m-1)] \cdot F_{m,(N-m-1),0.01}}{N+[Nm/(N-m-1)] \cdot F_{m,(N-m-1),0.01}}.$$

Bei den vorgestellten multivariaten Regelkarten wird geprüft, ob sich die Produktparameter innerhalb der elliptischen Prozeßregion befinden,[465] im zweidimensionalen Fall innerhalb einer Ellipse, im höherdimensionalen Fall innerhalb eines Hyperellipsoids. Abweichung vom Vektor der Erwartungswerte bzw. Mittelwerte der Produktparameter werden bei der quadratischen Form nur als Betrag berücksichtigt, wogegen bei den vorgestellten univariaten Regelkarten das Vorzeichen der Abweichung berücksichtigt wird.

Im Anschluß an die vorgestellten Methoden und Verfahren der Statistischen Prozeßanalyse wird im nächsten Kapitel das Zusammenspiel dieser Elemente in einem Prozeßnetzwerk anhand eines Beispiels verdeutlicht. Wurden in diesem Kapitel nur Hinweise gegeben, wie die einzelnen Elemente in einem Prozeßnetzwerk verwendet werden, so wird im folgenden Kapitel die entsprechende Anwendung der Methoden und Verfahren, z.B. zur retrograden Toleranzberechnung im Prozeßnetzwerk, konkretisiert.

---

[465] Vgl. Kapitel 3.1.3

4 Realisierung der Statistischen Prozeßanalyse im Netzwerk

Im dritten Kapitel wurden verschiedene Methoden der Statistischen Prozeßanalyse vorgestellt, wobei auf das Zusammenwirken der Methoden bei
vernetzten Prozeßstrukturen nur am Rande eingegangen wurde. In diesem
Kapitel sollen ausgewählte Methoden in ihrem Zusammenwirken im Prozeßnetzwerk anhand eines Beispiels vorgestellt werden. Das Prozeßnetzwerk
setzt sich dabei aus vier Prozessen aus dem Bereich der Auftragsabwicklung
eines Industrieunternehmens zusammen.

Nach der Modellierung der Beispielprozesse zum Prozeßnetzwerk werden für
die Produktparameter der einzelnen Prozesse Sollvorgaben berechnet und
anschließend Prozeßfähigkeitsanalysen im Rahmen einer Auditierung
durchgeführt. Ausgehend von festzulegenden Zielen für das Prozeßnetzwerk
in Absprache mit den Prozeßverantwortlichen soll dieses über die Berechnung
von Prozeß- und Kostengleichungen gesteuert werden. Konkret bedeutet dies
die Umsetzung der Kommunikation zwischen den Prozessen des Netzwerks
mit den Sprachelementen der Statistischen Prozeßanalyse. Dazu werden auf
der Basis der Sollvorgaben der Produktparameter des letzten Prozesses im
Netzwerk retrograd Sollvorgaben für alle Parameter der Vorläuferprozesse
berechnet. Diese Sollvorgaben sind die Basis für die Steuerung des Prozeßnetzwerks. Die konkrete Steuerung des Netzwerks erfolgt durch die beispiel-
hafte Planung eines Auftrags im Prozeßnetzwerk und durch die prozeßbegleitende Steuerung eines Auftrags im Prozeßnetzwerk. Die Verbesserung
der Produkte durch die Steuerung des Netzwerks wird am Ende des Kapitels
durch die erneute Berechnung von Fähigkeiten nachgewiesen.

Für die Durchführung der Statistischen Prozeßanalyse müssen Daten aus den
laufenden betrieblichen Prozessen erhoben werden. Da keine Freigabe für
Unternehmensdaten zu erhalten war, wurden die nachfolgenden Datensätze
mittels eines Zufallszahlengenerators nach den gegebenen Abhängigkeitsstrukturen in einem Unternehmen generiert. Die Generierung der Daten und
aller Methoden im Rahmen der Statischen Prozeßanalyse wurden mit Hilfe der
Statistik-Software S-Plus Version 3.3 und Version 2000 durchgeführt, wobei
die meisten Methoden vom Autor selbst programmiert wurden.

Bei der Durchführung des Beispiels steht nicht die Vollständigkeit der Analyse
im Vordergrund, sondern die strukturierte Vorgehensweise der Statistischen
Prozeßanalyse zur Modellierung und Steuerung eines Prozeßnetzwerks.

Aufgrund der Übersichtlichkeit wurde deshalb lediglich eine geringe Anzahl von Input-, Prozeß- und Produktparametern gewählt. Deshalb besteht kein Anspruch auf Vollständigkeit der Analyse. Die im Beispiel vorgestellte Vorgehensweise ist ebenfalls idealisiert gewählt, um die Verständlichkeit der Ausführungen zu erhöhen.

4.1 Abgrenzung der untersuchten Prozesse

Insgesamt werden vier vernetzte Prozesse aus der Auftragsabwicklung eines Industrieunternehmens für das Beispiel ausgewählt. Eine komplette Darstellung des Prozeßnetzwerks des betrachteten Unternehmens wäre unübersichtlich und würde dem Ziel entgegenstehen, das Zusammenwirken einzelner Prozesse in einem Prozeßnetzwerk über die Elemente der Statistischen Prozeßanalyse aufzuzeigen.

4.1.1 Darstellung der Prozeßstruktur

Der betrachtete Ausschnitt aus dem Prozeßnetzwerk des Unternehmens beginnt bei dem Prozeß der Auftragsplanung, als erstem Prozeß im Netzwerk nach der Auftragserteilung und einer etwaigen Konstruktionsphase zur Anpassung der Produkte an die Kundenwünsche. Die Ergebnisse der Produktionsplanung sind der Input für die Beschaffung von Fremdteilen und die Steuerung der Produktion von Eigenteilen (Zwischenprodukte). Die Produkte dieser beiden Prozesse, d. h die bereitgestellten Zukaufteile und die bereitgestellten Eigenteile, sind anschließend der Input für den Prozeß der Montage. Die Vernetzung der Prozesse ist in Abbildung 4.1-1 dargestellt. Zur exakten Trennung enthält die Abbildung neben den im Netzwerk betrachteten Planungs- und Steuerungsprozessen auch die Produktionsprozesse für die Herstellung der Eigenteile und den Montageprozeß für die Endprodukte. Im Beispiel werden aber lediglich die Planungs- und Steuerungsprozesse betrachtet.

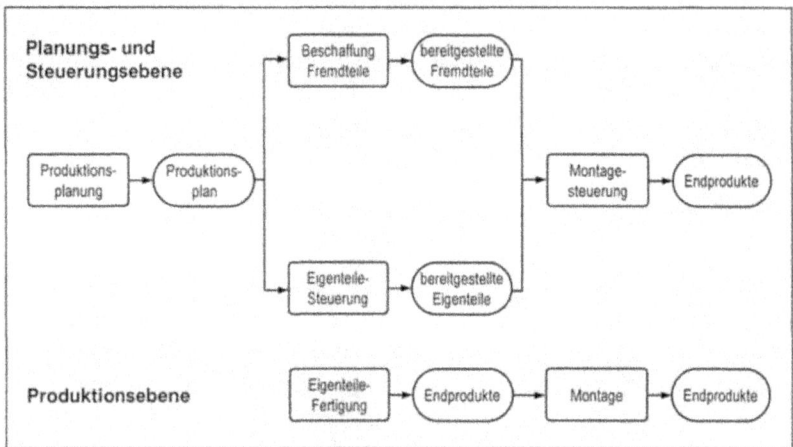

Abbildung 4.1-1: Betrachtete Prozesse im Netzwerk

Folgende Tätigkeiten sind in den einzelnen Prozessen zusammengefaßt:

- **Produktionsplanung (P_0)**

  In diesem Prozeß wird auf der Basis der Konstruktion und der externen Kundenanforderungen ein Mengen- und Terminplan erstellt. Die einzelnen Komponenten des physischen Endproduktes, wie z.B. Materialien und Zwischenprodukte sowie deren Mengen, werden ebenfalls in diesem Prozeß ermittelt. Diese Informationen sind im Produktionsplan zusammengestellt, der den Input für die nachfolgenden Prozesse liefert.

- **Beschaffung von Fremdteilen (P_1)**

  Ausgehend vom Produktionsplan werden in einem Beschaffungsprozeß die notwendigen Zukaufkomponenten für die Montage der Endprodukte bereitgestellt. Tätigkeiten von der Angebotseinholung bis zur Überwachung der Lieferung der Materialien sind in diesem Prozeß zusammengefaßt.

- **Eigenteilesteuerung (P_2)**

  In diesem Prozeß erfolgt die Auftragsfreigabe, die Auftragsverteilung und die Auftragsüberwachung für die Produktion der Eigenteile. Das Ergebnis dieses Prozesses geht als Input in die Montagesteuerung ein.

- **Montagesteuerung (P_3)**

  Die Montagesteuerung für das Endprodukt bestimmt deren Bearbeitungsfolge und lastet die entsprechenden Herstellungsaufträge in die Produktion anhand eines Steuerungsplans ein. Anschließend wird die Umsetzung des Steuerungsplans in der Herstellungsüberwachung verfolgt.

Das dargestellte Prozeßnetzwerk ist nur ein Ausschnitt der gesamten Planungs- und Steuerungsprozesse. So ist z.B. die Eigenteilesteuerung zusätzlich mit einem weiteren Beschaffungsprozeß zur Beschaffung von Material für die Herstellung der Eigenteile verknüpft. Diese und weitere Verknüpfungen werden aber aus Gründen der Übersichtlichkeit nicht in das Netzwerk aufgenommen.

4.1.2 Parameter zur Prozeßbeschreibung

Um die Übersichtlichkeit des Beispiels zu gewährleisten, wurde eine Auswahl für die Input-, Prozeß- und Produktparameter getroffen. Als Produktparameter für die einzelnen Prozesse P_t, $t = 0$, ..., 3 wurden folgende Zeit- und Kostenparameter Y_{tj}, $j = 1, 2$ für jeden Prozeß festgelegt:

- **Termintreue (Y_{t1})**
  Differenz in Stunden zwischen dem geplanten Termin (Soll) und dem tatsächlichen Termin (Ist) für die Beendigung eines Auftrags und die Weitergabe des Ergebnisses an den internen Kunden.

- **Prozeßkosten (Y_{t2})**
  Die Prozeßkosten ergeben sich aus Kostenbestandteilen, die direkt jeder Prozeßrealisierung zurechenbar sind. Prozeßkosten aus den Vorläufer-prozessen werden ebenfalls den Prozeßkosten des aktuellen Prozesses zugerechnet. Die Prozeßkosten der Produktionsplanung gehen jeweils zur Hälfte in die beiden nachfolgenden Prozesse ein. Nicht zurechenbare Kosten werden im Beispiel nicht berücksichtigt.

Prozeßparameter beeinflussen die Produktparameter und sind somit für die Steuerung eines Prozesses notwendig. Aus der Menge der möglichen Prozeßparameter wurde folgende Auswahl für das Beispiel getroffen:

- **Arbeitszeit (X_{t1})**
  Bearbeitungszeit je Prozeßrealisation (Auftrag) in Stunden der Mitarbeiter für die Prozesse P_t, $t = 1, ..., 3$. Für den Prozeß der Produktionsplanung (P_0) werden lediglich die Produktparameter angegeben.

- **Anzahl Aufträge (X_{t2})**

  Anzahl der Bestellungen (Beschaffungsprozeß) oder Anzahl der Produktions- bzw. Montageaufträge (Eigenteile und Montage) je Auftrag.

- **Qualifikation der Mitarbeiter (X_{23})**

  Beurteilung der Qualifikation der Mitarbeiter, die den Prozeß der Eigenteilesteuerung bearbeiten. Die Bewertung erfolgt über eine Punkteskala, die sich aus den Kriterien Schulbildung, Betriebszugehörigkeit und Weiterbildung zusammensetzt. Dieser Prozeßparameter wird nur für den Prozeß P_2 verwendet.

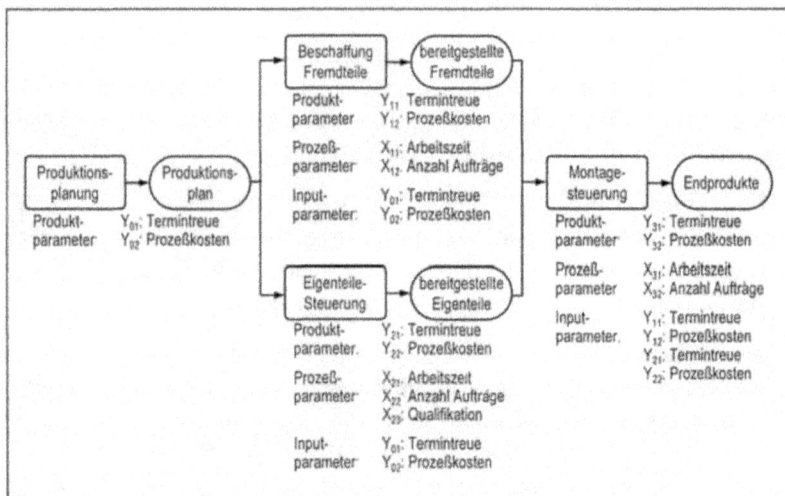

Abbildung 4.1-2: Netzwerk und Parameter der Prozeßbeschreibung

Die Inputparameter ergeben sich aus den Produktparametern der Vorläuferprozesse. Diese gehen jeweils einzeln in den Nachfolgerprozeß ein. Alternativ könnten diese über die T^2-Statistik[466] zu einem Parameter zusammengefaßt werden, der dann als aggregierter Inputparameter in die nachfolgenden Prozesse eingeht. In der Abbildung 4.1-2 sind das Netzwerk und die ausgewählten Parameter zur Beschreibung des Netzwerks zusammengefaßt. Aus

---

[466] Vgl. Anhang A.3

der Abbildung ist zu entnehmen, daß die Produktparameter eines Vorläuferprozesses gleichzeitig die Inputparameter der Nachfolgerprozesse sind.

4.2 Ermittlung des Ist-Zustandes

In diesem Kapitel wird ausführlich das Vorgehen der Statistischen Prozeßanalyse von der Festlegung von Sollvorgaben über die Ermittlung von
multivariaten Prozeßfähigkeiten bis zur Ableitung von Zielvorgaben für die
Prozeßverbesserung vorgestellt. Dabei wird ein idealisierter schrittweiser
Ablauf vorausgesetzt, der auf einer mehrfachen Datenerhebung basiert.

4.2.1 Berechnung von Sollvorgaben für die Produktparameter

Für die Produktparameter aller Prozesse liegen die Mittelwertvektoren und die
Kovarianzmatrizen aus vorangegangenen Untersuchungen vor. Die Berechnung der Sollvorgaben erfolgt im Beispiel immer ausgehend von den
Sollvorgaben für die Prozeßkosten eines Prozesses. Zunächst werden
deshalb Sollvorgaben für die Prozeßkosten festgelegt und anschließend die
Sollvorgaben für die Termintreue abgeleitet. In diesem ersten Schritt erfolgt
somit die Berechnung der Sollvorgaben für die Produktparameter der
einzelnen Prozesse unabhängig von den anderen Prozessen des Netzwerks.
Speziell für den Prozeß der Produktionsplanung wird die Vorgehensweise zur
Berechnung der Sollvorgaben ausführlich vorgestellt.

Für die beiden Produktparameter der Produktionsplanung (Prozeß P_0), die
Termintreue Y_{01} und die Prozeßkosten Y_{02}, liegen aus vorangegangenen
Datenerhebungen folgende statistische Maßzahlen vor.[467] Der Mittelwertvektor
ist $\overline{Y}_0^T = (1.21, 4258.88)$ und die Kovarianzmatrix

$$\underline{\underline{S}}_{yy.0} = \begin{pmatrix} 42.12 & 1702.63 \\ 1702.63 & 211940.54 \end{pmatrix}.$$

Als Sollwert für die Prozeßkosten wurde $M_{02} = 4.200$ festgelegt, was den
bisherigen geplanten Prozeßkosten entspricht. Das anforderungsorientierte
statistische Toleranzintervall soll ungefähr vier mal der Standardabweichung
der Prozeßkosten (4s) entsprechen, d.h. $T_{02} \approx 4 \cdot \sqrt{211940.54} = 1800$. Für die

---

[467] Vgl. Anhang C.1

Termintreue wird als Sollwert die Übereinstimmung zwischen geplantem und tatsächlichem Termin gewählt, d.h. $M_{01} = 0$. Potentialorientierte Sollvorgaben werden erst im Zusammenhang mit der Prozeß- und Kostengleichung berechnet, da sich die Abhängigkeitsstruktur des Prozesses in den potentialorientierten Sollvorgaben widerspiegelt. Die Berechnung des anforderungsorientierten Toleranzintervalls für die Termintreue aus dem Toleranzintervall für die Prozeßkosten erfolgt mit[468]

$$[T_{u.0}, T_{o.0}] = T_{01} = M_{01} \pm \lambda_0 \sqrt{\chi^2_{2,0.9973} \cdot s^2_{1/2-1}}$$

$$= 0 \pm 0.692 \cdot \sqrt{11.829 \cdot 28.442}$$

$$= 25.38 \approx 25 = [-12.5, 12.5],$$

wobei $s^2_{1/2-1}$ die bedingte Varianz der Termintreue unter der Bedingung der Prozeßkosten ist.

$$\lambda_0 = \frac{T_{02}}{T_{02}^{(P)}}$$

ist der Korrekturfaktor für die anforderungsorientierte Toleranz. Es gilt $T_{02} = 1800$ und

$$T_{02}^P = M_{02} \pm \sqrt{\chi^2_{2,0.9973} \cdot s^2_{2/1-2}} = 2602.24.$$

Die Daten für die Toleranzberechnungen der anderen Prozesse sind dem Anhang[469] zu entnehmen. In der Abbildung 4.2-1 sind die Sollvorgaben für die Produktparameter aller Prozesse zusammengestellt. Für jeden Prozeß sind die Sollwerte M_{tj} und die Toleranzintervalle T_{tj}, $t = 0, ..., 3$, $j = 1, 2$ aufgeführt. Ein Toleranzintervall wird dabei jeweils als Breite des Toleranzintervalls (z.B. $T_{31} = 24$) und als Werte der Toleranzgrenzen (z.B. $T_{31} = [-12, 12]$) dargestellt. Die Grenzen eines Toleranzintervalls sind dabei immer symmetrisch um den Sollwert angeordnet.

---

[468] Vgl. Kapitel 3.1.2
[469] Vgl. Anhang C.1

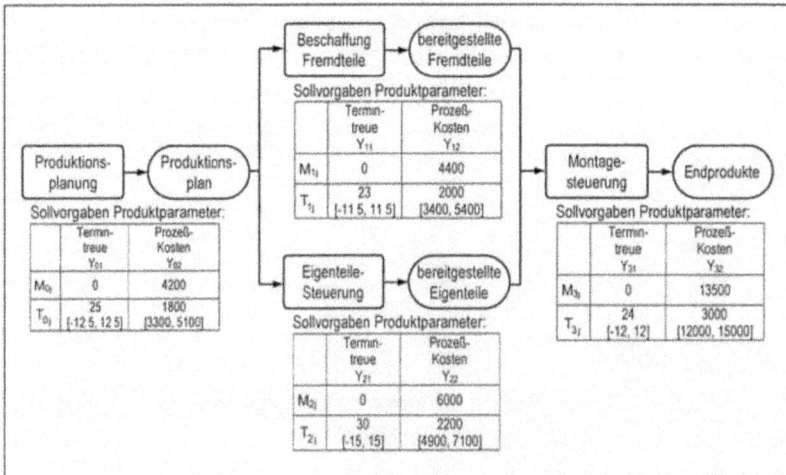

Abbildung 4.2-1: Sollvorgaben für alle Produktparameter des Netzwerks

4.2.2 Nachweis der Anforderungen mittels Produktfähigkeiten

Um für die aktuellen Prozesse den Nachweis zu erbringen, daß die Sollvorgaben eingehalten werden, sollen wiederum Daten für die Produktparameter erhoben werden. Im vorliegenden Fall wurden für alle Produktparameter Werte aus N = 50 Prozeßrealisationen für die Produktparameter erhoben, wobei die Abhängigkeitsstruktur der Produktparameter gleich bleibt. Die Berechnung der Prozeß- und Produktfähigkeiten wird für den Prozeß der Produktionsplanung ausführlich berechnet. Bei der Berechnung wird davon ausgegangen, daß jeweils nur die oberen Toleranzgrenzen für die beiden Produktparameter relevant sind (einseitige Fähigkeiten). Die Daten für die Berechnung der Prozeß- und Produktfähigkeiten aller Prozesse befinden sich im Anhang.[470]

Aus der Stichprobe wurden für die beiden Produktparameter der Produktionsplanung Termintreue Y_{01} und Prozeßkosten Y_{02} der Mittelwertvektor $\overline{\underline{Y}}_0^T = (1.51,\ 4237.42)$ und die Kovarianzmatrix

$$\underline{\underline{S}}_{yy.0} = \begin{pmatrix} 26.83 & 1354.06 \\ 1354.06 & 11399.33 \end{pmatrix}$$

---

[470] Vgl. Anhang C.2

geschätzt. Die Berechnung der einseitigen oberen Prozeßfähigkeiten wird für die Prozeßkosten Y_{02} gezeigt.[471] Die einfache einseitige Prozeßfähigkeit für die Prozeßkosten $C_{p.02}^o$ berechnet sich mit

$$C_{p.02}^o = \frac{T_{o.02} - M_{02}}{3 \cdot s_{02}}$$

$$= \frac{900}{3 \cdot 425.91}$$

$$= 0.704.$$

Da die einfache Prozeßfähigkeit die Differenz zwischen dem Sollwert und dem Mittelwert nicht berücksichtigt, wird der Korrekturfaktor

$$k_{02}^o = \frac{\overline{Y}_{02} - M_{02}}{T_{o.02} - M_{02}}$$

$$= \frac{37.42}{900}$$

$$= 0.042$$

berechnet. Damit ergibt sich die korrigierte einseitige Prozeßfähigkeit

$$C_{pk.02}^o = C_{p.02}^o (1 - k_{02}^o)$$

$$= 0.675.$$

Da $C_{pk.02}^o < 1$ gilt, ist der Prozeß bezüglich des Produktparameters Y_{02} nicht fähig. Mit Hilfe der einseitigen Produktfähigkeiten wird nun geprüft ob diese Aussage für alle Produktparameter gemeinsam gilt. Die einfache einseitige Produktfähigkeit[472] berechnet sich mit den Toleranzintervallen für die beiden Produktparameter $\underline{T}_0^T = (12.5, 900)$ und dem Sollwertvektor $\underline{M}_0^T = (0, 4200)$ mit

[471] Vgl. Kapitel 3.2.2
[472] Vgl. Kapitel 3.2.3

$$PC_{p.0}^o = \sqrt{\frac{1}{9 \cdot m}(\underline{T}_{o.0} - \underline{M}_0)^T \underline{S}_{yy}^{-1}(\underline{T}_{o.0} - \underline{M}_0)}$$

$$= \sqrt{\frac{1}{9 \cdot 2}(12.5 \quad 900)\begin{pmatrix} 26.83 & 1354.06 \\ 1354.06 & 181399.33 \end{pmatrix}^{-1}\begin{pmatrix} 12.5 \\ 900 \end{pmatrix}}$$

$$= 0.599.$$

Da die einfache einseitige Produktfähigkeit die Abweichung zwischen Sollwertvektor und Mittelwertvektor nicht berücksichtigt, erfolgt eine Korrektur über den Faktor

$$K_0^o = \frac{\sqrt{(\underline{\overline{Y}} - \underline{M})^T \left(\Sigma_{yy}^{th}\right)^{-1}(\underline{\overline{Y}} - \underline{M})}}{\sqrt{(\underline{T}_o - \underline{M})^T \left(\Sigma_{yy}^{th}\right)^{-1}(\underline{T}_o - \underline{M})}}$$

$$= \frac{\sqrt{(1.51 \quad 37.42)\begin{pmatrix} 17.36 & 767.19 \\ 767.19 & 90000.00 \end{pmatrix}^{-1}\begin{pmatrix} 1.51 \\ 37.42 \end{pmatrix}}}{\sqrt{(12.5 \quad 900)\begin{pmatrix} 17.36 & 767.19 \\ 767.19 & 90000.00 \end{pmatrix}^{-1}\begin{pmatrix} 12.5 \\ 900 \end{pmatrix}}}$$

$$= 0.115,$$

wobei

$$\Sigma^{th} = diag\left(\frac{\underline{T}_o - \underline{M}_0}{3}\right) \cdot \underline{R}_{yy} \cdot diag\left(\frac{\underline{T}_o - \underline{M}_0}{3}\right)$$

$$= \begin{pmatrix} 4.1\overline{6} & 0 \\ 0 & 4.1\overline{6} \end{pmatrix} \cdot \begin{pmatrix} 1 & 0.61 \\ 0.61 & 1 \end{pmatrix} \cdot \begin{pmatrix} 4.1\overline{6} & 0 \\ 0 & 4.1\overline{6} \end{pmatrix}.$$

Die korrigierte einseitige Produktfähigkeit ergibt sich zu

$$PC_{pk.0}^o = PC_{p.0}^o(1 - K_0^o)$$

$$= 0.531.$$

In der Abbildung 4.2-2 sind alle Prozeß- und Produktfähigkeiten für das Netzwerk zusammengefaßt. Dabei sind für jeden Produktparameter die einseitigen einfachen $C_{p.tj}^o$ und einseitigen korrigierten Prozeßfähigkeiten $C_{pk.tj}^o$ aufgeführt, die Korrekturfaktoren dagegen nicht. In der letzten Zeile der Ergebnistabelle jedes Prozesses in Abbildung 4.2-2 sind die einfachen einseitigen Produktfähigkeiten ($PC_{p.t}^o$), die Korrekturfaktoren (K_t^o) und die korrigierten einfachen Produktfähigkeiten ($PC_{pk.t}^o$) dargestellt.

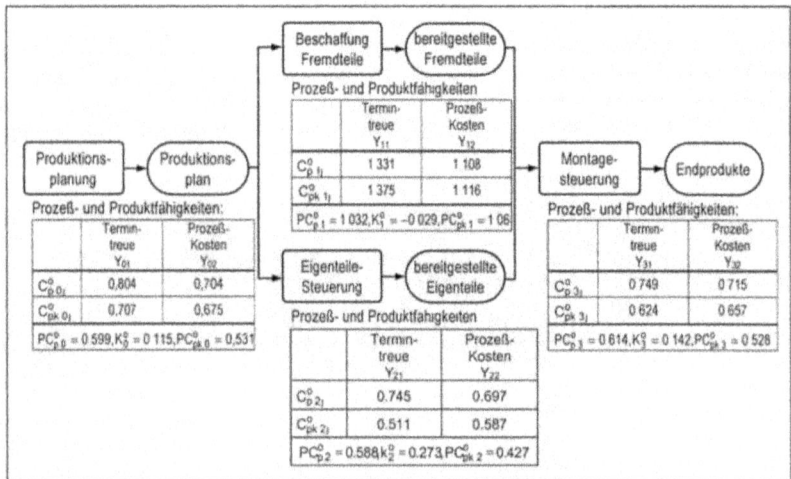

Abbildung 4.2-2: Prozeß- und Produktfähigkeiten des Netzwerks

4.2.3 Ableitung von Zielvorgaben für die Steuerung

Aus den Ergebnissen für die Prozeß- und Produktfähigkeiten ist zu erkennen, daß die einzelnen Prozesse, mit Ausnahme der Beschaffung, ihren Sollvorgaben nicht genügen, da sich für die Produktfähigkeiten Werte von $PC_{pk.j}^o < 1$ für die Prozesse P_t, $t = 0, 2, 3$ ergeben. Die einfache Produktfähigkeit PC_p^o zeigt die grundsätzliche Fähigkeit eines Prozesses die Sollvorgaben der Produktparameter gemeinsam zu erfüllen, unabhängig davon, ob der Mittelwertvektor vom Sollwertvektor abweicht. Die Differenz zwischen dem Mittelwertvektor und dem Sollwertvektor wird im Beispiel durch den Korrekturfaktor K_t^o berücksichtigt. Je stärker dieser von Null abweicht, desto

größer ist die Differenz zwischen dem Mittelwertvektor und dem Sollwertvektor, wobei die Abhängigkeitsstruktur der Produktparameter berücksichtigt
wird. Gilt $PC_{pk,j}^o < 1$, so ist der Prozeß nicht fähig und muß verbessert werden.
Im Rahmen der Verbesserung des Prozeßnetzwerks sollen im Beispiel
folgende Ziele erreicht werden:

• Alle Produktparameter im Prozeßnetzwerk sollen ihren Sollvorgaben
  genügen. Dazu werden für das gesamte Netzwerk die Kosten- und
  Prozeßgleichungen berechnet.

• Ausgehend von den Kosten- und Prozeßgleichungen sollen für alle
  Prozesse des Netzwerks Steuerungs- und Regelungsintervalle für alle
  Prozeßparameter berechnet werden.

• Für die Produktparameter der Prozesse P_t, $t = 0, 1, 2$ sollen ausgehend von
  den Sollvorgaben des Prozesses P_3 retrograd Sollvorgaben berechnet
  werden, so daß die Einhaltung der Sollvorgaben für die Produktparameter
  der Prozesse P_t, $t = 0, 1, 2$ die Einhaltung der Sollvorgaben für die
  Produktparameter des Prozesses P_3 nicht gefährdet.

• Berechnung von potentialorientierten Toleranzen für die Produktparameter
  der Prozesse P_t, $t = 1, 2, 3$ unter Berücksichtigung der Abhängigkeits-
  struktur und Berechnung der entsprechenden potentialorientierten
  Produktfähigkeiten. Diese zeigen das Verbesserungspotential eines
  Prozesses auf, das durch die Steuerung des Prozesses über Input- und
  Prozeßparameter erreicht werden kann.

• Konkrete Steuerung des Prozeßnetzwerks durch die Planung von
  Aufträgen im Netzwerk und durch eine prozeßbegleitende Steuerung.

• Sammlung von Daten, um die Verbesserung des Netzwerkes nachzu-
  weisen.

4.3 Steuerung des Prozeßnetzwerks

Durch die Steuerung des Prozeßnetzwerks sollen die im vorangegangenen
Kapitel definierten Ziele realisiert werden. Dazu werden zunächst die Prozeß-
und Kostengleichungen für alle Prozesse des Netzwerks berechnet. Anschließend wird ausgehend von den Sollvorgaben der Montagesteuerung eine
retrograde Toleranzberechnung im Netzwerk durchgeführt. Dadurch ändern
sich die Sollvorgaben für alle Vorläuferprozesse, so daß eine Neuberechnung

der Produktfähigkeiten notwendig wird. Die Ermittlung der Abhängigkeits-
struktur der einzelnen Prozesse ermöglicht ebenfalls eine potentialorientierte
Toleranzberechnung und damit auch die Berechnung von potentialorientierten
Fähigkeiten. Die eigentliche Steuerung des Netzwerks erfolgt durch Vorher-
sagen mit den Prozeß- und Kostengleichungen im Netzwerk durch eine
Planung von Aufträgen und durch die prozeßbegleitende Steuerung.

4.3.1 Ermittlung der Kosten- und Prozeßgleichungen

Entsprechend der Zielvorgabe einer retrograden Toleranzberechnung im
Netzwerk werden im ersten Schritt die Kosten- und Prozeßgleichungen für die
Prozesse des Netzwerks berechnet. Ausführlich soll die Interpretation der
Prozeßgleichung für die Montagesteuerung erfolgen. Die Daten für die
Berechnung der Kosten- und Prozeßgleichungen aller Prozesse, sowie die
vollständigen Ergebnisse sind im Anhang zusammengefaßt.[473] Alle
Gleichungen wurden aus N = 60 Prozeßrealisationen geschätzt.

Für den Produktparameter Termintreue (Y_{31}) der Montagesteuerung (P_3)
ergeben sich folgende Ergebnisse der Regressionsanalyse.

```
Results of the comlete Model for Y31

            "Value" "Std. Error" "t value" "Pr(>|t|)"  "Redn-1"  "VIF"
(INT) -14.280962255 6.1536872713 -2.320716  0.024182 0.0000000 0.0000
 Y11    0.811928777 0.1281535758  6.335592  0.000000 3.1135938 1.5321
 Y12    0.002121396 0.0011499986  1.844694  0.070673 0.2639590 1.4684
 Y21    0.393431008 0.0568007849  6.926507  0.000000 3.7214830 1.9975
 Y22   -0.001536025 0.0006898737 -2.226531  0.030252 0.3845430 1.6033
 X31    0.437625323 0.0946229835  4.624937  0.000024 1.6592016 1.4711
 X32    0.397315232 0.1690486285  2.350301  0.022513 0.4284841 1.5182

F-Statistc: 47.2718533333483 with a p-value of: 6.95524218588692e-020
```

In der ersten Spalte befinden sich die Bezeichnungen der Input- und Prozeßparameter und das Absolutglied (INT). In den weiteren Spalten folgen die
Werte der geschätzten Regressionskoeffizienten ("Value"), deren Standardabweichung ("Std. Error"), die t-Statistik für die Überprüfung der Null-

---

[473] Vgl. Anhang C.3 und Anhang C.4

hypothese, daß der einzelne Regressionskoeffizient nicht signifikant ist ("t value") sowie der dazugehörende Fehler 1. Art ("Pr(>|t|)"). Unterhalb der Tabelle befindet sich die F-Statistik (F-Statistic) zur Prüfung der Nullhypothese, daß das gesamte Regressionsmodell nicht signifikant ist und der dazugehörende Fehler 1. Art (p-value).

Das Red_{n-1} ("Redn-1") ist der Wert, um den sich die bedingte Varianz des reduzierten Modell erhöht, wenn der entsprechende Input- oder Prozeßparameter aus dem vollständigen Modell entfernt wird.[474] Dieser varianzanalytische Wert spiegelt die Bedeutung des einzelnen Input- und Prozeßparameters wider und ist die Basis für eine Rangfolge der einzelnen Input- und Prozeßparameter bezüglich ihrer Wirkung auf den Produktparameter. Der Variance-Inflation-Factor ("VIF") ist ein Maß, das angibt, wie stark der einzelne Input- oder Prozeßparameter von Multikollinearität betroffen ist. Je größer der VIF, desto stärker ist der entsprechende Input- oder Prozeßparameter von Multikollinearität betroffen. Nachfolgende Aufstellung gibt eine weiterführende Analyse der Multikollinearität des Modells.

Eigenvalue, Condition Number and Proportion of Variance

	"eigen"	"cond"	"Y11"	"Y12"	"Y21"	"Y22"	"X31"	"X32"
1	2.11029	1.00000	0.00720	0.00021	0.00841	0.00026	0.00171	0.00049
2	1.47978	1.19419	0.61928	0.00000	0.09249	0.00003	0.00000	0.00004
3	1.06450	1.40799	0.16008	0.00042	0.49848	0.00032	0.00091	0.00048
4	0.64945	1.80259	0.08753	0.01988	0.02568	0.01618	0.86813	0.00607
5	0.41397	2.25780	0.00040	0.02083	0.02035	0.16111	0.07196	0.84837
6	0.28200	2.73557	0.12551	0.95866	0.35459	0.82210	0.05729	0.14455

In dieser Tabelle sind für die n = 6 Input- und Prozeßparameter die Eigenwerte ("eigen"), die Konditionsnummer ("cond") sowie die zuordenbaren Varianzanteile der einzelnen Input- und Prozeßparameter aufgeführt. Hohe Varianzanteile einzelner Input- und Prozeßparameter bei geringen Eigenwerten zeigen, welche Input- und Prozeßparameter gemeinsam für die Multikollinearität des Modells verantwortlich sind. Im Beispiel haben Y_{12} und Y_{22} relativ hohe Varianzanteile, wobei der kleinste Eigenwert in der letzten Zeile auf keinen hohen Grad der Multikollinearität hindeutet. Eine Analyse der Multikollinearität des gesamten Regressionsmodells ist im Folgenden zusammengefaßt.

---

[474] Vgl. Kapitel 3.3.1.5

Analysis of multicollinearity

	Complete Modell	Red-Reduction
mean VIF	1.370086e+000	1.370086e+000
mult.Cond.Nr.	2.735573e+000	2.735573e+000
Delta	3.967771e+000	3.967771e+000
max.MK-error	1.220678e-016	1.220678e-016

Die Analyse der Multikollinearität wird sowohl für das vollständige Modell als auch für das reduzierte Modell durchgeführt. Aufgeführt sind der mittlere Variance-Inflation-Factor (mean VIF), die größte Konditionszahl aller Input- und Prozeßparameter (mult.Cond.Nr.), der Grad der Multikollinearität δ (Delta) und der maximale Schätzfehler durch die Multikollinearität des Modells (max.MK-error).[475] Für dieses Modell ist der Grad der Multikollinearität gering, so daß von keiner Einschränkung der Schätzung und Vorhersage ausgegangen wird. Ein Vergleich zwischen dem vollständigen und dem reduzierten Modell läßt sich anhand folgender Berechnungen durchführen, wobei im Beispiel keine Reduzierung der Anzahl der Input- und Prozeßparameter möglich war.

Comparison of complete and reduced Modell for Y_{31}

	Complete Modell	Red-Reduction
Rsquared	0.8425576	0.8425576
UNn/UNp	4.5765641	4.5765641
Sqrt UNn/UNp	2.1392906	2.1392906
RSS	242.5578975	242.5578975
syx/syp	2.0275973	2.0275973
Total df	60.0000000	60.0000000
residual df	53.0000000	53.0000000

Für beide Modelle sind das Maß der Beherrschbarkeit (Rsquared), der unbedingte Vorhersagefehler (UNn/UNp), dessen Wurzel (Sqrt UNn/UNp), die Summe der Quadrierten Fehler (RSS: Residual Sums of Square), sowie die Reststreuung der Modelle (syx/syp) aufgeführt. Die letzten beiden Zeilen enthalten die Freiheitsgrade (df) des Modells und der Residuen. Die ausführlichen Ergebnisse für die Prozeß- und Produktgleichungen aller Prozesse sind

---

[475] Vgl. Kapitel 3.3.1.5 und Anhang B.2

im Anhang aufgeführt.[476] In der Abbildung 4.3-1 sind die Regressions-koeffizienten der Prozeßgleichungen und in Abbildung 4.3-2 die Regressions-koeffizienten der Kostengleichungen des Netzwerks mit den jeweiligen Maßen der Beherrschbarkeit aufgelistet. Die Rangfolge der Bedeutung der Regressionskoeffizienten der einzelnen Gleichungen wurde aus den Werten der Red_{n-1} der entsprechenden Regressionskoeffizienten abgeleitet.

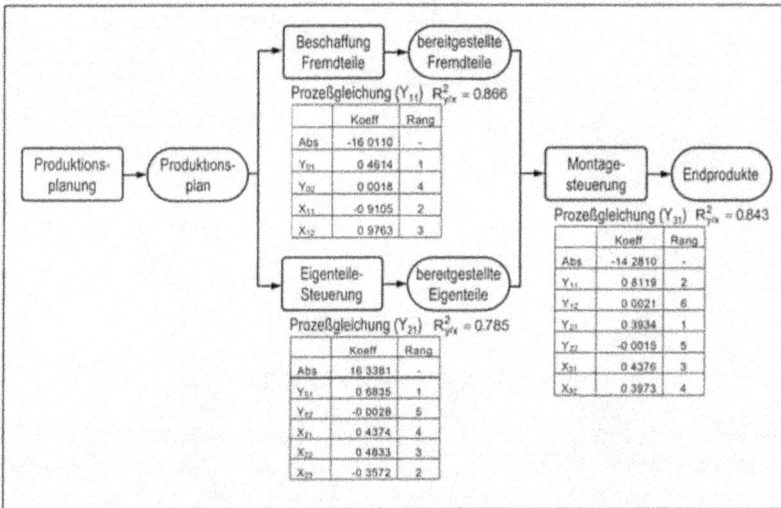

Abbildung 4.3-1: Prozeßgleichungen des Netzwerks

Die Maße der Beherrschbarkeit als Maße für die "Güte" der Regressionen sind für alle Prozeß- und Kostengleichungen relativ groß. Des weiteren zeigen die Prozeßgleichungen, daß die Termintreue der Vorläuferprozesse einen wesentlichen Einfluß auf die Termintreue der Nachfolgerprozesse hat. So belegen z.B. die Termintreue Y_{21} (Eigenteilesteuerung) und Y_{11} (Beschaffung Fremdteile) die Ränge 1 und 2 in der Bedeutung für die Termintreue der Montagesteuerung (Y_{31}). Für die Prozeßkosten gilt ähnliches. So haben die Prozeßkosten der Vorläuferprozesse immer einen wichtigen Einfluß auf die Prozeßkosten der Nachfolgerprozesse.

---

[476] Vgl. Anhang C.4

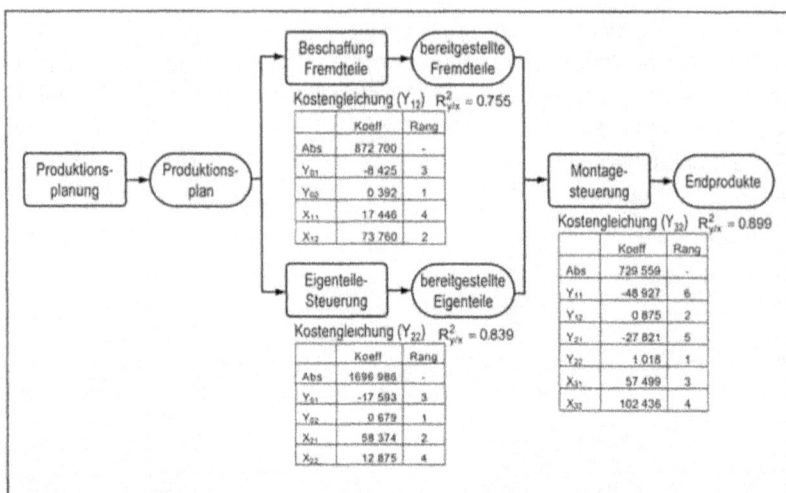

Abbildung 4.3-2: Kostengleichungen des Netzwerks

4.3.2 Retrograde Toleranzberechnung im Netzwerk

Die bisher verwendeten Toleranzen für die Produktparameter wurden für jeden einzelnen Prozeß berechnet, unabhängig von dem Zusammenhang der Prozesse im Netzwerk. Bei der retrograden Toleranzberechnung in Prozeßnetzwerken sollen dagegen, ausgehend von den Sollvorgaben des letzten Prozesses im Netzwerk, Sollvorgaben für alle Vorläuferprozesse abgeleitet werden. Durch dieses Vorgehen wird das Ursache-Wirkungs-Prinzip bezüglich der Sollvorgaben im Prozeßnetzwerk realisiert.

Für das Beispiel werden aus den Sollvorgaben der Produktparameter der Montagesteuerung zunächst Steuerungs- und Regelungsintervalle für die Input- und Prozeßparameter dieses Prozesses abgeleitet. Die dadurch berechneten Steuerungs- und Regelungsintervalle für die Inputparameter sind gleichzeitig die Sollvorgaben für die Produktparameter der Vorläuferprozesse. Die Steuerungs- und Regelungsintervalle werden im Beispiel ausgehend von der Termintreue und der Prozeßkosten berechnet.[477] Die Sollvorgaben für die Input- und Prozeßparameter ergeben sich dabei immer aus dem Minimum

---

[477] Vgl. Kapitel 3.1.2

aller berechneten Steuerungs- und Regelungsintervalle. Die Ergebnisse der retrograden Toleranzberechnung sind in Abbildung 4.3-3 zusammengefaßt.

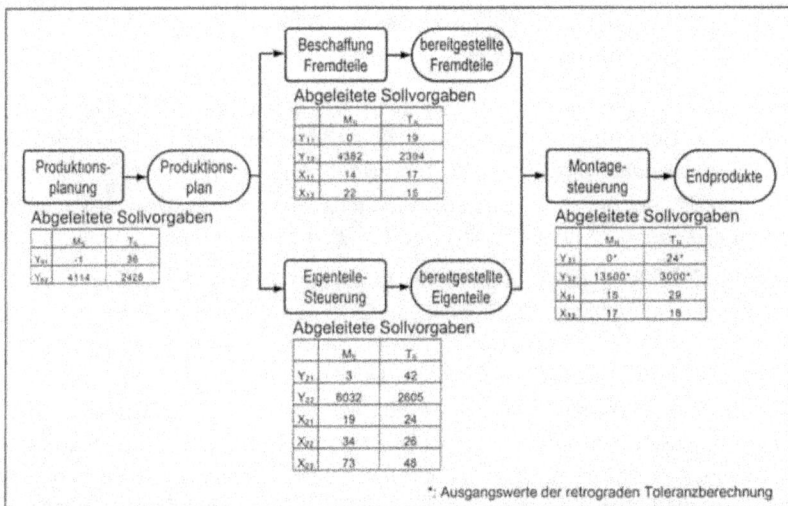

Abbildung 4.3-3: Retrograd berechnete anforderungsorientierte Sollvorgaben

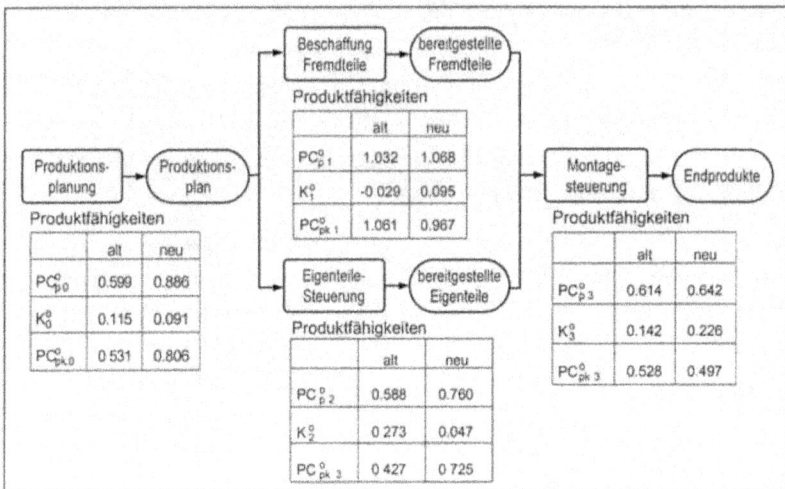

Abbildung 4.3-4: Alte und neue Produktfähigkeiten

Durch die neue Berechnung der Sollvorgaben für die Prozesse P_t, $t = 0, 1, 2$ ändern sich auch die Produktfähigkeiten für die betrachteten Prozesse. Diese werden neu berechnet und den alten Sollvorgaben in Abbildung 4.3-4 gegenübergestellt. Weitere geringfügige Veränderungen ergeben sich durch die Daten der neuen Stichprobe, die zur Berechnung der Prozeß- und Kostengleichungen erhoben wurden.

Die neu berechneten Produktfähigkeiten auf der Basis der retrograd berechneten Sollvorgaben geben den tatsächlichen Ist-Zustand des Prozeßnetzwerks wieder. Die Werte der Produktfähigkeiten sind für alle Prozesse leicht gestiegen, außer für die Beschaffung von Fremdteilen. Dennoch werden die Sollvorgaben nicht eingehalten, da für alle Prozesse $PC^o_{pk.t} < 1$ gilt. Bevor auf die Steuerung des Netzwerks eingegangen wird, sollen weitere Kennzahlen zur Beurteilung von Prozessen, die sogenannten potentialorientierten Fähigkeiten berechnet werden.[478] Diese basieren auf potentialorientierten Sollvorgaben für die Produktparameter. Die Berechnung der potentialorientierten Sollvorgaben erfolgt im Beispiel für jeden Prozeß unter Einbeziehung aller Input-, Prozeß- und Produktparameter. Als potentialorientierte Sollwerte ergeben sich dabei die Mittelwerte der Produktparameter, so daß keine korrigierte Produktfähigkeit berechnet werden muß. Die Toleranzen berechnen sich auf der Basis der Reststreuung.[479] Dadurch können die potentialorientierten Toleranzen als Intervalle bezeichnet werden, die im besten Fall durch den aktuellen Prozeß für die Produktparameter realisiert werden können. Auf Basis der potentialorientierten Toleranzen werden die potentialorientierten Produktfähigkeiten ermittelt. Sie sind ein Maß für die Ausnutzung des Prozeßpotentials. Gilt $PC^{(P)}_p = 1$ wird das Potential eines Prozesses durch die aktuelle Steuerung optimal ausgenutzt. Je kleiner $PC^{(P)}_p$ ist, desto geringer wird das Prozeßpotential genutzt und desto höher ist das Verbesserungspotential eines Prozesses.

In Abbildung 4.3-5 sind die potentialorientierten Sollvorgaben, die potentialorientierten Produktfähigkeiten, sowie die einfachen (anforderungsorientierten) Produktfähigkeiten für die Produktparameter aller Prozesse dargestellt. Als Extreme sollen die Montagesteuerung und die Beschaffung von Fremdteilen interpretiert werden. Für die Eigenteilesteuerung gilt $PC^{o(P)}_{p.3} = 0.475$ und

---

[478] Vgl. Kapitel 3.1.1
[479] Vgl. Kapitel 3.1.2

$PC_{p.3}^{o} = 0.527$. Der anforderungsorientierten Produktfähigkeit steht eine ähnlich große potentialorientierte Produktfähigkeit entgegen. Dies bedeutet, daß zur Erreichung einer geforderten anforderungsorientierten Produktfähigkeit von $PC_{p.3}^{o} > 1$ große Anstrengungen unternommen werden müssen.

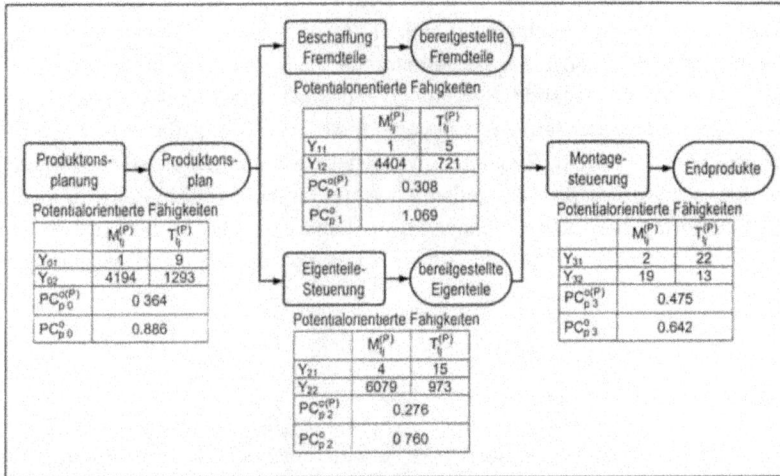

Abbildung 4.3-5: Potentialorientierte Produktfähigkeiten

Aus der Kosten- und Prozeßgleichung für die Montagesteuerung kann entnommen werden, daß zwei wichtige Inputparameter für diesen Prozeß die Produktparameter des Beschaffungsprozesses (Y_{11} und Y_{12}) sind. Die Produkte dieses Prozesses haben eine anforderungsorientierte Produktfähigkeit von $PC_{p.1}^{o(P)} = 1.069$ und eine potentialorientierte Produktfähigkeit von $PC_{p.1}^{o} = 0.308$. Obwohl die anforderungsorientierte Fähigkeit bereits größer Eins ist hat der Prozeß noch ein großes Verbesserungspotential. Eine Verbesserung der Beschaffung von Fremdteilen würde sich somit auch positiv auf den Prozeß der Montagesteuerung auswirken.

Grundsätzlich soll versucht werden, das Prozeßnetzwerk zukünftig innerhalb der berechneten Sollvorgaben zu steuern, damit alle Prozesse des Netzwerks - insbesondere die Eigenteilesteuerung - ihren Anforderungen genügen. Wie sich eine Steuerung entsprechend bestimmten Planvorgaben für das Netzwerk auswirkt, wird im folgenden Kapitel dargestellt.

4.3.3 Vorhersagen Im Netzwerk

Im Rahmen der Vorhersagen im Prozeßnetzwerk sollen zwei Fälle behandelt werden. Zum einen soll ein Auftrag komplett über das gesamte Netzwerk hinweg geplant werden. Konkret bedeutet dies, daß für alle Prozeßparameter Werte festgelegt werden, aus welchen sich dann zusammen mit den Werten der Inputparameter über die Prozeß- und Kostengleichungen Werte für die Produktparameter berechnen. Somit stehen für die Montagesteuerung Planprozeßkosten und eine Plantermintreue zur Verfügung. Im zweiten Fall wird die prozeßbegleitende Steuerung vorgestellt. Diese findet Anwendung, wenn z.B. ein Vorläuferprozeß bereits realisiert ist und damit der Nachfolgerprozeß unter der Bedingung vorgegebener Inputparameter gesteuert werden soll. Werden also die geplanten Werte für die Produktparameter eines Vorläuferprozesses nicht eingehalten, so kann über die prozeßbegleitende Steuerung versucht werden, die Plandaten für den aktuellen Prozeß dennoch zu erreichen.

4.3.3.1 Planung von Aufträgen

Die Planung des Prozeßnetzwerks erfolgt ausgehend vom Prozeß P_0 schrittweise für alle Prozesse. Aus den geplanten Werten für die Input- und Prozeßparameter berechnen sich über die Prozeß- und Kostengleichungen die Planwerte für die Produktparameter. Zusätzlich wird hierbei ein Vorhersageintervall für die Werte der Produktparameter berechnet. Die berechneten Werte für die Produktparameter eines Prozesses sind zugleich die Inputs für die unmittelbaren Nachfolgerprozesse. Diese Vorgehensweise wird durchgeführt, bis für den letzten Prozeß im Netzwerk Planwerte für die Produktparameter vorliegen.

Die Festlegung von "idealen" Werten für die Input- und Prozeßparameter ist eine wichtige Fragestellung im Rahmen der Prozeßplanung. Diese erfolgt separat für die Prozeß- und Kostengleichung mit Hilfe der Regressionskoeffizienten und des Rangs der Input- und Produktparameter. Die Regressionskoeffizienten entsprechen dabei dem Betrag und der Richtung (Steigung), die durch die Änderung des Wertes für die Input- und Prozeßparameter um eine Einheit erwartet wird. Die Bedeutung der Input- und Prozeßparameter, ausgedrückt durch den Rang auf der Basis des Red_{n-1}, gibt an, wie stark die Streuung des Produktparameters durch die "Beherrschung" des entsprechenden Input- oder Prozeßparameters reduziert werden kann. Alternativ könnte die Bedeutung der Input- und Prozeßparameter durch die t-Statistik für die einzelnen Regressionskoeffizienten wiedergegeben werden.[480]

Lassen sich somit relativ einfach "ideale" Werte für die Input- und Prozeßparameter zur Steuerung der Prozeß- oder Kostengleichung festlegen, können bei einer gemeinsamen Betrachtung der Prozeß- und Kostengleichung Probleme auftreten. So kann z.B. für die Prozeßgleichung ein geringer Wert für einen Prozeßparameter "ideal" sein, dagegen ist für den gleichen Prozeßparameter für die Kostengleichung ein hoher Wert "ideal". Eine mögliche Lösung dieses Problems ist die Zusammenfassung der Produktparameter eines Prozesses über die T^2-Statistik von Hotelling[481] zu einem Produkt. Dieses Produkt kann anschließend in Abhängigkeit der Input- und Prozeßparameter dargestellt werden. Damit kann auf den Einfluß der einzelnen Produktparameter geschlossen werden. Eine weitere Möglichkeit ist die Durchführung von Simulationen mit den Prozeß- und Kostengleichungen. Dazu müssen für vorgegebene Intervalle (z.B. Toleranzintervalle) verschiedene Werte für die Input- und Prozeßparameter generiert und in die Prozeß- und Kostengleichung eingesetzt werden. Kombinationen, die ein gutes Ergebnis für alle Produktparameter liefern, können dann zur Steuerung der Prozesse ausgewählt werden.

Für das konkrete Beispiel wurden die Werte so festgelegt, daß zumindest eine geringe Reduzierung der Prozeßkosten und eine Verbesserung der Termintreue zu erwarten ist. Basis für die Planung des Prozeßnetzwerks sind angenommene Werte für die Produktparameter der Produktionsplanung Y_{01} und Y_{02}. Die Festlegung der Werte für die Prozeßparameter soll innerhalb der Steuerungs- und Regelungsintervalle erfolgen. Im Anhang sind die ausführlichen Tabellen zur Planung der Aufträge des Netzwerks zusammengefaßt.[462] In Abbildung 4.3-6 sind in übersichtlicher Form lediglich die Planwerte und die daraus resultierenden Schätzwerte für die Produktparameter des Netzwerks aufgeführt. Dabei berechnen sich die Planwerte für die Produktparameter eines Prozesses durch die Multiplikation der Regressionskoeffizienten mit den entsprechenden Plandaten. Anschließend werden diese Ergebnisse und das Absolutglied der Regressionsgleichung addiert.

---

[480] Vgl. Kapitel 3.3.1.4
[481] Vgl. Anhang A.3
[482] Vgl. Anhang C.5

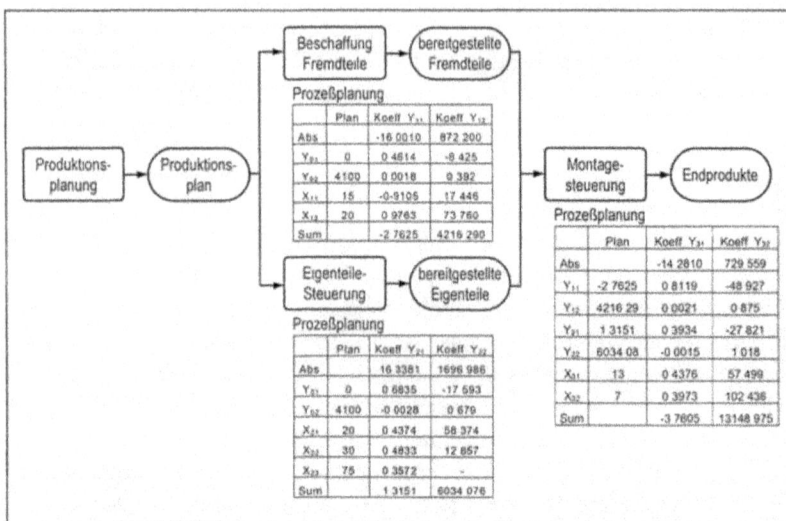

Abbildung 4.3-6: Planwerte für das Netzwerk

4.3.3.2 Prozeßbegleitende Steuerung

Bei einer prozeßbegleitenden Steuerung wird die Struktur eines Prozeßnetzwerks berücksichtigt. So steht der Input eines Prozesses fest, sobald die unmittelbaren Vorläuferprozesse realisiert sind. Somit muß der aktuelle Prozeß unter der Bedingung der Inputparameter gesteuert werden. Diese Modellannahme wird durch das prozeßbegleitende Modell berücksichtigt.[483]

Am Beispiel des Montageprozesses soll die Vorgehensweise der prozeßbegleitenden Steuerung vorgestellt werden. Dabei sollen die Prozeßparameter (X_{31}, X_{32}) unter der Bedingung der Inputparameter $(Y_{11}, Y_{12}, Y_{22}, Y_{22})$ gesteuert werden. Die Berechnungen im Zusammenhang mit dem prozeßbegleitenden Modell

$$Y = \underline{b}_{y/k}^{T} \underline{X}_k + \underline{b}_{y.h/k}^{T} (\underline{X}_h - \underline{b}_{h/k}^{T} \underline{X}_k)$$

---

[483] Vgl. Kapitel 3.3.1.2

sind in Anhang ausführlich aufgeführt.[484] Im Modell entspricht $\underline{X}_k^T = (Y_{11}, Y_{12}, Y_{21}, Y_{22})$, d.h. den Inputparametern aus den beiden Vorläufer-prozessen. Die Steuerung des Prozesses mit den Prozeßparametern $\underline{X}_h^T = (X_{31}, X_{32})$ erfolgt unter der Bedingung von $\underline{X}_k$, im konkreten Fall unter der Bedingung der bereits realisierten Vorläuferprozesse. Die Koeffizienten $\underline{b}_{y/k}$ entsprechen dem Teilvektor der Inputparameter $\underline{X}_k$ aus dem üblichen Prozeßmodell. Da die Inputparameter bereits realisiert sind, wird die Wirkung der Prozeßparameter $\underline{X}_h$ dieser Bedingung angepaßt. Dazu werden die Werte für $\underline{X}_h$ durch den Einfluß von $\underline{X}_k$ mit $\underline{b}_{h/k}^T \underline{X}_k$ korrigiert, bevor dieses Ergebnis mit $\underline{b}_{y,h/k}$ multipliziert wird. $\underline{b}_{y,h/k}$ entspricht dabei den Regressions-koeffizienten von $\underline{X}_h$ mit ihrer Wirkung auf Y unter der Bedingung, daß die Inputparameter $\underline{X}_k$ bereits realisiert sind. Beim prozeßbegleitenden Modell sinkt das Maß der Beherrschbarkeit und steigt die bedingte Varianz im Verhältnis zum üblichen Modell.

Im konkreten Fall wird davon ausgegangen, daß die realisierten Werte für die Inputparameter nicht mit den geplanten Werten übereinstimmen. Um dennoch die Plandaten für den Prozeß der Montagesteuerung zu erreichen, wird der Prozeß begleitend gesteuert. Durch eine Reduzierung der Werte für die Prozeßparameter kann eine Reduzierung der geplanten Termintreue und der geplanten Prozeßkosten erreicht werden. Die Problemstruktur und die Ergebnisse sind in Abbildung 4.3-7 zusammengefaßt.

Die Plandaten in der ersten Zeile der Abbildung 4.3-7 entsprechen den geplanten Werte für die Produktparameter aus der nicht prozeßbegleitenden Planung. In der zweiten Zeile sind die tatsächlichen Werte für die Produkt-parameter der Vorläuferprozesse (Beschaffung von Fremdteilen und Eigenteilesteuerung) aufgeführt. Diese entsprechen nicht den geplanten Werten und führen somit zu anderen Ergebnissen für die Produktparameter der Montagesteuerung. In der letzten Zeile sind die Ergebnisse der prozeß-begleitenden Steuerung aufgeführt. Durch die Änderung der Plandaten für die Prozeßparameter der Montagesteuerung wird eine Verbesserung der Ergebnisse für die Produktparameter Y_{31} und Y_{32} erreicht.

---

[484] Vgl. Anhang C.6

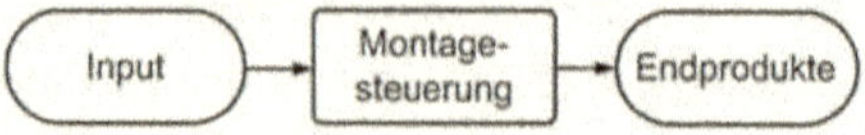

	Input	Montage-steuerung	Endprodukte
	Inputparameter	Prozeßparameter	Produktparameter
Plandaten:	$Y_{01} = -2.76$ $Y_{02} = 4216.29$ $Y_{11} = 1.32$ $Y_{12} = 6034.08$	$X_{31} = 13$ $X_{32} = 7$	$Y_{31} = -3.761$ $Y_{32} = 13148.975$
Realisierung des Inputs	$Y_{01} = -5$ $Y_{02} = 5250$ $Y_{11} = 0$ $Y_{12} = 7020$	$X_{31} = 13$ $X_{32} = 7$	$Y_{31} = 4.765$ $Y_{32} = 13446.588$
prozeßbegleitende Steuerung	$Y_{01} = -5$ $Y_{02} = 5250$ $Y_{11} = 0$ $Y_{12} = 7020$	$X_{31} = 10$ $X_{32} = 5$	$Y_{31} = 2.658$ $Y_{32} = 13069.218$

Abbildung 4.3-7: Ergebnisse der prozeßbegleitenden Steuerung

4.4 Ergebnisse des gesteuerten Netzwerkes

Nach erfolgter Steuerung des Netzwerks mit Hilfe der Steuerungs- und Regelungsintervalle bzw. der Kosten- und Prozeßgleichungen werden für die Produktparameter der Prozesse nochmals Daten im Umfang von N = 60 erhoben.[485] Mit Hilfe von Produktfähigkeiten soll geprüft werden, ob das Prozeßnetzwerk verbessert wurde und alle Anforderungen eingehalten werden. Die Ergebnisse sind in der Abbildung 4.4-1 zusammengefaßt, wobei ein Vergleich mit den Produktfähigkeiten, die vor der Prozeßsteuerung berechnet wurden, durchgeführt wird.

Die Ergebnisse zeigen, daß alle Produktparameter ihren Anforderungen genügen und somit alle Produktfähigkeiten größer Eins sind. Das beste Ergebnis liefert der Prozeß der Beschaffung von Fremdteilen mit $PC_{pk.1}^{o} = 2.567$. Relativ geringe Produktfähigkeiten haben dagegen die Prozesse der Produktionsplanung und der Eigenteilesteuerung.

---

[485] Vgl. Anhang C.7

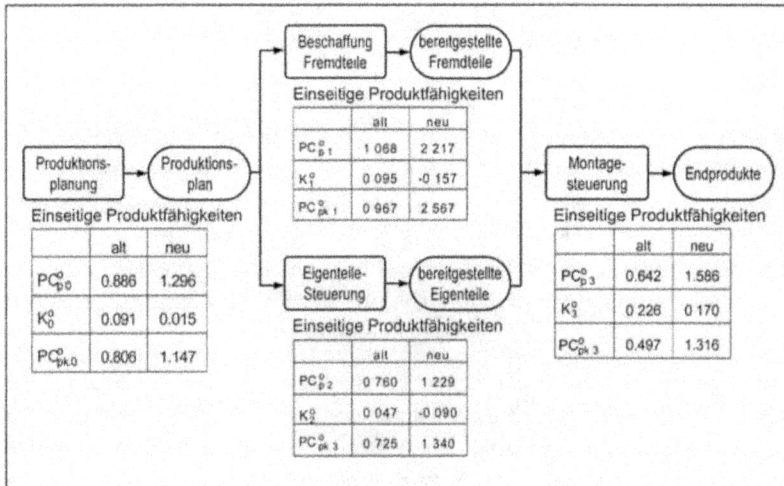

Abbildung 4.4-1: Verbesserte einseitige Produktfähigkeiten

5 Schlußbetrachtung

In der vorliegenden Arbeit wurde das Statistische Prozeßmanagement als ein neues prozeßorientiertes Managementsystem eingeführt. Im Gegensatz zu anderen Prozeßmanagement-Systemen erfolgt die Umsetzung der Prozeßorientierung durch die Modellierung aller betrieblichen Prozesse in einem Netzwerk nach dem Ursache-Wirkungs-Prinzip. Dabei wird das Produkt eines Prozesses durch seine Produktparameter beschrieben, die ihrerseits durch die Input- und Prozeßparameter des Prozesses beeinflußt werden. Alle Parameter eines Prozesses werden als zufällige Größen angesehen.

Das primäre Ziel des Statistischen Prozeßmanagements ist die simultane Erfüllung aller relevanten Kundenanforderungen. Dafür wurde eine Sprache zur Steuerung und Regelung des Prozeßnetzwerks entwickelt, die eine Kommunikation zwischen den Prozessen des Netzwerks ermöglicht und die Erfüllung der Kundenanforderungen gewährleisten soll. Die einzelnen Elemente der Sprache sind

- die Definition aller relevanten Kundenanforderungen und die Festlegung von Sollvorgaben für die Parameter aller Prozesse des Netzwerks,

- der Nachweis der simultanen Erfüllung aller relevanten Kundenanforderungen und

- die Regelung und Steuerung des Prozeßnetzwerks, damit alle relevanten Anforderungen eines Kunden durch das Prozeßnetzwerk erfüllt werden können.

Die Umsetzung der Kommunikation zwischen den Prozessen mittels der Sprachelemente erfolgt mit Hilfe von univariaten und multivariaten Methoden und Verfahren, die durch die Statistische Prozeßanalyse bereitgestellt werden. Dies sind für die Berechnung von Sollvorgaben verschiedene Verfahren der Tolerierung, die überwiegend von nicht unabhängigen Parametern eines Prozesses ausgehen. Unterschieden wird dabei zwischen der Berechnung von Toleranzen für die Produktparameter und der Berechnung von Steuerungs- und Regelungsintervallen für die Input- und Prozeßparameter eines Prozesses. Der Nachweis der Erfüllung von Anforderungen erfolgt durch univariate oder multivariate Fähigkeiten. Diese sollen den Grad der Anforderungserfüllung und das inhärente Potential eines Prozesses und des Prozeßnetzwerks beurteilen.

Für die Steuerung und Regelung wird das Regressionsmodell mit stochastischen Input- und Prozeßparametern verwendet. Um eine effektive Steuerung zu erreichen und um den Aufwand für die Datenerhebung zu reduzieren, werden die wesentlichen Input- und Prozeßparameter für jeden Prozeß ausgewählt. Die Regelung des Prozeßnetzwerks erfolgt durch univariate und multivariate Regelkarten, mit deren Hilfe geprüft wird, ob ein Produktparameter über die Zeit konstant ist oder sich innerhalb seiner Toleranzgrenzen bewegt.

Als Ergänzung zu bestehenden Verfahren wurden vom Verfasser neue Verfahren entwickelt. Zu nennen sind insbesondere die elliptische Tolerierung zur Berechnung von Sollvorgaben für nicht unabhängige Parameter eines Prozesses und die elliptische Prozeßfähigkeit als multivariates Verfahren zum Nachweis der simultanen Erfüllung aller relevanten Anforderungen an ein materielles oder immaterielles Produkt. Des weiteren wurden bestehende Verfahren auf spezielle Fragestellungen des Statistischen Prozeßmanagements angepaßt.

Die Anwendung der Methoden und Verfahren der Statistischen Prozeßanalyse und dadurch die Umsetzung der Kommunikation im Prozeßnetzwerk setzt eine Erhebung von zuordenbaren Daten für alle Parameter des Prozeßnetzwerks voraus. Das Zusammenspiel der Sprachelemente zur Steuerung eines Prozeßnetzwerks, um den Anforderungen an die Produktparameter des Netzwerks zu genügen, wurde in der Arbeit durch ein idealisiertes Beispiel vorgestellt.

Durch die Modellierung von betrieblichen Prozessen in einem Prozeßnetzwerk werden vornehmlich zwei betriebswirtschaftliche Bereiche beeinflußt: die Organisation eines Unternehmens und die betrieblichen Leistungsgrößen. Das Statistische Prozeßmanagement setzt eine betriebliche Organisation voraus, die alle betrieblichen Aktivitäten als Prozesse definiert und sich somit am Objekt der Leistungserstellung ausrichtet. In einem Netzwerk können betriebswirtschaftliche und technische Prozesse zusammengefaßt werden. Die Verknüpfung der Prozesse im Netzwerk erfolgt durch die Definition von Anforderungen an ein Produkt im Kunden-Lieferanten-Verhältnis und durch den Nachweis der simultanen Erfüllung aller Anforderungen an das Produkt. Lediglich schlecht strukturierbare Top-Managementprozesse bleiben davon ausgenommen.

Eine Neubetrachtung von betrieblichen Leistungsgrößen wird durch das Modell erforderlich, da alle Parameter zur Beschreibung eines Prozesses als Zufallsgrößen definiert werden. Unter dieser Annahme müssen viele klassische betriebliche Kennzahlen kritisiert werden. Beispielhaft soll die Produktivität genannt werden. Im Sinne der Statistischen Prozeßanalyse sind der Aufwand und der Ertrag eine zufällige Funktion von mehrere Parametern, die nicht unabhängig voneinander sind. In diesem Sinne ist die Bildung des Quotienten zwischen dem Aufwand und der Ertrag nicht möglich. Deshalb werden im Rahmen der Statistischen Prozeßanalyse andere Kennzahlen zur Leistungsbeurteilung benötigt. Mit Hilfe von anforderungsorientierten und potentialorientierten Fähigkeiten werden Prozesse und Prozeßnetze hinsichtlich dem Grad der Anforderungserfüllung und dem inhärenten Potential beurteilt.

Eine kritische Diskussion des Statistischen Prozeßmanagements soll für die Bereiche Modell, Methode und Umsetzung erfolgen.

Das Modell liefert keine Aussagen über die Abgrenzung eines Prozeß-netzwerks und dessen Prozesse. Ebenso werden keine Angaben gemacht, welche betrieblichen Prozesse in ein Netzwerk aufgenommen und welche Prozesse als "Top-Managementprozesse" nicht als Prozeß modelliert werden. Darüber hinaus wird eine große Anzahl von Prozeßrealisierungen benötigt, um die Methoden und Verfahren der Statistischen Prozeßanalyse anzuwenden. Dies hat zur Folge, daß entweder für die Parameter eines Prozesses die Daten über einen längeren Zeitraum erhoben werden müssen, oder diese Prozesse bzw. Netzwerke nicht nach dem Statistischen Prozeßmanagement modelliert werden. Diese Unklarheiten sollten durch die Weiterentwicklung des Modells verringert werden.

Die Statistische Prozeßanalyse mit ihren multivariaten Methoden und Verfahren wurde überwiegend in den letzten Jahren entwickelt. Dabei wurde vor allem von idealen Verteilungen, wie der (multivariaten) Normalverteilung ausgegangen. Weitere Forschungsanstrengungen sollten unternommen werden, um weiterführende Fragestellungen zu berücksichtigen. Zu nennen sind die Erweiterung der Sprachelemente auf spezielle Probleme, die sich durch Mischverteilungen und eventuell auftretende Nichtlinearitäten ergeben. Ebenso besteht die Mutmaßung, daß Prozesse von der Zeit abhängen und somit als Zeitreihen betrachtet werden müssen.

Neben diesen statistischen sind auch betriebswirtschaftliche Methoden und Verfahren durch das Statistische Prozeßmanagement betroffen. So sind zum Beispiel in der vorliegenden Arbeit bezüglich der Kostenanalyse wesentliche Ansätze enthalten, die zukünftig weiterentwickelt werden müssen, da eine verursachungsgerechte Zuordnung der (Gemein-) Kosten eine prozeßorientierte Erhebung aller Kosten voraussetzt, was mit Hilfe bestehender Kostenrechnungssysteme nur eingeschränkt möglich ist. Die organisatorischen Konsequenzen des Statistischen Prozeßmanagements wurden in der Arbeit ebenfalls nur angerissen und müssen weiter untersucht werden.

Die Umsetzung des Statistischen Prozeßmanagements in einem Unternehmen bedarf ebenfalls einer kritischen Beurteilung. Die Operationalisierung des Kundenanforderungsprofils durch die Definition von Produktparametern wurde in der Arbeit lediglich kurz angesprochen. Speziell für immaterielle Produkte dürfte dies problematisch sein, da die Definition von Produktparametern in diesem Fall als schwierig angesehen wird. Liegen für die Prozesse des Netzwerks Parameter vor, so ist insbesondere in Startphase zur Einführung des Statistischen Prozeßmanagements mit einem hohen Meßaufwand zu rechnen bis die wesentlichen Parameter eines Prozesses identifiziert sind. Des weiteren muß eine Qualifizierung der Mitarbeiter und der Prozeßverantwortlichen erfolgen, damit die methodische Umsetzung der Statistischen Prozeßanalyse und eine Interpretation der Ergebnisse möglich wird.

Trotz dieser kritischen Anmerkungen sollte das Statistische Prozeßmanagement als ein neues Prozeßmanagement-System verstanden werden. Durch die Betrachtung eines Unternehmens als Netzwerk von Prozessen nach dem Ursache-Wirkungs-Prinzip und durch die Bereitstellung von leistungsfähigen Methoden und Verfahren sollen dabei alle relevanten Kundenanforderungen mit minimalen Aufwand erfüllt werden.

Anhang A1: Multivariate Normalverteilung

Ausgewählte Grundlagen der multivariaten Normalverteilung

Der Vektor von n Zufallsgrößen $\underline{X}^T = (X_1, ..., X_n)$ sei n-dimensional normalverteilt. Symbolisch wird hierfür $\underline{X} \sim N_n(\underline{\mu}, \Sigma)$ geschrieben, wobei $\underline{\mu}^T = (\mu_1, ..., \mu_n)$ der Vektor der Erwartungswerte und

$$\Sigma = \begin{pmatrix} \sigma_1^2 & \cdots & \sigma_{1n} \\ \vdots & \ddots & \vdots \\ \sigma_{n1} & \cdots & \sigma_n^2 \end{pmatrix}$$

die Kovarianzmatrix der Grundgesamtheit ist. Folgende Eigenschaften gelten für die multivariate Normalverteilung:[486]

- Ist $\underline{X} \sim N_n(\underline{\mu}, \Sigma)$, dann ist jede Linearkombination mit einer beliebigen r × n Matrix

$$\underline{\underline{C}} = \begin{pmatrix} c_{11} & \cdots & c_{1n} \\ \vdots & \ddots & \vdots \\ c_{r1} & \cdots & c_{rn} \end{pmatrix}$$

wieder multivariat normalverteilt mit $\underline{\underline{C}}\underline{X} \sim N_r(\underline{\underline{C}}\underline{\mu}, \underline{\underline{C}}^T \Sigma \underline{\underline{C}})$

- Jeder Teilvektor von $\underline{X} \sim N_n(\underline{\mu}, \Sigma)$ ist wieder multivariat normalverteilt mit $\underline{X}^T = (\underline{X}_1^T, \underline{X}_2^T)$, $\underline{\mu}^T = (\underline{\mu}_1^T, \underline{\mu}_2^T)$ und

$$\Sigma = \begin{pmatrix} \Sigma_{11} & \Sigma_{12} \\ \Sigma_{21} & \Sigma_{22} \end{pmatrix},$$

wobei Σ_{11} und Σ_{22} die Kovarianzmatrizen der Teilvektoren und Σ_{12} die Kovarianzmatrix zwischen den beiden Teilvektoren ist.

- Die Summe mehrerer unabhängiger multivariat normalverteilter Zufallsvariablen ist wieder multivariat normalverteilt.

- Wird $\underline{X} \sim N_n(\underline{\mu}, \Sigma)$, $\Sigma > 0$ (Kovarianzmatrix ist positiv definit) in zwei Teilvektoren $\underline{X}_1$ und $\underline{X}_2$ zerlegt, so sind $\underline{X}_1$ und $\underline{X}_2$ unabhängig verteilt, wenn für die Kovarianzmatrix $\Sigma_{12} = \underline{0}$ gilt.

---

[486] Vgl. Srivastava, M. S. und Carter, E. M. [Introduction], S. 28 ff.

- Wird $\underline{X} \sim N_n(\underline{\mu}, \Sigma)$, $\Sigma > 0$ in zwei Teilvektoren $\underline{X}_1$ und $\underline{X}_2$ mit den Dimensionen $r + s = n$ zerlegt, dann ist die bedingte Verteilung von $\underline{X}_1$ unter der Bedingung $\underline{X}_2$

$$N_r\left(\underline{\mu}_1 + \Sigma_{12}\Sigma_{22}^{-1}(\underline{X}_2 - \underline{\mu}_2), \Sigma_{1/2}\right)$$

wobei $\Sigma_{1/2} = \Sigma_{11} - \Sigma_{12}\Sigma_{22}^{-1}\Sigma_{12}^T$ die bedingte Kovarianzmatrix ist.

- Ist der bedingte Erwartungswert eine lineare Funktion zu $\underline{X}_2$ und die bedingte Varianz unabhängig von $\underline{X}_2$, dann ist die zugrunde liegende Verteilung eine multivariate Normalverteilung.[487]

Bedingte Verteilung, bedingte Erwartungswerte und bedingte Varianz

Die Vektoren $\underline{Y}$ und $\underline{X}$ seien $(m+n)$-dimensional normalverteilt, wobei $\underline{Y}^T = (Y_1, ..., Y_m)$ und $\underline{X}^T = (X_1, ..., X_n)$. Soll $\underline{Y}$ unter der Bedingung von $\underline{X}$ dargestellt werden, so ist die bedingte Verteilung

$$f(\underline{Y}/\underline{X}) = \frac{f(\underline{X}, \underline{Y})}{f(\underline{Y})}$$

wieder normalverteilt. Die Momente der bedingten Verteilung bilden der bedingte Erwartungswert[488]

$$E(\underline{Y}/\underline{X}) = \underline{\mu}_y + \Sigma_{xy}\Sigma_{xx}^{-1} \cdot (\underline{X} - \underline{\mu}_x)$$

$$= \underline{\mu}_y - \Sigma_{xy}\Sigma_{xx}^{-1}\underline{\mu}_x + \Sigma_{xy}\Sigma_{xx}^{-1}\underline{X}$$

$$= \underline{\beta}_0 + \underline{\beta}_{y/x}^T \underline{X},$$

wobei

---

[487] Vgl. Tong, Y. L [Multivariate], S. 35 und 65
[488] Vgl. Morrison, D. F. [Multivariate], S. 90 ff.

$$\underline{\beta}_{=y/x}^{T} = \Sigma_{yx}\Sigma_{xx}^{-1},$$

$$\underline{\beta}_{0}^{T} = \underline{\mu}_{y} - \Sigma_{xy}\Sigma_{xx}^{-1}\underline{\mu}_{x}$$

und die bedingte Kovarianzmatrix

$$\Sigma_{yy/x} = \Sigma_{yy} - \Sigma_{xy}\Sigma_{xx}^{-1}\Sigma_{yx}.$$

Σ_{yy}, Σ_{xy} und Σ_{xx} ergeben sich aus der Zerlegung der Kovarianzmatrix mit

$$\Sigma = \begin{pmatrix} \Sigma_{yy} & \Sigma_{xy} \\ \Sigma_{yx} & \Sigma_{xx} \end{pmatrix}.$$

Der multivariate multiple Korrelationskoeffizient ist definiert mit

$$\tau_{yy/x}^{2} = 1 - \frac{|\Sigma_{yy/x}|}{|\Sigma_{yy}|}.$$

Anhang A.2: Elliptisch umrissene Verteilungen

Ausgewählte Grundlagen elliptisch umrissener Verteilungen

Elliptisch umrissene Verteilungen sind eine spezielle Klasse von multivariaten Verteilungen. Ist $\underline{X}$ ein n-dimensionaler zufälliger Vektor mit dem Erwartungswertvektor $\underline{\mu}^T = (\mu_1, ..., \mu_n)$ und der Kovarianzmatrix

$$\Sigma = \begin{pmatrix} \sigma_1^2 & \cdots & \sigma_{1n} \\ & \ddots & \vdots \\ & & \sigma_n^2 \end{pmatrix}$$

und ist die charakteristische Funktion $\phi_{X-\mu}(t)$ eine Funktion der quadratischen Form $\underline{t}^T \Sigma \underline{t}$, d. h.

$$\phi_{X-\mu}(t) = \phi(\underline{t}^T \Sigma \underline{t}),$$

dann hat $\underline{X}$ eine elliptisch umrissene Verteilung mit den Parameter μ, Σ und ϕ.[489] Abgekürzt wird dafür $\underline{X} \sim E_n(\underline{\mu}, \Sigma, \phi)$ bzw. $\underline{X} \sim E_n(\underline{\mu}, \underline{V})$ geschrieben. Die Momente von elliptisch umrissenen Verteilungen sind

$$E(\underline{X}) = \underline{\mu},$$

$$Var(\underline{X}) = \alpha \underline{V},$$

wobei α eine Konstante ist. Alle Verteilungen der elliptisch umrissenen Verteilungsklasse haben den gleichen Korrelationskoeffizienten und alle Teilvektoren einer elliptisch umrissenen Verteilung sind wiederum elliptisch umrissen.[490]

---

[489] Vgl. Cambanis, S. u.a. [Elliptically Contoured], S. 368, Gordon, Y. [Distributions], S. 429 ff.
[490] Vgl. Muirhead, R. J. [Aspects], S. 34 f.

Bedingte Verteilung, bedingte Erwartungswerte und bedingte Varianz

Die Vektoren $\underline{Y}$ und $\underline{X}$ seien (m+n)-dimensional elliptisch umrissen verteilt, wobei $\underline{Y}^T = (Y_1,...,Y_m)$ und $\underline{X}^T = (X_1,...,X_n)$. Die Momente der bedingten Verteilung bilden der bedingte Erwartungswert[491]

$$E(\underline{Y}/\underline{X}) = \underline{\mu}_y + \underline{V}_{xy}\underline{V}_{xx}^{-1} \cdot (\underline{X} - \underline{\mu}_x)$$

und die bedingte Varianz

$$Var(\underline{Y}/\underline{X}) = g(\underline{X}) \cdot (\underline{V}_{yy} - \underline{V}_{yx}\underline{V}_{xx}^{-1}\underline{V}_{xy}).$$

wobei $\underline{V}_{yy}$, $\underline{V}_{xy}$ und $\underline{V}_{xx}$ sich aus der Zerlegung der Matrix $\underline{V}$ mit

$$\underline{V} = \begin{pmatrix} \underline{V}_{yy} & \underline{V}_{xy} \\ \underline{V}_{yx} & \underline{V}_{xx} \end{pmatrix}$$

ergeben. Die multivariate Normalverteilung zählt zur Klasse der elliptisch umrissenen Verteilungen. Des weiteren werden hierzu die multivariate t-Verteilung, die matric-t, die multivariate Beta und die multivariate Cauchy-Verteilung gezählt.[492]

---

[491] Vgl. Muirhead, R. J: [Aspects]. S. 36
[492] Vgl. Fang, k. T. und H. F. Chen [Relationsships], S. 26, Ng, V. M. [Multivariate Elliptically], S. 479

A.3: T^2-Statistik von Hotelling

Wird eine zufällige Stichprobe N aus einer n-dimensional normalverteilten Grundgesamtheit entnommen, dann ist $\underline{\bar{X}} \sim N_n(\underline{\mu}, \Sigma_{xx}/N)$. Die Statistik

$$N(\underline{\bar{X}} - \underline{\mu})^T \Sigma_{xx}^{-1}(\underline{\bar{X}} - \underline{\mu})$$

hat eine χ^2-Verteilung mit n Freiheitsgraden.[493] Ist Σ_{xx} unbekannt und wird aus der Stichprobe mit $\underline{\underline{S}}_{xx}$ geschätzt, lautet die T^2-Statistik

$$T^2 = N(\underline{\bar{X}} - \underline{\mu})^T \underline{\underline{S}}_{xx}^{-1}(\underline{\bar{X}} - \underline{\mu})$$

mit

$$T^2 \frac{N-n}{(N-1)n} = F_{n,N-n,1-\alpha} \, .$$

Die T^2-Statistik ist F-verteilt mit n und N-n Freiheitsgraden.[494]

---

[493] Vgl. Jobson, J. D. [Applied 2], S. 157 f.
[494] Vgl. Muirhead, R. J. [Aspects], S. 211 ff.

Anhang B.1: Kostentolerierung bei asymmetrischen Prozeß-verknüpfungen

Anhand eines Beispiels soll die Berechnung von Sollvorgaben für die Prozeßkosten über eine asymmetrische Prozeßverknüpfung aufgezeigt werden.

Für den Produktparameter Prozeßkosten (Y_1) eines Beschaffungsprozesses sollen aus dem Produktparametern Prozeßkosten (Y_2) des nachfolgenden Produktionsprozesses Sollvorgaben berechnet werden. Die Prozesse seien asymmetrisch verknüpft. Im konkreten Beispiel wird davon ausgegangen, daß für $k = 5$ Prozeßrealisationen des Produktionsprozesses einmal Material beschafft werden muß. Die Prozeßkosten des Beschaffungsprozesses sollen in gleichen Anteilen je Prozeßrealisation auf den Produktionsprozeß weiter verrechnet werden. Die Kosten des Produktionsprozesses ergeben sich zu

$$Y_2 = \frac{Y_1}{k} + Y_2^* .$$

wobei Y_2^* die unmittelbaren Prozeßkosten des Produktionsprozesses sind, ohne den noch zu addierenden Anteil der Prozeßkosten aus dem Be-schaffungsprozeß (Y_1 / k) und k die Anzahl der Realisationen des Produk-tionsprozesses ist.

Im folgenden sollen Sollvorgaben für den Beschaffungsprozeß berechnet werden. Die Sollvorgaben für die Prozeßkosten Y_2 seien gegeben mit $M_2 = 800$ und $T_2 = 40$. Für den Parameter Y_2^* seien keine Sollvorgaben definiert. Aus den beobachteten Prozeßrealisationen für den Be-schaffungsprozeß ergaben sich die statistischen Maßzahlen $\overline{Y}_2^* \approx 600, s_2^* \approx 5$. Da für Y_2^* keine Sollvorgaben definiert sind, wird der Mittelwert als Lage-parameter und 6s-Intervall entsprechend der 3σ-Regel als Toleranzintervall verwendet. Zur Berechnung der Sollvorgaben muß die obige Gleichung zunächst umgeformt werden. Es gilt

$$Y_1 = k\left(Y_2 - Y_2^*\right).$$

Durch Einsetzen der Werte in die Formel folgt der Sollwert für Y_1 mit

$$M_1 = k\left(M_2 - \overline{Y}_2^*\right)$$

$$= 5(800 - 660)$$

$$= 1000.$$

Das Toleranzintervall berechnet sich nach dem Gauß'schen Fehlerfortpflanzungsgesetz zu

$$T_{11} = M_{11} \pm \sqrt{\left(\frac{T_{12}}{2}\right)^2 \cdot k^2 - \left(\frac{6 \cdot s_{12}^*}{2}\right)^2 \cdot k^2}$$

$$= 1000 \pm \sqrt{20^2 \cdot 5^2 \cdot 15^2 \cdot 5^2}$$

$$= 132{,}29.$$

Anhang B.2: Maßzahlen zur Beurteilung von Multikollinearität

Der Grad der Multikollinearität δ ist definiert mit[495]

$$\delta = \frac{1}{\left|\underline{R}_{xx}\right|},$$

wobei $0 \leq \left|\underline{R}_{xx}\right| \leq 1$ und $1 \leq \delta \leq \infty$. Ist $\delta = 1$, so sind alle Input- und Prozeß-parameter orthogonal. Je größer δ wird, desto höher ist der Grad der Multikollinearität.

Je kleiner der minimale Eigenwert von $\underline{R}_{xx}$, desto höher ist die Multikollinearität der Input- und Prozeßparameter. Es gilt[496]

$$\sum_{j}^{n} \lambda_j = tr\left(\underline{R}_{xx}\right) = n,$$

wobei $tr(\underline{R}_{xx})$ die Spur (trace) der Korrelationsmatrix[497] und n die Anzahl der Input- und Prozeßparameter ist.

Die Konditionszahl berechnen sich mit[498]

$$\kappa_j = \sqrt{\frac{\lambda_{max}}{\lambda_j}},$$

wobei $1 \leq \kappa_j \leq \infty$. Je größer κ wird, desto mehr nähert sich eine Kombination der Prozeßparameter einer linearen Abhängigkeit an. Der größte Wert für κ_j ergibt sich, wenn von der geordneten Reihe der Eigenwerte der erste Wert durch den n-ten dividiert wird. Dieser Wert wird auch als Multikollinearitäts-Konditionszahl κ_{Mk} bezeichnet. Es gilt

$$\kappa_{Mk} = \sqrt{\frac{\lambda_{max}}{\lambda_{min}}}.$$

---

[495] Vgl. Jahn, W. und M. Riedel [Dimension], S. 751
[496] Vgl. Sen, A. und M. Srivastava [Regression], S. 223
[497] Vgl. Hartung, J. und B. Elpert [Multivariate], S. 53
[498] Vgl. Gunst, F. [Multicollinear], S. 2245

Die Konditionszahl und der Grad der Multikollinearität stehen über die Beziehung[499]

$$\left| \underset{\approx}{R}_{xx} \right| = \prod_{j=1}^{n} \lambda_j$$

in Zusammenhang. Damit gilt

$$\delta = \prod_{j=1}^{n} \left(\frac{\kappa_j^2}{\lambda_{max}} \right).$$

Der Varianz Inflation Faktor (VIF) ist definiert durch[500]

$$VIF_j = (1 - R_{j/n-j}^2)^{-1},$$

wobei $R_{j/n-j}^2$ der univariate multiple Korrelationskoeffizient aller anderen Input- und Prozeßparameter auf den j-ten Input- oder Prozeßparameter ist. Die VIF_j sind die Hauptdiagonalelemente der Inversen von $\underset{\approx}{R}_{xx}$.[501] Eine weitere Maßzahl der Multikollinearität, basierend auf den VIF_j, sind die Toleranzen Tol_j, die durch

$$Tol_j = (1 - R_j^2) = VIF_j^{-1}$$

definiert sind.[502]

Aus den VIF_j läßt sich der Mittelwert aller VIF_j als ein Maß für die Multikollinearität des Gesamtmodells abgeleitet. Es gilt[503]

$$\overline{VIF} = \frac{1}{n} \sum_{j=1}^{n} (1 - R_j^2)^{-1}.$$

Aus dem Eigenwertproblem der Input- und Prozeßparameter ergibt sich

$$\underset{\sim}{V}_j^T \underset{\approx}{R}_{xx} \underset{\sim}{V}_j = \lambda_j,$$

[499] Vgl. Lardaro, L. [Applied Econometrics], S. 456
[500] Vgl. Mason, R. L. [Multicollinearity], S. 286 f.
[501] Vgl. Jahn, W. [Criterion], S. 1638
[502] Vgl. Sen, A. und M. Srivastava [Regression], S. 222 f.
[503] Vgl. Bowerman, B und R. O'Connell [Applied Statistics], S. 842 f.

wobei $\underline{V}_j^T \underline{V}_j = 1$. Dies bedeutet, daß große absolute Werte eines Eigenvektors $\underline{V}_j$ bei einem kleinen Eigenwert λ_j für einen hohen Grad an Multikollinearität verantwortlich sind.[504] Die Varianzanteile ϕ_{ij} der einzelnen Input- und Prozeßparameter berücksichtigen zum einen die Informationen aller Eigenwerte und Eigenvektoren und standardisieren gleichzeitig die Aussagen. Es gilt[505]

$$\phi_{ij} = \frac{\lambda_i^{-1} v_{ji}^2}{\sum_{i=1}^{n} \lambda_i^{-1} v_{ji}^2},$$

wobei $\sum_{i=1}^{n} \phi_{ij} = 1$ das Ergebnis standardisiert.

---

[504] Vgl. Gunst, F. [Multicollinear], S. 2245 ff.
[505] Vgl. Fomby, T, C. Hill und S. Johnson [Econometric Models], S. 295

Anhang C.1: Beispieldaten I

Statistische Maßzahlen für die Produktionsplanung (P_0)

$$\overline{\underline{Y}}_0^T = (1.21, 4250.88)$$

$$\underline{\underline{S}}_0 = \begin{pmatrix} 42.12 & 1702.63 \\ & 211940.54 \end{pmatrix}$$

$$\underline{M}_0^T = (0, 4200)$$

$$T_{02} = 1800$$

Statistische Maßzahlen für den Beschaffungsprozeß (P_1)

$$\overline{\underline{Y}}_1^T = (-0.82, 4387.33)$$

$$\underline{\underline{S}}_1 = \begin{pmatrix} 35.05 & 1272.26 \\ & 262338.60 \end{pmatrix}$$

$$\underline{M}_1^T = (0, 4400)$$

$$T_{12} = 2000$$

Statistische Maßzahlen für die Eigenteilesteuerung (P_2)

$$\overline{\underline{Y}}_2^T = (5.72, 6061.78)$$

$$\underline{\underline{S}}_2 = \begin{pmatrix} 54.61 & 2179.13 \\ & 301444.92 \end{pmatrix}$$

$$\underline{M}_2^T = (0, 6000)$$

$$T_{22} = 2200$$

Statistische Maßzahlen für die Montagesteuerung (P$_3$)

$$\overline{\underline{Y}}_3^T = (2.37, 13603.44)$$

$$\underline{\underline{S}}_2 = \begin{pmatrix} 37.58 & 1756.44 \\ & 568395.37 \end{pmatrix}$$

$$\underline{M}_2^T = (0, 13500)$$

$$T_{22} = 3000$$

Anhang C.2: Beispieldaten II

Statistische Maßzahlen für die Produktionsplanung (P_0)

$$\overline{\underline{Y}}_0^T = (1.51, 4237.42)$$

$$\underline{\underline{S}}_0 = \begin{pmatrix} 26.83 & 1354.06 \\ & 181399.33 \end{pmatrix}$$

Statistische Maßzahlen für den Beschaffungsprozeß (P_1)

$$\overline{\underline{Y}}_1^T = (-0.38, 4392.45)$$

$$\underline{\underline{S}}_1 = \begin{pmatrix} 8.29 & 368.71 \\ & 90588.96 \end{pmatrix}$$

Statistische Maßzahlen für die Eigenteilesteuerung (P_2)

$$\overline{\underline{Y}}_2^T = (4.72, 6173.20)$$

$$\underline{\underline{S}}_2 = \begin{pmatrix} 45.02 & 1803.20 \\ & 277128.55 \end{pmatrix}$$

Anhang C.3: Beispieldaten III

Statistische Maßzahlen für die Montagesteuerung (P_3)

$$\underline{\bar{Y}}_3^T = (2.01, 13620.77)$$

$$\underline{\underline{S}}_3 = \begin{pmatrix} 28.52 & 1571.87 \\ & 489594.08 \end{pmatrix}$$

Statistische Maßzahlen der Montagesteuerung (P_3)

$$\underline{Y}_3^T = (Y_{11}, Y_{12}, Y_{21}, Y_{22}, X_{31}, X_{32}, Y_{31}, Y_{32})$$

$$\underline{\bar{Y}}_3^T = (1.03, 4404.35, 4.11, 6078.61, 15.43, 17.64, 1.94, 13298.57)$$

$$\underline{\underline{S}}_3 = \begin{pmatrix} 7.24 & 337.42 & -0.77 & 25.20 & 3.55 & 0.84 & 8.14 & 278.08 \\ & 86124.64 & -267.03 & 28108.82 & -29.80 & 19.48 & 303.13 & 95132.54 \\ & & 48.03 & 1884.26 & 7.08 & 6.86 & 20.63 & 1495.92 \\ & & & 261315.22 & 308.11 & 185.22 & 628.46 & 273630.58 \\ & & & & 12.75 & 2.92 & 11.87 & 948.83 \\ & & & & & 4.12 & 6.05 & 563.65 \\ & & & & & & 26.11 & 1384.29 \\ & & & & & & & 466106.60 \end{pmatrix}$$

Statistische Maßzahlen der Eigenteilesteuerung (P_2)

$$\underline{Y}_2^T = (Y_{01}, Y_{02}, X_{21}, X_{22}, X_{23}, Y_{21}, Y_{22})$$

$$\underline{\bar{Y}}_2^T = (0.82, 4194.19, 18.98, 34.21, 72.43, 4.11, 6078.61)$$

$$\underline{\underline{S}}_2 = \begin{pmatrix} 24.31 & 1233.12 & 10.77 & 11.37 & -4.453 & 24.94 & 1189.83 \\ & 175326.44 & 934.62 & 1600.71 & -1110.43 & 1935.78 & 172381.14 \\ & & 15.84 & 17.97 & -1.31 & 20.82 & 1601.02 \\ & & & 29.05 & -2.18 & 25.97 & 2309.51 \\ & & & & 30.36 & -12.406 & -798.22 \\ & & & & & 48.03 & 1884.26 \\ & & & & & & 261.315.22 \end{pmatrix}$$

Statistische Maßzahlen der Beschaffung von Fremdteilen (P_1)

$$\underline{Y}_1^T = (Y_{01}, Y_{02}, X_{11}, X_{12}, Y_{11}, Y_{12})$$

$$\underline{\overline{Y}}_1^T = (0.82, 4194.19, 13.78, 22.40, 1.03, 4404.35)$$

$$\underline{\underline{S}}_1 = \begin{pmatrix} 24.31 & 1233.12 & 4.68 & 1.22 & 13.31 & 451.07 \\ & 175326.44 & 559.64 & 204.31 & 565.64 & 83247.86 \\ & & 6.40 & 3.31 & 0.54 & 535.86 \\ & & & 3.20 & 1.04 & 363.91 \\ & & & & 7.24 & 337.42 \\ & & & & & 86124.64 \end{pmatrix}$$

Anhang C.4: Prozeß- und Kostengleichungen des Netzwerks

Prozeß- und Kostengleichung Montagesteuerung

Prozeßgleichung (Y_{31})

```
Results of the comlete Model for Y₃₁
            "Value"  "Std. Error" "t value"  "Pr(>|t|)"  "Redn-1"   "VIF"
(INT) -14.280962255  6.1536872713 -2.320716   0.024182  0.0000000  0.0000
  Y11   0.811928777  0.1281535758  6.335592    0.000000  3.1135938  1.5321
  Y12   0.002121396  0.0011499986  1.844694    0.070673  0.2639590  1.4684
  Y21   0.393431008  0.0568007849  6.926507    0.000000  3.7214830  1.9975
  Y22  -0.001536025  0.0006898737 -2.226531    0.030252  0.3845430  1.6033
  X31   0.437625323  0.0946229835  4.624937    0.000024  1.6592016  1.4711
  X32   0.397315232  0.1690486285  2.350301    0.022513  0.4284841  1.5182
```

F-Statistc: 47.2718533333483 with a p-value of: 6.95524218588692e-020

```
Eigenvalue, Condition Number and Proportion of Variance
  "eigen"   "cond"    "Y11"    "Y12"    "Y21"    "Y22"    "X31"    "X32"
1 2.11029  1.00000  0.00720  0.00021  0.00841  0.00026  0.00171  0.00049
2 1.47978  1.19419  0.61928  0.00000  0.09249  0.00003  0.00000  0.00004
3 1.06450  1.40799  0.16008  0.00042  0.49848  0.00032  0.00091  0.00048
4 0.64945  1.80259  0.08753  0.01988  0.02568  0.01618  0.86813  0.00607
5 0.41397  2.25780  0.00040  0.02083  0.02035  0.16111  0.07196  0.84837
6 0.28200  2.73557  0.12551  0.95866  0.35459  0.82210  0.05729  0.14455
```

```
Results of the reduced Model for Y₃₁
            "Value"  "Std. Error" "t value"  "Pr(>|t|)"  "Redn-1"   "VIF"
     -14.280962255  6.1536872713  -2.32072    0.02418  0.0000000  0.0000
Y12   0.811928777  0.1281535758   5.33559    0.00000  0.2639590  1.5321
Y22   0.002121396  0.0011499986   1.84469    0.07067  0.3845430  1.4684
X32   0.393431008  0.0568007849   6.92651    0.00000  0.4284841  1.9975
X31  -0.001536025  0.0006898737  -2.22653    0.03025  1.6592016  1.6033
Y11   0.437625323  0.0946229835   4.62494    0.00002  3.1135938  1.4711
Y21   0.397315232  0.1690486285   2.35030    0.02251  3.7214830  1.5182
```

F-Statistc: 47.2718533333483 with a p-value of: 6.95524218588692e-020

```
Eigenvalue, Condition Number and Proportion of Variance
  "eigen"   "cond"    "Y11"    "Y12"    "Y21"    "Y22"    "X31"    "X32"
1 2.11029  1.00000  0.00720  0.00021  0.00841  0.00026  0.00171  0.00049
2 1.47978  1.19419  0.61928  0.00000  0.09249  0.00003  0.00000  0.00004
3 1.06450  1.40799  0.16008  0.00042  0.49848  0.00032  0.00091  0.00048
4 0.64945  1.80259  0.08753  0.01988  0.02568  0.01618  0.86813  0.00607
5 0.41397  2.25780  0.00040  0.02083  0.02035  0.16111  0.07196  0.84837
6 0.28200  2.73557  0.12551  0.95866  0.35459  0.82210  0.05729  0.14455
```

```
Comparison of complete and reduced Modell for Y₃₁
                Complete Modell  Red-Reduction
    Rsquared       0.8425576       0.8425576
   UNn/UNp         4.5765641       4.5765641
Sqrt UNn/UNp       2.1392906       2.1392906
        RSS      242.5578975     242.5578975
    syx/syp        2.0275973       2.0275973
   Total df       60.0000000      60.0000000
residual df       53.0000000      53.0000000
```

```
Analysis of multicollinarity
                Complete Modell  Red-Reduction
     mean VIF    1.370086e+000   1.370086e+000
mult.Cond.Nr.    2.735573e+000   2.735573e+000
       Delta     3.967771e+000   3.967771e+000
 max.MK-error    1.220678e-016   1.220678e-016
```

Kostengleichung (Y_{32})

Results of the comlete Model for Y_{32}

	"Value"	"Std. Error"	"t value"	"Pr(>|t|)"	"Redn-1"	"VIF"
(INT)	729.558574	659.98550207	1.105416	0.273972	0.00	0.0000
Y11	-48.927234	13.74452395	-3.559762	0.000793	11306.48	1.5321
Y12	0.874503	0.12333783	7.090307	0.000000	44855.48	1.4684
Y21	-27.821136	6.09190764	-4.566901	0.000030	18609.24	1.9975
Y22	1.017987	0.07398923	13.758582	0.000000	168901.25	1.6033
X31	57.499030	10.14835407	5.665848	0.000001	28642.79	1.4711
X32	102.436400	18.13053524	5.649938	0.000001	28482.16	1.5182

F-Statistc: 78.2326511176046 with a p-value of: 4.46622652264295e-025

Eigenvalue, Condition Number and Proportion of Variance

	"eigen"	"cond"	"Y11"	"Y12"	"Y21"	"Y22"	"X31"	"X32"
1	2.11029	1.00000	0.00720	0.00021	0.00841	0.00026	0.00171	0.00049
2	1.47978	1.19419	0.61928	0.00000	0.09249	0.00003	0.00000	0.00004
3	1.06450	1.40799	0.16008	0.00042	0.49848	0.00032	0.00091	0.00048
4	0.64945	1.80259	0.08753	0.01988	0.02568	0.01618	0.86813	0.00607
5	0.41397	2.25780	0.00040	0.02083	0.02035	0.16111	0.07196	0.84837
6	0.28200	2.73557	0.12551	0.95866	0.35459	0.82210	0.05729	0.14455

Results of the reduced Model for Y_{32}

	"Value"	"Std. Error"	"t value"	"Pr(>|t|)"	"Redn-1"	"VIF"
	729.558574	659.98550207	1.10542	0.27397	0.00	0.0000
Y11	-48.927234	13.74452395	-3.55976	0.00079	11306.48	1.5321
Y21	0.874503	0.12333783	7.09031	0.00000	18609.24	1.4684
X32	-27.821136	6.09190764	-4.56690	0.00003	28482.16	1.9975
X31	1.017987	0.07398923	13.75858	0.00000	28642.79	1.6033
Y12	57.499030	10.14835407	5.66585	0.00000	44855.48	1.4711
Y22	102.436400	18.13053524	5.64994	0.00000	168901.25	1.5182

F-Statistc: 78.2326511176046 with a p-value of: 4.46622652264295e-025

Eigenvalue, Condition Number and Proportion of Variance

	"eigen"	"cond"	"Y11"	"Y12"	"Y21"	"Y22"	"X31"	"X32"
1	2.11029	1.00000	0.00720	0.00021	0.00841	0.00026	0.00171	0.00049
2	1.47978	1.19419	0.61928	0.00000	0.09249	0.00003	0.00000	0.00004
3	1.06450	1.40799	0.16008	0.00042	0.49848	0.00032	0.00091	0.00048
4	0.64945	1.80259	0.08753	0.01988	0.02568	0.01618	0.86813	0.00607
5	0.41397	2.25780	0.00040	0.02083	0.02035	0.16111	0.07196	0.84837
6	0.28200	2.73557	0.12551	0.95866	0.35459	0.82210	0.05729	0.14455

Comparison of complete and reduced Modell for Y_{32}

	Complete Modell	Red-Reduction
Rsquared	8.985444e-001	8.985444e-001
UNn/UNp	5.264262e+004	5.264262e+004
Sqrt UNn/UNp	2.294398e+002	2.294398e+002
RSS	2.790059e+006	2.790059e+006
syx/syp	2.174606e+002	2.174606e+002
Total df	6.000000e+001	6.000000e+001
residual df	5.300000e+001	5.300000e+001

Analysis of multicollinarity

	Complete Modell	Red-Reduction
mean VIF	1.370086e+000	1.370086e+000
mult.Cond.Nr.	2.735573e+000	2.735573e+000
Delta	3.967771e+000	3.967771e+000
max.MK-error	1.139414e-016	1.139414e-016

Prozeß- und Kostengleichung Eigenteilesteuerung

Prozeßgleichung (Y_{21})

```
Results of the comlete Model for Y21
          "Value"  "Std. Error" "t value" "Pr(>|t|)"  "Redn-1"   "VIF"
(INT)  16.33812320 12.833889239  1.273045   0.208455 0.0000000 0.0000
  Y01   0.68346791  0.131231574  5.208106   0.000000 5.1819716 2.1910
  Y02  -0.00280106  0.002290271 -1.223025   0.226631 0.2857633 4.8138
  X21   0.43735818  0.234432612  1.865603   0.067533 0.6649269 4.5569
  X22   0.48329664  0.207703379  2.326860   0.023753 1.0343699 6.5604
  X23  -0.35724181  0.104204294 -3.428283   0.001170 2.2453744 1.7256
```

F-Statistc: 39.4760352993858 with a p-value of: 3.8994580829046e-017

```
Eigenvalue, Condition Number and Proportion of Variance
   "eigen"  "cond"    "Y01"    "Y02"    "X21"    "X22"    "X23"
1 2.93227 1.00000 0.00304 0.00046 0.00061 0.00029 0.00100
2 1.10184 1.63133 0.61047 0.00004 0.00000 0.00002 0.00036
3 0.60196 2.20708 0.21755 0.02527 0.20277 0.02170 0.37159
4 0.28978 3.18104 0.02337 0.39547 0.19666 0.04053 0.54133
5 0.07415 6.28864 0.14558 0.57876 0.59996 0.93746 0.08573
```

```
Results of the reduced Model for Y21
          "Value"  "Std. Error" "t value" "Pr(>|t|)"  "Redn-1"   "VIF"
       16.33812320 12.833889239  1.27305    0.20846 0.0000000 0.0000
Y02   0.68346791  0.131231574  5.20811    0.00000 0.2857633 2.1910
X21  -0.00280106  0.002290271 -1.22303    0.22663 0.6649269 4.8138
X22   0.43735818  0.234432612  1.86560    0.06753 1.0343699 4.5569
X23   0.48329664  0.207703379  2.32686    0.02375 2.2453744 6.5604
Y01  -0.35724181  0.104204294 -3.42828    0.00117 5.1819716 1.7256
```

F-Statistc: 39.4760352993858 with a p-value of: 3.8994580829046e-017

```
Eigenvalue, Condition Number and Proportion of Variance
   "eigen"  "cond"    "Y01"    "Y02"    "X21"    "X22"    "X23"
1 2.93227 1.00000 0.00304 0.00046 0.00061 0.00029 0.00100
2 1.10184 1.63133 0.61047 0.00004 0.00000 0.00002 0.00036
3 0.60196 2.20708 0.21755 0.02527 0.20277 0.02170 0.37159
4 0.28978 3.18104 0.02337 0.39547 0.19666 0.04053 0.54133
5 0.07415 6.28864 0.14558 0.57876 0.59996 0.93746 0.08573
```

```
Comparison of complete and reduced Modell for Y21
                Complete Modell Red-Reduction
     Rsquared      0.7851859       0.7851859
     UNn/UNp      11.2716489      11.2716489
Sqrt UNn/UNp       3.3573276       3.3573276
          RSS    608.6690428     608.6690428
      syx/syp       3.2119191       3.2119191
     Total df      60.0000000      60.0000000
  residual df      54.0000000      54.0000000
```

```
Analysis of multicollinearity
                Complete Modell Red-Reduction
      mean VIF  3.307950e+000 3.307950e+000
 mult.Cond.Nr.  6.288643e+000 6.288643e+000
         Delta  2.393051e+001 2.393051e+001
  max.MK-error  3.980527e-016 3.980527e-016
```

Kostengleichung (Y_{22})

Results of the comlete Model for Y_{22}

	"Value"	"Std. Error"	"t value"	"Pr(>|t|)"	"Redn-1"	"VIF"
(INT)	1810.5882398	818.8571999	2.211116	0.031282	0.00000	0.0000
Y01	-17.2565051	8.3731375	-2.060937	0.044139	3303.42506	2.1910
Y02	0.6646147	0.1461291	4.548133	0.000031	16087.97948	4.8138
X21	57.9492553	14.9578066	3.874181	0.000291	11673.33925	4.5569
X22	13.7185251	13.2523668	1.035175	0.305201	833.41855	6.5604
X23	-1.0290769	6.6486811	-0.154779	0.877573	18.63202	1.7256

F-Statistc: 56.3984850056414 with a p-value of: 1.2777637573092e-020

Eigenvalue, Condition Number and Proportion of Variance

	"eigen"	"cond"	"Y01"	"Y02"	"X21"	"X22"	"X23"
1	2.93227	1.00000	0.00304	0.00046	0.00061	0.00029	0.00100
2	1.10184	1.63133	0.61047	0.00004	0.00000	0.00002	0.00036
3	0.60196	2.20708	0.21755	0.02527	0.20277	0.02170	0.37159
4	0.28978	3.18104	0.02337	0.39547	0.19666	0.04053	0.54133
5	0.07415	6.28864	0.14558	0.57876	0.59996	0.93746	0.08573

Results of the reduced Model for Y_{22}

	"Value"	"Std. Error"	"t value"	"Pr(>|t|)"	"Redn-1"	"VIF"
	1696.9860900	359.8415005	4.71593	0.00002	0.0000	0.0000
X22	12.8747643	11.9715619	1.07545	0.28687	833.4186	5.4503
Y01	-17.5934157	8.0131911	-2.19556	0.03236	3303.4251	2.0429
X21	58.3743966	14.5723951	4.00582	0.00019	11673.3392	4.4032
Y02	0.6789532	0.1120055	6.06179	0.00000	16087.9795	2.8792

F-Statistc: 71.7656885446065 with a p-value of: 1.14305624744121e-021

Eigenvalue, Condition Number and Proportion of Variance

	"eigen"	"cond"	"X22"	"Y01"	"X21"	"Y02"
1	2.85384	1.00000	0.00049	0.01008	0.00107	0.00120
2	0.63442	2.12094	0.00009	0.82267	0.00007	0.00023
3	0.41600	2.61920	0.00045	0.08071	0.37271	0.45596
4	0.09574	5.45973	0.99897	0.08654	0.62615	0.54261

Comparison of complete and reduced Modell for Y_{22}

	Complete Modell	Red-Reduction
Rsquared	8.392821e-001	8.392108e-001
UNn/UNp	4.588674e+004	4.507242e+004
Sqrt UNn/UNp	2.142119e+002	2.123027e+002
RSS	2.477884e+006	2.478983e+006
syx/syp	2.049342e+002	2.049797e+002
Total df	6.000000e+001	6.000000e+001
residual df	5.400000e+001	5.500000e+001

Analysis of multicollinarity

	Complete Modell	Red-Reduction
mean VIF	3.307950e+000	2.955120e+000
mult.Cond.Nr.	6.288643e+000	5.459726e+000
Delta	2.393051e+001	1.386797e+001
max.MK-error	8.275077e-016	2.862799e-016

Prozeß- und Kostengleichung Beschaffung Fremdteile

Prozeßgleichung (Y_{11})

```
Results of the comlete Model for Y₁₁
          "Value" "Std. Error"   "t value"  "Pr(>|t|)" "Redn-1"   "VIF"
(INT) -16.01101615 2.4406391614   -6.560173   0.000000 0.000000 0.0000
  Y01   0.46135585 0.0340036975   13.567814   0.000000 3.241207 1.5961
  Y02   0.00174995 0.0004353922    4.019250   0.000179 0.284431 1.8877
  X11  -0.91049618 0.0898545640  -10.132999   0.000000 1.807852 2.9352
  X12   0.97632678 0.1117027683    8.740399   0.000000 1.345084 2.2706

F-Statistc: 88.9942705171164 with a p-value of: 6.30977999987715e-024

Eigenvalue, Condition Number and Proportion of Variance
  "eigen"  "cond"    "Y01"   "Y02"    "X11"    "X12"
1 2.34373 1.00000 0.00665 0.00099 0.00155 0.00063
2 1.05849 1.48802 0.68805 0.00007 0.00010 0.00012
3 0.38636 2.46297 0.01008 0.29099 0.73634 0.01289
4 0.21142 3.32950 0.29521 0.70794 0.26200 0.98636

Results of the reduced Model for Y₁₁
          "Value" "Std. Error" "t value" "Pr(>|t|)" "Redn-1"   "VIF"
     -16.01101615 2.4406391614   -6.56017   0.00000 0.000000 0.0000
Y02   0.46135585 0.0340036975   13.56781   0.00000 0.284431 1.5961
X12   0.00174995 0.0004353922    4.01925   0.00018 1.345084 1.8877
X11  -0.91049618 0.0898545640  -10.13300   0.00000 1.807852 2.9352
Y01   0.97632678 0.1117027683    8.74040   0.00000 3.241207 2.2706

F-Statistc: 88.9942705171164 with a p-value of: 6.30977999987715e-024

Eigenvalue, Condition Number and Proportion of Variance
  "eigen"  "cond"    "Y01"   "Y02"    "X11"    "X12"
1 2.34373 1.00000 0.00665 0.00099 0.00155 0.00063
2 1.05849 1.48802 0.68805 0.00007 0.00010 0.00012
3 0.38636 2.46297 0.01008 0.29099 0.73634 0.01289
4 0.21142 3.32950 0.29521 0.70794 0.26200 0.98636

Comparison of complete and reduced Modell for Y₁₁
              Complete Modell Red-Reduction
     Rsquared     0.8661726     0.8661726
     UNn/UNp      1.0388168     1.0388168
Sqrt UNn/UNp      1.0192236     1.0192236
          RSS    57.1349244    57.1349244
      syx/syp     0.9840673     0.9840673
     Total df    60.0000000    60.0000000
  residual df    55.0000000    55.0000000

Analysis of multicollinarity
              Complete Modell Red-Reduction
     mean VIF  1.737920e+000 1.737920e+000
mult.Cond.Nr.  3.329496e+000 3.329496e+000
        Delta  4.934744e+000 4.934744e+000
 max.MK-error  1.771527e-016 1.771527e-016
```

Kostengleichung (Y_{12})

Results of the comlete Model for Y_{12}

	"Value"	"Std. Error"	"t value"	"Pr(>|t|)"	"Redn-1"	"VIF"
(INT)	872.700318	359.97060435	2.424366	0.018649	0.0000	0.0000
Y01	-8.425265	5.01521558	-1.679941	0.098641	1080.9406	1.5961
Y02	0.392434	0.06421612	6.111144	0.000000	14304.0463	1.8877
X11	17.445455	13.25267668	1.316372	0.193509	663.6991	2.9352
X12	73.759707	16.47507491	4.477048	0.000039	7677.1045	2.2706

F-Statistc: 42.465173284082 with a p-value of: 1.60270952971603e-016

Eigenvalue, Condition Number and Proportion of Variance

"eigen"	"cond"	"Y01"	"Y02"	"X11"	"X12"
1 2.34373	1.00000	0.00665	0.00099	0.00155	0.00063
2 1.05849	1.48802	0.68805	0.00007	0.00010	0.00012
3 0.38636	2.46297	0.01008	0.29099	0.73634	0.01289
4 0.21142	3.32950	0.29521	0.70794	0.26200	0.98636

Results of the reduced Model for Y_{12}

	"Value"	"Std. Error"	"t value"	"Pr(>|t|)"	"Redn-1"	"VIF"
	872.700318	359.97060435	2.42437	0.01865	0.0000	0.0000
X11	-8.425265	5.01521558	-1.67994	0.09864	663.6991	1.5961
Y01	0.392434	0.06421612	6.11114	0.00000	1080.9406	1.8877
X12	17.445455	13.25267668	1.31637	0.19351	7677.1045	2.9352
Y02	73.759707	16.47507491	4.47705	0.00004	14304.0463	2.2706

F-Statistc: 42.465173284082 with a p-value of: 1.60270952971603e-016

Eigenvalue, Condition Number and Proportion of Variance

"eigen"	"cond"	"Y01"	"Y02"	"X11"	"X12"
1 2.34373	1.00000	0.00665	0.00099	0.00155	0.00063
2 1.05849	1.48802	0.68805	0.00007	0.00010	0.00012
3 0.38636	2.46297	0.01008	0.29099	0.73634	0.01289
4 0.21142	3.32950	0.29521	0.70794	0.26200	0.98636

Comparison of complete and reduced Modell for Y_{12}

	Complete Modell	Red-Reduction
Rsquared	7.554041e-001	7.554041e-001
UNn/UNp	2.259779e+004	2.259779e+004
Sqrt UNn/UNp	1.503256e+002	1.503256e+002
RSS	1.242878e+006	1.242878e+006
syx/syp	1.451404e+002	1.451404e+002
Total df	6.000000e+001	6.000000e+001
residual df	5.500000e+001	5.500000e+001

Analysis of multicollinarity

	Complete Modell	Red-Reduction
mean VIF	1.737920e+000	1.737920e+000
mult.Cond.Nr.	3.329496e+000	3.329496e+000
Delta	4.934744e+000	4.934744e+000
max.MK-error	7.857304e-017	7.857304e-017

Anhang C.5: Entscheidungshilfen zur Planung von Aufträgen

Planung der Beschaffung von Fremdteilen (P₁)

	Ist-Zusand			Soll-Zustand		Prozeßgleichung Y_{11}			Kostengleichung Y_{12}		
	μ	-3σ	+3σ	T_u	T_o	Rg	Koeff	Plan	Rg	Koeff	Plan
Abs							-16.0010			872.200	
Y_{01}	0.82	-13 97	15.61	-19	17	1	0.4614	0	3	-8 425	0
Y_{02}	4194 19	-2857.84	5370 16	3200	5328	4	0.0018	4100	1	0.392	4100
X_{11}	13 78	6 19	21 37	5 5	22 5	2	-0-9105	15	4	17 446	15
X_{12}	22 40	17.03	27 77	14.5	29.5	3	0.9763	20	2	73.760	20
							Y_{11}:	-2.7625		Y_{12}:	4216.290
							$\pm \sqrt{U_{Nn}}$	4.2786		$\pm \sqrt{U_{Nn}}$	458.880

Planung der Eigenteilesteuerung (P₂)

	Ist-Zusand			Soll-Zustand		Prozeßgleichung Y_{21}			Kostengleichung Y_{22}		
	μ	-3σ	+3σ	T_u	T_o	Rg	Koeff.	Plan	Rg	Koeff.	Plan
Abs							16.3381			1696.986	
Y_{01}	0.82	-13.97	15 61	-19	17	1	0 6835	0	3	-17 593	0
Y_{02}	4194 19	-2857 84	5370.16	3200	5328	5	-0.0028	4100	1	0.679	4100
X_{21}	18.98	7.04	30.92	7	31	4	0.4374	20	2	58.374	20
X_{22}	34.21	18.04	50.38	21	47	3	0.4833	30	4	12.857	30
X_{23}	72.43	55.90	88.96	49	97	2	-0.3572	75	-	-	-
							Y_{21}:	1.3151		Y_{22}:	6034.076
							$\pm \sqrt{U_{Nn}}$	6.7146		$\pm \sqrt{U_{Nn}}$	424.605

Planung der Montagesteuerung (P₃)

	Ist-Zusand			Soll-Zustand		Prozeßgleichung Y_{31}			Kostengleichung Y_{32}		
	μ	-3σ	+3σ	T_u	T_o	Rg	Koeff.	Plan	Rg	Koeff.	Plan
Abs							-14.2810			729.559	
Y_{11}	1 03	-7 04	9 10	-9 5	9 5	2	0.8119	-2 7625	6	-48 927	-2 7625
Y_{12}	4404 35	3523 94	5284 76	3185	5579	6	0.0021	4216.29	2	0.875	4216.290
Y_{21}	4.11	-16.68	24 90	-18	24	1	0.3934	1.3151	5	-27 821	1.3151
Y_{22}	6078.61	4545.04	7612 18	4729 5	7334.5	5	-0.0015	6034.08	1	1.018	6034.076
X_{31}	15 43	4 72	26.14	0.5	29.5	3	0.4376	13	3	57.499	13
X_{32}	17 64	11.55	23.73	8	26	4	0.3973	17	4	102.436	17
							Y_{31}:	-3.7605		Y_{22}:	13148.98
							$\pm\sqrt{U_{Nn}}$	2.0384		$\pm\sqrt{U_{Nn}}$	300.651

Anhang C.6: Prozessbegleitende Steuerung der Montagesteuerung

Prozeßbegleitende Steuergleichung für die Termintreue (Y_{31})

```
unbedingte Prozessparameter (h): X31 X32
bedingte Inputparameter (k):     Y11 Y12 Y21 Y22

Reststreuung des Modells:       3.4324
Wurzel unb. Vorhersagefehler:   3.4921
Mass der Beherrschbarkeit:      0.5488

by/k:
            Y11         Y12         Y21         Y22
[1,] 1.128597 0.001199814 0.5150565 -0.001546825

by.h/k:
            X31         X32
[1,] 0.4376253 0.3973152

Bh/k:
            X31             X32
Y11  0.6215085897   0.1124555404
Y12 -0.0025644480   0.0005051033
Y21  0.1231773598   0.1704438431
Y22  0 0005068075  -0 0005854082

Vorhersage mit dem prozessbegleitenden Modell:
  Xh: 10 5
  Xk: -5 5250 0 7020

Vorhersagewert: 2.6576
```

Prozeßbegleitende Steuergleichung für die Prozeßkosten (Y_{32})

```
unbedingte Prozessparameter (h): X31 X32
bedingte Inputparameter (k)·     Y11 Y12 Y21 Y22

Reststreuung des Modells:       597.6401
Wurzel unb. Vorhersagefehler: 608.0346
Mass der Beherrschbarkeit:      0.2337

by/k:
            Y11         Y12         Y21         Y22
[1,] -1.671552 0.7787907 -3.278904 0.9871608

by.h/k:
            X31         X32
[1,] 57 49903 102.4364

Bh/k:
            X31             X32
Y11  0.6215085897   0.1124555404
Y12 -0.0025644480   0.0005051033
Y21  0.1231773598   0.1704438431
Y22  0.0005068075  -0.0005854082

Vorhersage mit dem prozessbegleitenden Modell:
  Xh: 10 5
  Xk: -5 5250 0 7020

Vorhersagewert: 13069.2179
```

Anhang C.7: Beispieldaten IV

Statistische Maßzahlen für die Produktionsplanung (P_0)

$$\underline{\overline{Y}}_0^T = (0.42, 4073.91)$$

$$\underline{\underline{S}}_0 = \begin{pmatrix} 11.90 & 558.27 \\ & 71829.36 \end{pmatrix}$$

Statistische Maßzahlen für den Beschaffungsprozeß (P_1)

$$\underline{\overline{Y}}_1^T = (-2.17, 4193.55)$$

$$\underline{\underline{S}}_1 = \begin{pmatrix} 5.34 & 178.58 \\ & 32378.40 \end{pmatrix}$$

Statistische Maßzahlen für die Eigenteilesteuerung (P_2)

$$\underline{\overline{Y}}_2^T = (1.47, 5901.17)$$

$$\underline{\underline{S}}_2 = \begin{pmatrix} 18.23 & 720.49 \\ & 103220.84 \end{pmatrix}$$

Statistische Maßzahlen für die Montagesteuerung (P_3)

$$\underline{\overline{Y}}_3^T = (1.91, 13419.24)$$

$$\underline{\underline{S}}_3 = \begin{pmatrix} 4.04 & 228.68 \\ & 82909.4 \end{pmatrix}$$

Adams, B. M. [Control Web]: The Multivariate Control Web, in: Quality Engineering, 6(4), 1994, S. 533 - 545

Aichele, C. [Geschäftsprozeßanalyse]: Kennzahlenbasierte Geschäftsprozeßanalyse, Hrsg.: A.-W. Scheer, Wiesbaden, 1997, S. 259 – 407

Akaike, H. [Entropy]: On Entropy Maximation Principle, in: Krishnaiah, P. R.: Applications of Statistics, Proceedings, Pittsburg, 1976, S. 27 – 41

Akaike, H. [Minimum AIC]: A Bayesian Analysis of the Minimum AIC Procedure, in: Ann. Inst. Statist. Math., 30, 1978, S. 9 – 14

Alt, F. B. und N. D. Smith [Process Control]: Multivariate Process Control, in: Handbook of Statistics, Vol. 7: Quality Control and Reliability, Amsterdam u.a., 1988, S. 333 – 351

Alwan, L. C. [Process Analysis]: Statistical Process Analysis, 2. Auflage, New York, 1999

Anderson, T. W. [Introduction]: An Introduction to Multivariate Statistical Analysis, New York, 1984

Anderson, T. W. und K. T. Fang [Ellitptically Contoured]: On the Theory of multivariate contoured Distributions and their Applications, in: Statistical Inference in elliptically contoured and related Distributions, Hrsg.: K. T. Fang und T. W. Anderson, New York, 1990, S. 1 - 24

Aparisi, F. u.a. [Statistical Properties]: Statistical Properties of the |s| Multivariate Control Chart, in: Communications in Statistics - Theory and Methods, Vol 28, No. 11, New York / Basel, 1999, S. 2671 – 2686

Backhaus, K. u.a. [Multivariate]: Multivariate Analysemethoden, 7. erw. Auflage, Berlin u.a., 1997

Bauer, P. und P. Hackl [MOSUMS]: The Use of MOSUMS for Quality Control, in: Technometrics, 4, 1978, S. 431 - 436

Bea, F. X. und H. Schnaitmann [Begriff und Struktur]: Begriff und Struktur betriebswirtschaftlicher Prozesse, in: WiSt, 6, 1995, S. 278 - 282

Beinhauer, M. und K.-U. Schellhaas [Gemeinkostenmanagement]: Gemein-
kosten- und Ressourcenmanagement im administrativen Bereich, in:
Zeitschrift für Planung, Heft 2, 1994, S. 97 – 116

Beirlant, J., D. M. Mason und C. Vynckier [Goodness-of-fit]: Goodness-of-fit
Analysis for multivariate Normality based on generalized Quantiles,
in: Computational Statistics & Data Analysis, 30, 1999, S. 119 – 142

Belsley, D., E. Kuh und R. E. Welsch [Diagnostics]: Regression Diagnostics:
Identifying influential Data and Sources of Collinearity, New York,
1980

Bernecker, K. [SPC 3]: SPC 3 – Anleitung zur statistischen Prozeßlenkung
(SPC), DGQ-Band Nr. 16-33, Berlin, 1990

Bhote, K. R. [Qualität]: Qualität - Der Weg zur Weltspitze, Großbottwar, 1990

Bösenberg, D. und H. Metzen [Lean Management]: Lean Management –
Vorsprung durch schlanke Konzepte, 5. Auflage, Landsberg/Lech,
1995

Boutellier, R. [Qualitätsplanung]: Qualitätsplanung, in: Handbuch Qualitätsmanagement, Hrsg.: W. Masing, 4. gründl. überarb. und erw. Auflage, München / Wien, 1999, S. 271 - 298

Bowerman, B. und R. O´Connell [Applied Statistics]: Applied Statistics:
Improving Business Processes, Chicago, 1997

Boyles, R. A. [Capability Analysis]: Exploratory Capability Analysis, in: Journal
of Quality Technology, Vol. 28, No. 1, 1996, S. 91-98

Boyles, R. A. [Multivariate Process]: Multivariate Process Analysis with lattice
Data, in: Technometrics, Vol. 38, No. 1, 1996, S. 37 – 49

Braun, L. [Kennzahlen]: Kennzahlen aus dem Qualitätsmanagement zur
Prozeßbeurteilung, vorbereitet für Zeitschrift für Planung, 2001,
S. 1 - 17

Brecht, L. u.a. [Prozeßführung]: Prozeßführung mit nichtfinanziellen
Führungsgrößen, in: Controlling, 5, Sept/Okt, 1998, S. 286 - 294

Brenner, W. und V. Hamm [Prinzipien]: Prinzipien des Business Reenigineering, in: Brenner, W. und G. Keller: Business Reengineering mit Standardsoftware, Frankfurt/Main, 1995

Breuer, R.-E. [Euro]: Euro und Freiheit, in: Der Spiegel, 17, 1998, S. 48 - 49

Cambanis, S. u.a. [Elliptically Contoured]: On the Theory of elliptically contoured Distributions, in: Journal of Multivariate Analysis, 11, 1981, S. 368-385

Champy, J. [Quantensprünge]: Quantensprünge sind angesagt, in: TopBusiness, November, 1994, S. 86 – 88

Chan, L. K., S. W. Cheng und F. A. Spring [New Process Capability]: A new Process Capability Index: Cpm, in: Journal of Quality Technology, 30, 1988, S. 162 - 175

Chen, H. [Multivariate Process]: A multivariate Process Capability Index over a rectangular solid Tolerance Zone, in: Statistica Sinica, 4, 1994, S. 749 - 758

Christmann, A. [Gemeinkostenschlüsselung]: Alternativen zur traditionellen Gemeinkostenschlüsselung, in: controller magazin, 3, 1994, S. 154 - 161

Chua, M.-K. und D. C. Montgomery [Investigation]: Investigation and characterization of a Control Cheme for multivariate Quality Control, in: Quality and Reliability engineering international, 8, 1992, S. 37 - 44

Cochran, E. B. [Cost Analysis]: Using Regression Techniques in Cost Analysis – Part I, in: International Journal of Production Research, Vol. 14, No. 4, 1976, S. 465 – 511

Coenenberg, A. G. [Kostenanalyse]: Kostenrechnung und Kostenanalyse, 3. überarb. u. erw. Auflage, Landsberg/Lech, 1997

Collani, E. von [Framework]: A mathematical Framework for Statistical Process Control, in: Frontiers in Statistical Quality Control 5, Hrsg.: Lenz, H.-J. und P.-T. Wilrich, Heidelberg, 1997, S. 69 - 82

Cooper, R. [Activity-Based-Costing]: Activity-Based-Costing – Was ist ein Activity-Based Cost-System?, in: Kostenrechnungspraxis, 5, 1990, S. 210 - 220

Corsten, H. [Prozeßmanagement]: Grundlagen des Prozeßmanagement, in: WISU, 12, 1996, S. 1089 - 1095

Davenport, T. H. [Radical Innovation]: Need radical Innovation and Continuous Improvement?, in: Planing Review, May/June, 1993, S. 6 - 12

Davenport, T. H. und J. E. Short [Process Redisign]: The new industrial Engineering: Information Technology and Business Process Redisign, in: Sloan Management Review, Summer, 1990, S. 11 – 27

Deppe, J. [Quality Circle]: Quality Circle und Lernstatt, 2. erw. Auflage, Wiesbaden, 1990

DGQ [SPC 2]: SPC 2 – Qualitätsregelkartentechnik, Hrsg.: DGQ, DGQ-Band 16-32, 5. Auflage, Berlin u.a., 1996

Eiff, W. von [Geschäftsprozeßmanagement]: Geschäftsprozeßmanagement: Integration von Lean Management-Kultur und Business Process Reengineering, in: Zeitschrift für Organisation, 6, 1994, S. 364 – 371

Eversheim, W. [Prozeßorientiert]: Prozeßorientierte Unternehmensorganisation, Berlin, 1995

Fahrmeir, L. und A. Hamerle [Multivariate]: Multivariate statistische Verfahren, Berlin /New York, 1984

Fandel, G. [Produktion]: Produktion I - Produktions- und Kostentheorie, 3. überarb. Aufl., Berlin u.a., 1991

Fang, K. T. und H. F. Chen [Relationships]: Relationships among Classes of spherical matrix Distributions, in: Statistical Inference in elliptically contoured and related Distributions, Hrsg.: K. T. Fang und T. W. Anderson, New York, 1990, S. 25 - 36

Farnum, N. R. [Modern Quality]: Modern Statistical Quality Control and Improvement, Belmont, 1994

Ferk, H. [Geschäftsprozeßmanagment]: Geschäftsprozeßmanagment: Ganzheitliche Prozeßoptimierung durch die Cost-Driver-Analyse, München, 1996

Fink, J und J. Wolff [Process Capability]: A new Approach for Describing and controlling Process Capability, in: Frontiers in Statistical Quality Control 5, Hrsg.: Lenz, H.-J. und P.-T. Wilrich, Heidelberg, 1997, S. 207 - 226

Fisz, M. [Wahrscheinlichkeitsrechnung]: Wahrscheinlichkeitsrechnung und mathematische Statistik, Berlin, 1966

Fomby, T., C. Hill und S. Johnson [Econometric Modells]: Advanced Econometric Modells, Berlin u.a., 1984

Fox, J. [Regression Diagnostics]: Regression Diagnostics, Series: Quantitative Applications in the Social Sciences No. 07-079, Newbury Park / London / New Dehli, 1991

Franz, K.-P. [Prozeßmanagement]: Prozeßmanagement und Prozeßkosten- rechnung, in: Reengineering: Konzepte und Umsetzung innovativer Strategien und Strukturen, Hrsg.: Deutsche Gesellschaft für Betriebswirtschaft E.V., Stuttgart, 1995, S. 117 - 126

Franzkowski, R. [Versuchsmethodik]: Versuchsmethodik, in: Handbuch Qualitätsmanagement, Hrsg.: W. Masing, 3. Auflage, 1994, S. 491 – 527

Fries, S und H. D. Seghezzi [Meßgrößen]: Entwicklung von Meßgrößen für Geschäftsprozesse, in: Controlling, 6, Nov/Dez, 1994, S. 338 - 345

Fritzsche, J. [Regressionsanalyse]: Betrachtungen zur Regressionsanalyse unter Verwendung schuranalytischer Grundlagen, Leipzig, 1993

Fuchs, C. und R. S. Kenett [Multivariate Qualitiy]: Multivariate Quality Control, Theory and Application, New York, 1998

Furey, T. R. [Process Reengineering]: A Six-step Guide to Process Re- engineering, in: Planing Review, March/April, 1993, S. 20 - 23

Furnival, G. M. u.a. [Leaps and Bounds]: Regressions by Leaps and Bounds, in: Technometrics, Vol. 42, No. 1, 2000, S. 69 - 79

Gaitanides, M. [Business Reengineering]: Je mehr desto besser? Zu Umfang und Intensität des Wandels bei Vorangehn des Business Re- engineering, in: technologie & management, 44 / 2, 1995, S. 69 - 76

Gaitanides, M. [Prozeßmanagement]: Prozeßmanagement, München, 1994

Gaitanides, M. [Prozeßorganisation]: Prozeßorganisation - Entwicklung, Ansätze und Programme prozeßorientierter Organisationsgestaltung, München, 1983

Gaitanides, M. und J. Müffelmann [Standardisierung]: Standardisierung komplexer Prozesse im strategischen Kontext, ZWF, 91 / 5, 1995, S. 195 – 198

Gaitanides, M., R. Scholz und A. Vrohlings [Grundlagen]: Prozeßmanagement - Grundlagen und Zielsetzung, in: Gaitanides, M.: Prozeßmagement, München, Wien, 1994, S. 1 – 19

Gan, F. F. [EWMA]: EWMA Control Chart under linear Drift, in: Journal of Statistical Computing and Simulation, S. 181 - 200

Gernet, E. und K. Ulbrich [Organisation]: Organisation in der Unternehmung, 5. überarb. u. erw. Auflage, München / Wien, 1996

Gerth, R. J. [Tolerance Analysis]: Tolerance Analysis: A Tutorial of current Praxis; in: Zhang, H.-C. (Hrsg.): Advanced Tolerancing Techniques, New York u.a., 1997, S. 65 -99

Gerth, R. J. und T. Pfeifer [Cost Tolerancing]: Minimum Cost Tolerancing under uncertain Cost Estimates, in: IIE Transactions, 32, 2000, S. 493 - 503

Göbel, E. [Prozeßorganisation]: Prozeßorganisation - radikaler Neubeginn oder alte Wissensbestände im neuen Gewand?, in: Zeitschrift für Planung, 7, 1996, S. 309 – 318

Gohout, W. [Prozeßanalyse]: Prozeßanalyse und statistische Prozeßregelung, Göttingen, 1996

Gordon, Y. [Distributions]: Elliptically Contoured Distributions, in: Probability Theory and Resisted Fields, 76, 1987, S. 429 – 438

Graebig, K. [Formelsammlung]: Formelsammlung zu den statistischen Methoden des Qualitätsmanagements, DGQ-Band 11-05, Berlin / Wien / Zürich, 1995

Groocock, J. M. [Qualitätsverbesserung]: Qualitätsverbesserung, Hamburg, 1988

Gunst, R. F. [Multicollinear]: Regression Analysis with multicollinear Predictor Variables: Definition, Detection and Effects, in: Communications in Statistics - Theory and Methods, 12(19), 1983, S. 2217 - 2260

Günther, H.-O. und H. Tempelmeier [Produktion]: Produktion und Logistik, 3. Auflage, Berlin u. a., 1997

Gupta, A. K. und S. Kotz [New Process Capability]: A new Process Capability Index, in: Metrika, Vol. 45, 1997, S. 213 - 224

Gutenberg, E. [Einführung]: Einführung in die Betriebswirtschaftslehre, Wiesbaden, 1958

Haist, F. und H. Fromm [Qualität]: Qualität im Unternehmen, München / Wien, 1989

Hall, G., J. Rosenthal, und J. Wade [Reengineering]: How to Make Reengineering Really Work, in: Harvard Management Report, 11-12, 1993, S. 119 - 131

Hammer, M. [Prozeßzentriert]: Das prozeßzentrierte Unternehmen: die Arbeitswelt nach dem reengineering, Frankfurt/Main / New York, 1997

Hammer, M. und J. Champy [Business Reengineering]: Business Reengineering: Die Radikalkur für das Unternehmen, 2. Auflage, New York, 1994

Hansen, W. [Umwelt]: Qualität und Umwelt, in: Handbuch Qualitätsmanagement, Hrsg.: W. Masing, 4. gründl. überarb. und erw. Auflage, München / Wien, 1999, S. 977 - 990

Harrington, H. J. [Business process]: Business Process Improvement, New York, 1991

Harrison, D. B. und M. D. Pratt [Reengineering]: A Methology for Reengineering Business, in: Planning Review, March/April, 1993, S. 6 - 11

Harry, M. und R. Schroeder [Six Sigma]: Six Sigma, Prozesse optimieren, Null-Fehler-Qualität schaffen, Rendite radikal steigern, Frankfurt/Main, 2000

Hartung, J. und B. Elpert [Multivariate]: Multivariate Statistik, München / Wien / Oldenburg, 1984

Hartung, J. und B. Elpert [Statistik]: Statistik, Lehr- und Handbuch der angewandten Statistik, München / Wien / Oldenburg, 1982

Hawkins, D. M. [Multivariate Quality]: Multivariate Quality Control based on Regression adjusted variables, in : Technometrics, Vol. 33, No. 1, 1991, S. 61 – 75

Hayter, A. J. u.a. [Multivariate Quality]: Identification and Quantification in Multivariate Quality Control Problems, in: Journal of Quality Technology, Vol. 26, No. 3, 1994, S. 197 – 208

Hermle, F. und H. D. Ribbecke [KUSUM]: Die KUSUM-Regelkarte in der Qualitätsüberwachung, in: Qualität und Zuverlässigkeit, 2, 1994, S. 142 - 146

Hess, T. [Prozesse]: Entwurf betrieblicher Prozesse: Grundlagen - bestehende Methoden - neue Ansätze, Wiesbaden, 1996

Hess, T., L. Brecht und H. Österle [Stand und Defizite]: Stand und Defizite der Methoden des Business Process Redesign, in: Wirtschaftsinformatik, 37, 1995, S. 480 - 486

Hinterhuber, H. H. [Paradigmawechsel]: Paradigmawechsel: Vom Denken in Funktionen zum Denken in Prozessen, in: Journal für Betriebswirtschaft, 2, 1994, S. 58 - 75

Hoch, T. [Informationsverarbeitung]: Einsatz der Informationsverarbeitung bei Business Process Reengineering, Wiesbaden, 1996

Hocking, R. R. [Selection of Variables]: The Analysis and Selction of Variables in Linear Regression, in: Biometrics, 32, 1976, S. 1 - 49

Homburg, C. und D. Daum [Kostenmanagement]: Marktorientiertes Kostenmanagement: Gedanken zur Präzisierung eines modernen Kostenmanagementkonzeptes, in: Kostenrechnungspraxis, 41. Jg, Heft 4, 1997, S. 185 - 191

Horvath, P. [Controlling]: Controlling, 3. Auflage, München, 1990

Hovath, P. u.a. [Target Costing]: Target Costing, Stuttgart, 1993

Hungenberg, H. und T. Wulf [Business Process Reengineering]: Business Process Reengineering, in: ZWF, 93, 7-8, 1998, S. 304 – 307

Jackson, J. E. [Quality Control]: Multivariate Quality Control, in: Commun. Statist. – Theor. Meth., 14(11), 1985, S. 2657 - 2688

Jahn , W. und C. Anghel [Eindimensionales Denken]: Gegen eindimensionales Denken - Mit multivariaten Methoden zu notwendigen Verallgemeinerungen der Statistischen Prozeßregelung, in: Qualität und Zuverlässigkeit, 9, Vol. 45, 2000, S. 1140 – 1147

Jahn, W. [Calculation]: Calculation of Tolerances and Process Capability for the multivariate Case, prepared for Technometrics, 1996

Jahn, W. [Criterion]: Criterion and Selection of optimal Subsets in the Linear Regression, in: Communications in Statistics - Theory and Methods, 20 (5+6), 1991, S. 1631 - 1652

Jahn, W. [Kriterien]: Kriterien für die Auswahl von optimalen Teilmengen und Möglichkeiten der Verbesserung der Teilmengenregression, Zusammenfassung der Habilschrift, 1991

Jahn, W. [Multikollinearität]: Einfluß der Multikollinearität zwischen stochastischen Regressoren auf die Vorhersage der Regressanden im linearen Modell, in: Wiss. Z. Karl-Marx-Univ. Leipzig, Math.-Naturwiss. R., 37/4, 1988, S. 358 – 365

Jahn, W. [Multivariate Methoden]: Prozeßverbesserung mit multivariaten Methoden, Buchmanuskript, vorbereitet für Hanser-Verlag

Jahn, W. [Prozesse]: Prozesse sensibler steuern, in: Qualität und Zuverlässigkeit, Jg. 42/4, 1997, S. 440 - 448

Jahn, W. [Statistische Prozeßanalysen]: Qualität durch statistische Prozeßanalysen verbessern, in: Qualität und Zuverlässigkeit, 1-3, 1994, S. 35 – 39, 138 - 142, 268 - 270

Jahn, W. und M. Riedel [Dimension]: Reduction of the Dimension in the Linear Modell with stochastic Regressors, in: Comm. Math. Univ. Carolinae, 25, 4, 1984, S. 747 – 761

Jessenberger, J. und C. Weihs [Multivariate analogue]: A note on a multivariate Analogue of the Process Capability Index Cp, in: Arbeits-
papier, o. J., Univ. of Dortmund

Jobson, J. D. [Applied I]: Applied Multivariate Data Analyse - Volume I, New
York u.a., 1992

Jobson, J. D. [Applied II]: Applied Multivariate Data Analyse - Volume II, New
York u.a., 1992

Judge, G. u.a. [Econometric]: Introduction to the Theory and Practice of
Econometric, New York u.a., 1982

Karl, D. P., J. Mosisette und W. Taam [Applications]: Some Applications of a
multivariate Capability Index in geometric Dimensioning and
Tolerancing, in: Quality Engineering, 6(4), 1994, S. 649 - 665

Kaufmann, L. [Komplexitäts-Index]: Komplexitäts-Index-Analysen von
Prozessen, in: Controlling, Heft 4, Juli/August, 1996, S. 212 - 221

Kilger, W. und W. Vikas [Plankostenrechnung]: Flexible Plankostenrechnung
und Deckungsbeitragsrechnung, 10. vollst. überarb. und erw.
Auflage, Wiesbaden, 1993

Kim, E.-S. [CUSUM-Karte]: Die CUSUM-Karte zur statistischen Qualitäts-
kontrolle und deren Vergleich mit der konventionellen Kontrollkarte
im univariaten und multivariaten Fall, Johann Wolfgang Goethe-
Universität, Dissertation, Frankfurt/Main, 1988

Klein, B. [Tolerierung]: Mit statistischer Tolerierung die Herstellungskosten
senken, in: Konstruktion, 46, 1994, S. 405 - 410

Klein, B. und F. Mannewitz [Statistische Tolerierung]: Statistische Tolerierung,
Braunschweig, 1993

Knoop, J. [Online-Kostenrechnung]: Online-Kostenrechnung für die CIM-
Planung, Berlin, 1986

Koch, H. [Kostenbegriff]: Zur Diskussion über den Kostenbegriff, in: Zeitschrift
für handelswissenschaftliche Forschung N. F., 10, 1958,
S. 355 - 399

Koenigsmarck, O. von und C. Trenz [Business Reengineering]: Einführung von
    Business Reengineering: Methoden und Praxisbeispiele für den
    Mittelstand, Frankfurt/Main / New York, 1996

Kosiol, E. [Betriebswirtschaftliche Statistik]: Wesen und Ziele der betriebs-
    wirtschaftlichen Statistik, in: Bausteine der Betriebswirtschaftslehre,
    Hrsg: E. Kosiol, S. 605 – 618, Berlin, 1973

Kotz, S. und N. L. Johnson. [Capability Indices]: Process Capability Indices,
    Great Britain, 1993

Kourti, T. u.a. [Multivariate SPC]: Multivariate SPC Methods for Process and
    Product Monitoring, in: Journal of Quality Technology, Vol. 28, No. 4,
    1996, S. 409 - 427

Koutsoyiannis, A. [Econometrics]: Theory of Econometrics, 2. Aufl., Hongkong,
    1988

Krotzfleisch, F. O. [Organisationsmodellierung]: Rechnergestützte Organi-
    sationsmodellierung zur Unterstützung der Tätigkeiten von Organi-
    satoren - Ergebnisse aus Forschungsprojekten, in: Informations
    Management, 3, 1993, S. 30 - 39

Kshirsagar, A. M. [Multivariate]: Multivariate Analysis, New York, 1972

Kueng, P. [Prozessmonitoring]: Verbesserung von Geschäftsprozessen durch
    Prozessmonitoring, in: io Management, 12, 1997, S. 47 - 51

Kuhn, A. und C. Manthey [Prozeßkettenanalyse]: Kosten- und Leistungs-
    transparenz durch die ressourcenorientierte Prozeßkettenanalyse,
    in: Kostenrechnungspraxis, 40. Jg, H. 3, 1996, S. 129 - 138

Lardaro, L. [Applied Econometrics]: Applied Econometrics, New York, 1993

Laux, H. und F. Liermann [Organisation]: Grundlagen der Organisation, 2.
    durchg. Auflage, , Berlin u.a., 1990

Liebelt, W. und M. Sulzberger [Ablauforganisation]: Grundlagen der Ablauf-
    organisation, in: Schriftenreihe der Organisator, Band 9, 3. Auflage,
    Gießen, 1993

Macharzina, K. [Unternehmensführung]: Unternehmensführung – Das internationale Managementwissen, 2. akt. und erw. Auflage, Wiesbaden, 1995

Mallows, C. L. [Comments]: Some Comments on Cp, in: Technometrics, Vol. 15, No. 4, 1973, S. 661 - 675

Mason, R. L. [Multicollinearity]: Regression Analysis and Problems of Multicollinearity, in: Communications in Statisitics – Theory and Methods, 4(3), 1975, S. 277 - 292

Maurer, G. [Prozeßorientierung 1]: Von der Prozeßorientierung zum Workflow Management, Teil 1: Prozeßorientierung - Grundgedanken, Kernelemente, Kritik, in: Arbeitspapiere WI, Lehrstuhl für Allgemeine Betriebswirtschaftslehre und Wirtschaftinformatik, Johannes Gutenberg Universität Mainz, 9, 1996

Maurer, G. [Prozeßorientierung 2]: Von der Prozeßorientierung zum Workflow Management, Teil 2: Prozeßmanagement, Workflow-Management, Workflow-Management-Systeme, in: Arbeitspapiere WI, Lehrstuhl für ABWL und Wirtschaftsinformatik, Johannes Gutenberg Universität: Mainz, 10, 1996

Maurer, G. und A. C. Schwickert [Prozeßorientierung]: Kritische Anmerkungen zur Prozeßorientierung, in: Arbeitspapiere WI, Lehrstuhl für Allg. Betriebswirtschaftslehre und Wirtschaftsinformatik, Johannes Gutenberg-Universität, Nr. 9, Mainz, 1997

Mellerowicz, K. [Kostenrechnung]: Kosten und Kostenrechnung, 5. durchg. u. überarb. Auflage, Berlin / New York, 1973

Mertens, P., M. Reiß und P. Horváth [Perspektiven]: Controlling Dialog, Perspektiven der Prozeßorientierung, in: Controlling, Heft 2, März/April, 1997, S. 110 - 115

Meyer, C. [Kennzahlen]: Betriebswirtschaftliche Kennzahlen und Kennzahlen-Systeme, 1976

Miller, A. J. [Subset Selection]: Subset Selection in Regression, London u.a., 1990

Montgomery, D. C. und G. C. Runger [Applied Statistics]: Applied Statistics and Probability for Engineers, New York u.a., 1994

Morrison, D. F. [Multivariate]: Multivariate statistical Methods, London, 1976

Muchowski, E. und W. von Eiff [Prozesse verstehen]: Optimierung der Geschäftsprozesse: Prozesse verstehen und beherrschen, in: Gablers Magazin, 4, 1996, S. 22 – 27

Muirhead, R. J. [Aspects]: Aspects of multivariate statistical Theory, New York u.a., 1982

Müller, H. [Wahrscheinlichkeitsrechnung]: Wahrscheinlichkeitsrechnung und mathematische Statistik, Hrsg.: H. Müller, 5. bearb. und wesentl. erw. Auflage, Berlin, 1991

Ng, V. M. [Multivariate Elliptically]: A note on predicitive inference for multivariate elliptically contoured Distributions, in: Communications in Statisitics – Theory and Methods, 29 (3), 2000, S. 477 - 483

Ngoi, B. K. A. und C. T. Ong [Tolerancing Techniques]: Produkt and Process Dimensioning and Tolerancing Techniques - A State-of-the-Art Review, in: Int. J. of Advances Manufacturing Technology, 14, 1998, S. 910 - 917

Nickerson, D. M. [Confidence Region]: Construction of a conservative Confidence Region from Projections of an exact Confidence Region in multiple Linear Regression, in: The American Statistican, Vol. 48, No. 2, May, 1994, S. 120 - 124

Nieschlag, R., E. Dichtl und H. Hörschgen [Marketing]: Marketing, 18. durchg. Auflage, Berlin, 1997

Nippa, M. [Prozeßmanagement]: Bestandsaufnahme des Reengineering-Konzepts, Leitgedanken für das Management, in: Nippa, M. und A. Picot: Prozeßmanagement und Reengineering, Frankfurt/Main / New York, 1995, S. 61 - 77

o. V. [Galileo Galilei]: Galileo Galilei, Elektronische Publikation, URL am 4.10.2000: http://library.thinkquest.org/17656/data/jgal.htm, 2000

Oess, A. [Total Quality Management]: Total Quality Management, 2. erw. Auflage, Berlin, 1989

Osterloh, M. und M. Forst [Business Revolution]: Business Reengineering: Modeerscheinung der "Business Revolution"?, in: Zeitschrift Führung und Organisation, (6), 1994, S. 356 – 363

Pearn, W. L., S. Kotz und N. L. Johnson [Capability Indices]: Distributional and Inferential Properties of Process Capability Indices, in: Journal of Quality Technology, Vol. 24, No. 4, 1992, S. 216 - 231

Pfohl, H.-C., M. Krings und G. Betz [Organisationsanalyse]: Techniken der prozeßorientierten Organisationsanalyse, Zeitschrift für Organisation, 4, 1996, S. 246 - 251

Picot, A. und P. Rohrbach [Organisatorische Aspekte]: Organisatorische Aspekte von Workflow-Managment-Systemen, in: Information Management, 1, 1995, S. 28 - 35

Porter, M. E. [Wettbewerbsvorteile]: Wettbewerbsvorteile, 4. Auflage, Frankfurt/Main / New York, 1996

Rao, C. R. und H. Toutenburg [Linear Modells]: Linear Modells: Least Square and Alternatives, New York / Heidelberg, 1995

Rebstock, M. [Prozeßorientierung]: Grenzen der Prozeßorientierung, Zeitschrift für Organisation, 5, 1997, S. 272 – 278

Reckenfelderbäumer, M. [Entwicklungsstand]: Entwicklungsstand und Perspektiven der Prozeßkostenrechnung, Wiesbaden, 1994

Reichmann, T. und D. Schön [Prozeßkostenrechnung]: Prozeßkostenrechnung wirtschaftlicher gestalten mit randomsamplegestützter Gemeinkostenplanung, in: Kostenrechnungspraxis, 40. Jg., H. 5, 1996

Renner, A. [Kostenorientiert]: Kostenorientierte Produktionssteuerung, München, 1991

Riebel, P. [Einzelkosten]: Einzelkosten und Deckungsbeitragsrechnung, Wiesbaden, 1990

Riekhof, H.-C. [Geschäftsprozeß]: Die Idee des Geschäftsprozesses: Basis der lernenden Organisation, in: Riekhof, H.-C.: Beschleunigung von Geschäftsprozessen: Wettbewerbsvorteile durch Lernfähigkeit, Stuttgart, 1997, S. 7 - 28

Rinne, H. und H.-J. Mittag [Qualitätssicherung]: Statistische Methoden der Qualitätssicherung, 3. Aufl., München / Wien, 1995

Runger, G. C. und F. B. Alt [Choosing]: Choosing Principal Components for Multivariate Statistical Process Control, in: Commun. Statist. – Theory and Methods, 25(5), 1996, S. 909 - 922

Runger, G. C. und F. B. Alt [Contributors]: Contributors to a multivariate Statistiscal Process Control Chart Signal, in: Commun. Statist. – Theory and Methods, 25 (10), 1996, S. 2203 – 2213

Schmalenbach, E. [Kostenrechnung]: Kostenrechnung und Preispolitik, 8. Auflage, Köln, 1963

Schmidt, G. [Prozeßmanagement]: Prozeßmanagement: Modell und Methoden, Berlin u.a., 1997

Schnabel, U. G. und A. W. Roos [Business Reengineering]: Business Reengineering in mittelständischen Unternehmen, Frankfurt/Main u.a., 1996

Schneeweiß, C. [Kostenbegriffe]: Kostenbegriffe aus entscheidungstheoretischer Sicht, in: Zeitschrift für betriebswirtschaftliche Forschung, 45 / 12, 1993, S. 1025 - 1039

Schneeweiß, H. [Ökonometrie]: Ökonometrie, 4. überarb. Auflage, Heidelberg, 1990

Scholz, R. [Geschäftsprozeßoptimierung]: Geschäftsprozeßoptimierung, 2. Auflage, Köln, 1995

Schönheit, M. [Prozeßgestaltung]: Wirtschaftliche Prozeßgestaltung, Berlin u.a., 1997

Schönheit, M. [Reorganisation]: Reorganisation braucht den Erfolgsnachweis, in: Prof. Dr. Dr. Spur, G.: Zeitschrift für wirtschaftlichen Fabrikbetrieb, 92. Jahrgang, München, 1997, S. 365 – 368

Schütte, R. [Prozeßmodellierung]: Prozeßmodellierung in Handelssystemen; in: Rundbrief des GI-Fachausschusses 5.2, 1995, S. 74 - 77

Schuh, G. [Kostenmanagement]: Wohin bewegt sich das Kostenmanagement?, in: Kostenrechnungspraxis, 41. Jg. H1, 1997, S. 34 - 39

Schweitzer, M. und H.-U. Küpper [Kosten- und Erlösrechnung]: Systeme der Kosten- und Erlösrechnung, 6. Auflage, München, 1995

Schweitzer, M. und H.-U. Küpper [Kostentheorie]: Produktions- und Kostentheorie, 2. neu bearb. u. erw. Auflage, Wiesbaden, 1997

Schwickert, A. C. und K. Fischer [Geschäftsprozeß]: Der Geschäftsprozeß als formaler Prozeß - Definitionen, Eigenschaften und Arten, in: Arbeitspapiere WI, Lehrstuhl für Allg. Betriebswirtschaftslehre und Wirtschaftsinformatik, Johannes Gutenberg-Universität, Nr. 4, Mainz, 1996

Seidenschwarz, D. [Zielkostenmanagement]: Target Costing: marktorientiertes Zielkostenmanagement, München, 1993

Seidenschwarz, W. [Umsetzung]: Target Costing – Verbindliche Umsetzung marktorientierter Strategien, in: Kostenrechnungspraxis, 6 (1), 1994, S. 75 – 83

Sen, A. und M. Srivastava [Regression]: Regression Analysis, New York u.a., 1990

Servatius, H.-G. [Reengineering-Programme]: Reengineering-Programme umsetzen: Von erstarrten Strukturen zu fließenden Prozessen, Stuttgart, 1994

Shibata, R. [Optimal Selection]: An optimal Selection of Regression Variables, in: Biometrika, 68, 1, 1981, S. 45 - 54

Sparks, R. S. [Quality Control]: Quality Control with multivariate Data, in: Austral. J. Statist., 34(3), 1992, S. 375 – 390

Spencer, L. M. [Competence]: Competence at Work, New York u.a., 1993

Srinivasan, V. und M. A. O′Connor [Statistical Tolerancing]: On Interpreting Statistical Tolerancing, in: Manufacturing Review, Vol. 7, No. 4, Dec., 1994, S. 304 - 311

Srivastava, M. S. und E. M. Carter [Introduction]: An Introduction to applied multivariate Statistics, New York u.a., 1983

Steerneman, A. G. M. [Choice of variables]: On the Choice of Variables in Discriminant and Regression Analysis, in: Centrum voor Wiskunde en Informatica, Amsterdam, 1987

Striening, H.-D. [Prozeßmanagement]: Prozeßmanagement im indirekten Bereich: Neue Herausforderungen an die Controller, in: Controlling, Heft 6, 1989, S. 324 – 331

Striening, H.-D. [Prozeß-Management]: Prozeß-Mangement, Frankfurt/Main, 1988

Subbaiah, P. und W. Taam [Inference]: Inference on the Capability Index: Cpm, in: Computational Statistics & Data Analysis, 22(2), 1993, S. 537 - 560

Taam, W., P. Subbaiah und J. W. Liddy [Multivariate Capability]: A Note on Multivariate Capability Indices, in: Journal of Applied Statistics, Vol. 20, No. 3, 1993, S. 339 – 351

Tempelmeier, H. und H. Kuhn [Fertigungssysteme]: Flexible Fertigungssysteme, New York u. a., 1993

Theuvsen, L. [Business Reengineering]: Business Reengineering - Möglichkeiten und Grenzen einer prozeßorientierten Organisationsgestaltung, Zeitschrift für betriebswirtschaftliche Forschung, 1, 1996, S. 65 - 82

Thielmann, K. [Kostenbegriff]: Der Kostenbegriff in der Betriebswirtschaftslehre, Berlin, 1964

Timm, N. H. [Finite Intersection]: Multivariate Quality Control using Finite Intersection Tests, in: Journal of Quality Technology, Vol. 28, No. 2, 1996, S. 233 – 241

Tong, Y. L. [Multivariate]: The Multivariate Normal Distribution, 1980, New York, Heidelberg

Töpfer, A. [Geschäftsprozesse]: Das neue Denken in Geschäftsprozessen, in: Töpfer, A.: Geschäftsprozesse: analysiert & optimiert, Neuwied u.a., 1996, S. 4 - 22

Töpfer, A. [Prozeßkettenanalyse]: Prozeßkettenanalyse und -optimierung, in: Töpfer, A.: Geschäftsprozesse: analysiert & optimiert, Neuwied u.a., 1996, S. 23 - 51

Toutenburg, H., R. Gössl und J. Kunert [Quality Engineering]: Quality Engineering – Eine Einführung, München u.a., 1998

Troßmann, E. [Produktionsfunktion]: Produktionsfunktion, in: Vahlens großes Wirtschaftslexikon, 2. Aufl., München, 1993, S. 1709 - 1712

Troßmann, E. und S. Trost [Gemeinkosten]: Was wissen wir über steigende Gemeinkosten? - Empirische Belege zu einem viel diskutierten Problem, in: Kostenrechnungspraxis, 40 Jg, H. 2, 1996, S. 65 - 74

VDA [Qualitätsmanagement]: Qualitätsmanagement in der Automobilindustrie – Sicherung der Qualität vor Serieneinsatz, Band 4, Teil 1, Hrsg.: VDA, 3. vollst. überarb. Auflage, Frankfurt/Main, 1996

Veevers, A. [Viability]: Viability and Capability Indexes für multi-response Processes, in: Journal of Applied Statistics, Vol. 25, No. 4, 1998, S. 545 – 558

Voelcker, H. B. [Dimensional Tolerancing]: Dimensional Tolerancing today, tomorrow and beyond, in: Zhang, H.-C. (Hrsg.): Advanced Tolerancing Techniques, New York u.a., 1997, S. 3 - 11

Voelcker, H. B. [Tolerancing]: The current State of Affairs in dimensional Tolerancing: 1997, in: Integrated Manufacturing Systems, 9/4, 1998, S. 205 - 217

Wang, F. K. u.a. [Multivariate Capability]: Comparision of three Multivariate Capability Indices, in: Journal of Quality Technology, Vol. 32, No. 3, July, 2000, S. 263 - 275

Wänke, M. und P. Paasch [SPC-Aufgabe]: SPC-Aufgabe für das ganze Unternehmen, QS 9000 und VDA 6.1 stellen hohe Anforderungen an die Prozeßregelung, in: Qualität und Zuverlässigkeit, 4, 1998, S. 424 - 428

Weber, J., M. Dehler und B. Wertz [Supply Chain Management]: Supply Chain Management und Logistik, in: WiSt, 5, Mai, 2000, S. 264 - 269

Werner, H. [Supply Chain]: Supply Chain Management – Partner zwischen Lieferant und Kunde (I) und (II), in: WISU, 6/00 und 7/00, 2000, S. 813 – 816 und S. 941 - 945

Whybrew, K. und G. A. Britton [Tolerance Charting]: Tolerance Analysis in Manufacturing and Tolerance Charting, in: Zhang, H.-C. (Hrsg.): Advanced Tolerancing Techniques, New York u.a., 1997, S. 13 - 41

Wierda, S. J. [Multivariate Process]: A Multivariate Process Capability Index, in: ASQC Quality Congress Transactions-Boston, 1993, S. 342 - 348

Wirtz, B. W. [Business Process Reengineering]: Business Process Reengineering - Erfolgsdeterminanten, Probleme und Auswirkungen eines neuen Reorganisationsansatzes, Zeitschrift für betriebswirtschaftliche Forschung, 48, 1996, S. 1023 - 1036

Wittlage, H. [Organisationsgestaltung]: Organisationsgestaltung unter dem Aspekt der Geschäftsprozeßorganisation, Zeitschrift für Organisation, 4, 1996, S. 210 – 214

Wöhe, G. [Betriebswirtschaftslehre]: Einführung in die allgemeine Betriebswirtschaftslehre, 19. überarb. u. erw. Auflage, München, 1996

Woll, A. [Wirtschaftslexikon]: Wirtschaftslexikon, München, 1987

Yang, Z.-H., K.-T. Fang und J.-J. Liang [Characterization]: A characterization of multivariate normal distribution and its application, in: Statistics & Probability Letters, 30, 1996, S. 347 – 352

Yoshikawa, T., J. Innes und F. Mitchell [Funktionsanalyse]: Prozeßorientierte Funktionsanalyse der Gemeinkostenbereiche, in: Controlling, 4, 1995, S. 190 – 198

Zandin, K. B. [Measurement]: MOST Work Measurement Systems, New York / Basel, 1990

Zäpfel, G. [Produktionswirtschaft]: Produktionswirtschaft, Operatives Produktions-Mangement, Berlin / New York, 1982

Zehna, P. W. [Invariance]: Invariance of Maximum Likelihood Estimation, in : Anuals of Mathematical Statistics, 37, 1966, S. 755 - 763

Zhang, C. und H.-P. Wang [Tolerance]: Robust Design of assembly and machining Tolerance Allocation, in: IIE Transactions, 30, 1998, S. 17 - 29

Zink, K. J. [Qualität]: Qualität als Herausforderung, in: Qualität als Managementaufgabe, Hrsg.: K. J. Zink, Landsberg, 1989, S. 9 - 46

Zuccaro, C. [Model Selection]: Model Selection, Mallow's Cp Statistic and model Selection in multiple Linear Regression, in: Journal of the Market Research Society, Vol. 34, No. 2, S. 163-172

www.ingramcontent.com/pod-product-compliance
Lightning Source LLC
Chambersburg PA
CBHW020833210326
41598CB00019B/1882